前・国連人権高等弁務官事務所
パレスチナ事務所副所長
髙橋宗瑠
Saul Takahashi

パレスチナ人は苦しみ続ける
なぜ国連は解決できないのか

現代人文社

目次

序章　私がこの本を書いたわけ　1
- 深刻化するパレスチナ問題……………………………………………………1
- アメリカの事件とパレスチナの共通点………………………………………3
- パレスチナ赴任──人権とは何なのか………………………………………4
- 1週間経たずに崩れた先入観…………………………………………………6
- 変化しつつある風向き、しかし日本政府は…………………………………7
- 新自由主義者の理想＝イスラエルとの闘い…………………………………8

1章　人権野郎が見た軍事占領　11
- 聞き取りから始まる人権の仕事………………………………………………11
- 人権野郎の心を痛めつけ、木っ端微塵にする「そのケース」……………13
- 私の心を木っ端微塵にした「そのケース」…………………………………14
- パレスチナの特殊性①──植民地主義………………………………………20
- パレスチナの特殊性②──国際社会の一貫した無策………………………22

2章　西岸──軍事占領下の人権侵害　23
- イスラエル軍の暴力……………………………………………………………23
  パレスチナはどこか／イスラエルの言い分／占領にもルールがある／軍事占領とは／占領軍は何をしてもいいわけではない／イスラエルの「正当防衛」？
- 正当な理由のない政治的投獄、拷問…………………………………………31
  子どもの投獄、拷問／もちろん大人にも／恣意的な行政拘禁制度
- アパルトヘイト──人種によって違う法律…………………………………35
  ユダヤ人には一般法、パレスチナ人には軍令／手続保障も違う／不平等な法ですら公正に適用されない
- 現在残る唯一の植民地宗主国、イスラエル…………………………………38
  国際法上も重要な反植民地主義／「入植地」の実態は「植民地」／もはや都市となっている入植地／入植に向けたインセンチブ／パレスチナ人の私有地を収奪して建てられる入植地
- 家屋の破壊………………………………………………………………………46
  入植地建設のための家屋破壊／「テロ容疑者」の家の破壊
- アパルトヘイト道路──移動の規制…………………………………………50
  入植者しか使えない道路／通勤・通学が不可能になることも／まわりを入植地に囲まれたある老人の生活／足止めされた車の中で息を引き取った／「アラブ人には多数の国があるのだから……」
- 分離壁……………………………………………………………………………57
  何のための壁か／互いに隔離するため／相手を人間と認めなくなる／若者の極端な

右傾化／教育や情報へのアクセスは憎悪をなくせるか／分離壁は入植地を確保するためのもの／国際司法裁判所による勧告的見解

資源の略奪 ……………………………………………………………………………… 65
水資源の略奪／毎日強いられる屈辱

入植者の暴力 …………………………………………………………………………… 68
絶え間ない襲撃／占領地住民を守るのが占領国の義務だが／人種差別や不平等を大前提にした体制

パレスチナ当局の手による人権侵害 ………………………………………………… 73
イスラエルのかわりに政治犯を取り締まる当局／パレスチナ治安機関による拷問／特別扱いの「政治犯」も／女性への人権侵害――名誉殺人／改善への意志を持つパレスチナ当局

人権侵害の責任が決して問われない「不処罰」 …………………………………… 77
警官は必要最低限以上の武力を使ってはならない／イスラエル兵に対する甘い取り扱い／不処罰を許すな

3章　エルサレム――居座るイスラエル　81

ユダヤ人の「永遠かつ不分割の首都」 ……………………………………………… 81
どの国も認めない「首都」 …………………………………………………………… 83
エルサレム併合に伴い壊滅させられたモロッコ人地区 …………………………… 84
「狂喜」のエルサレム・デー ………………………………………………………… 85
昔から自分のものと思い込むユダヤ人 ……………………………………………… 86
和平交渉への悪影響 …………………………………………………………………… 87
イスラエルの居直り …………………………………………………………………… 88
上水道にも繋がっていない東エルサレムのパレスチナ人 ………………………… 88
東西落差 ………………………………………………………………………………… 89
エルサレムの拡大と民族浄化 ………………………………………………………… 91
完全なる「外国人」扱い ……………………………………………………………… 92
在留資格が奪われることも …………………………………………………………… 94
エルサレム市による「事実上の追放」 ……………………………………………… 95
エルサレムの重要性 …………………………………………………………………… 96

4章　ガザ――定期的に行われる侵攻　99

2014年7月、ガザ空爆 ………………………………………………………………… 99
ガザ空爆は「芝刈り」／定期的にしなければならない「芝刈り」／2014年侵攻の目的は連立政権つぶし／国際政治の状況変化／無差別である「芝刈り」／国際人道法――戦争遂行のルール／民間人・施設を攻撃してはならない／民間人の被害を最小限にとどめなくてはならない／「自衛」は戦争犯罪の正当化にはならない／イスラエルとハマスの圧倒的な差／人間の盾

「不処罰」はガザでも ………………………………………………………………… 112
処罰を受ける可能性はない／ゴールドストーン調査／ゴールドストーン氏に対する個人攻撃

- 「処分」されるイスラエル兵 ·· 117
  不処罰に対応しようとしたゴールドストーン報告書／処分されたイスラエル兵はたった の4人／イスラエルには処罰の意思がない
- ヒトとモノの封鎖——「屋根のない監獄」 ······························· 121
  停戦をしても普通の生活などありえない／「後退」する、ガザの暮らし／経済封鎖は「屋根のない監獄」／経済封鎖ではなく、危険物の入域制限？／住民全体の「必要カロリー数」を計算していたイスラエル／もはや占領でない？
- ガザでも資源略奪 ·· 127
  ガザ近海の天然ガス／アラブの国の裏切り／地下トンネルが命綱
- ハマスによる人権侵害 ·· 130
  西岸ではファタハがハマスを、ガザではハマスがファタハを弾圧／一般刑事犯の扱いがよくないハマス／死刑／女性の人権／「風紀」／それでもハマスは同朋

5章　国際社会の無力——国連は何ができるのか　136

- 国連の立法府 ··· 136
  国家に似ている国連の機構／自国の利益のために動く代表団／時には脅迫まがいのことも／決議には法的拘束力はない／人権条約の適用を監視する仕組み／人権条約は占領地には不適用というイスラエル／委員の「中立性」
- 人権理事会 ·· 142
  加盟国政府を動かし、国連を動かす——しかし、アメリカは……／人権理事会設立の経緯／人権理事会に非協力的なイスラエル／イスラエルを庇うアメリカ／話し合いにも参加しないイスラエル／普遍的定期審査／イスラエルが求めるもの／人権理事会に復帰
- 安全保障理事会 ·· 150
  国家に命令することができる唯一の機関、安全保障理事会／構成——絶大な権力を持つ常任理事国／イスラエルのために拒否権を行使するアメリカ／パレスチナの国際刑事裁判所加盟／国連の手足を縛るアメリカ、中東カルテット
- 国連のカネの話 ·· 156
  カネを通したプレッシャー／分担金以外のカネ——自主拠出金／自主拠出金の問題点／イスラエル贔屓を法制化したアメリカ
- 国連事務局 ·· 161
  行政府にあたる事務局／初代事務総長の影響を受けた「裏方」カルチャー／ガザ侵攻の際の人権高等弁務官の頑張り／人権高等弁務官事務所とは／かつてはコピー用紙を盗んで歩いた／国際社会の「優先事項」／「我々のボス」
- パレスチナの現場で働く国連の役人 ······································ 166
  国連がパレスチナでしていること／「援助」が仕事の、国連パレスチナ難民救済事業機関／イスラエル政府からの批判の嘘／UNRWAの「弱み」／パレスチナの国連機関の根本的な矛盾点／イスラエルの占領政策の請負機関？／人道援助の鉄則に反する、イスラエルの強要
- アメリカの下での「和平交渉」 ··· 172
  アメリカに仲介役は務まるのか／イスラエルに肩入れするアメリカ／和平交渉が続くほど拡大する入植活動

6章　アメリカとイスラエル　175

イスラエル・ロビー……175
イスラエル支持を競う議員たち／ユダヤ人票獲得のためではない／イスラエル・ロビーの顔、AIPAC／ユダヤ人有力者たち／カネで動くアメリカ政府、学術界／イスラエル・ロビーの手口／世論作り／ハリウッドも／「人権業界」に対しても／NGOを装う者も／指揮系統があるわけではない／タブーに挑戦する研究者も／個人攻撃の恐ろしさ

ネオコンの台頭……189
イスラエル・ロビーはユダヤ人だけではない／軍需産業／格差の拡大／終わらぬ戦争／政界と実業界の回転ドア／責任追及のない、ネオコン

世界のモデルであるイスラエル……195
ネオコンとイスラエルの世界観の類似性／ユダヤ人の問題だけに取り組む／完全な軍事国家、イスラエル／経済も軍隊依存型／セキュリティー／自主的な規制／キリスト教原理主義者／イスラエルとの繋がり

7章　最近の展開──明るい兆し　205

国際レベルでの進展……205
国連によるパレスチナ国家の承認／日本も賛成票

戦争犯罪を問う動きがいよいよ本格化……208
パレスチナが「国家」として認められる意義／画期的だった、国際刑事裁判所の設立／イスラエルの責任を追及する動き／いよいよパレスチナが国際刑事裁判所加盟へ／イスラエルの「抵抗」／現実化する国際裁判／変わりつつあるアメリカ国内の世論／パレスチナとアメリカの相似点──ガザとファーガソン／アメリカに広がる厭戦気分／主流メディアでは見えない真実／伝わり始めた真実／ボイコット運動の広がり／民主党大会で明らかになった民意／ヨーロッパでも世論の変化が

未来に向けて──二国家解決か、一国家解決か……228
イスラエル黄金時代は終わりつつある／土地だけ併合する？／「西岸併合」をめぐる相反する潮流／パレスチナ国家の独立は各個人の権利保障のためにも不可欠

8章　パレスチナの歴史　233

土地をめぐる近代の争いであるパレスチナ……233
古代、中世、そして近世……235
シオニズム、そしてパレスチナへの移住……240
イスラエル建国および中東戦争……245
インティファーダそしてオスロ合意……250
西岸とガザの分割……253

終章　結びに代えて　256

※　各章冒頭の写真は、分離壁に書かれた文字「one wall two jails」。
「1つの壁、2つの監獄」という意味。壁を作ることにより、パレスチナだけでなくユダヤの民衆も人としての尊厳を失うことになる、という意か。
「two」の上には、別の人が上書きしたと思われる「one」の文字が。これは、「壁により自由を奪われるのはもっぱらパレスチナ人だ」と抗議しているのか。

パレスチナ周辺図

序章
私がこの本を書いたわけ

深刻化するパレスチナ問題

　本書を書こうと思ったのは、「ディフェンシブ・エッジ」とイスラエル政府に名づけられた、2014年7月はじめより続いていたイスラエルのガザ空爆及び地上侵攻があったためだ。国連人権高等弁務官事務所（人権問題を担当する国連機関）の副代表としてパレスチナに5年間滞在し、6月はじめに退職して帰国すると、まるで待っていたかのようにパレスチナ情勢が一気に悪化し、ガザで戦闘が勃発し、大規模な人権侵害が繰り返された。そして、つられるようにして西岸でも情勢が悪くなり、イスラエル軍によるパレスチナ人の正当な理由のない収容やデモへの実弾発砲などが連続して起きるようになった。本書でも明かすようにそれはもともと頻繁に起きている事件ではあったが、明らかに問題が深刻化していた。

　同年7月8日に始まったガザ侵攻は、2012年以来の大規模なもので、停戦合意が発表された8月26日の深夜までの間にパレスチナ人の死者が2,010人以上、負傷者が11,000人ほどに上った。180万ガザ市民の実に4分の1以上にあたる50万人ほどが避難を余儀なくされ、11万人ほどが家屋をイスラエルの空爆などによって破壊された。国連の推計では、死傷者のうち70パーセントが罪もない民間人とされている。当然のことながらイスラエルはこの「70パーセント」の数字に猛反発しており、殺害したパレスチナ人の「半数近くがテロリスト」と声明を出しているが、仮にイスラエルの数字が正しかったとしても、攻撃で犠牲となった人々のうちの半数ほどが民間人ということになる。本書でも戦闘行為を規定する国際人道法（戦争法）に少し言及するが、イスラエルの主張には正当性がほとんどなく、意図的に民間人を標的にして攻撃し、重大な戦争犯罪を犯した疑いが非常に強い。なおイスラエルの方の犠牲者は72人で、そのうちのほとんど（66人）が兵士だ。

2008年の「キャスト・レッド」、2012年の「ピラー・オブ・クラウド」、そして2014年の「ディフェンシブ・エッジ」と、イスラエル軍によるガザ攻撃を3回見て来たが、私の経験でも、デイフェンシブ・エッジはそれまでのガザ侵攻と比較しても、趣が違っていた。端的に言うと、2014年は、イスラエルはあからさまに戦争犯罪を犯しても居直るという態度を貫くつもりでいるように思えた。攻撃の理由としてイスラエル政府が挙げたものは次から次へと変わり、どれも怪しげなものばかりだった。背後に政治的な思惑があったのは歴然としていたが、いずれにしても戦闘の遂行に問題が多く、上記のように民間人が大勢犠牲になった。戦争というのは悲惨で民間人の犠牲は避けられないが、今回のイスラエルの振る舞いは、民間人を多数殺害することが目的だと思わせるものだった。誤って民間人を殺害した、注意が足りずに殺してしまったなどという程度ではない。民間人も敵と見做し、「どいつもこいつも殺してしまえ」としているようにしか見受けられなかった。

　今回のイスラエルは明らかに以前と違い、獰猛な怒りのようなものが感じられた。ガザを統治するハマス（255頁参照）の転覆等ではなく、パレスチナ人民に対する復讐が目的としか思えなかった。そしてその究極的な目的は民族浄化であり、あるいはパレスチナ民族の抹殺そのものというジェノサイドであるとさえ感じられることがあった。実際、イスラエル議会の副議長を含むイスラエル右派の政治家が次から次へとパレスチナ人の皆殺しを声高に叫び、テルアビブの街頭でも平和を訴えるデモに右派のチンピラが乱入する事件が相次いだ。一般人でも戦争を批判した人がクビになったりと、イスラエル中にもの言えない空気が蔓延した。

　一連の事件について、欧米主流メディアは言うまでもなく、日本のマスコミも、一部を除いて、取り上げ方が極めて不十分だった。イスラエルの宣伝をそのまま流す欧米メディアも決して少なくなく、そういう意味では日本のマスコミは基本的に中立的だと思えることが多いのだが、やはりコンテクストを抜きにした報道では、基礎知識がない一般の人が読んでもあまりよくわからないのではないかと思われる。2014年のイスラエルの侵攻の発端となったのは3人のユダヤ人青年が被害者となった誘拐及び殺人であり、イスラエルは自衛のためにガザを爆撃しているかのような報道が、やはり依然として主流だ。それは事実として間違っているし、そもそもその殺害の背景を説明しないでそれらの「事件」を説明しても、誤解を招くだけだ。

したがって、一般の人向けに、パレスチナ問題を簡単に解説したものが必要でないかと感じるようになった。

アメリカの事件とパレスチナの共通点

そのように考えて本書に取り組み始めると、アメリカのある事件によって、パレスチナのことがマスコミ報道から押し出されがちになるようになった。8月中旬、ミズーリ州で凶器を何も持っていない、罪のない黒人青年が警察に射殺されたことで住民の反発が盛り上がり、責任追及を求めて連日デモが起こるようになった。そしてそれに対する警察及び州兵の対応は明らかに度を超えたもので、攻撃用の警察犬はおろか、装甲車や軍隊用の小銃を持ってデモを威嚇し、催涙ガスなどを打ち込み、デモと関係のない周辺の住民などに対しても暴行を続けている。マスコミが近寄ることも禁止し、デモの取り締まりなどの詳細が報道されないようにしている。

一見してパレスチナとは何ら関係ない事件のように思いがちだが、ミズーリの映像を見て何よりもすぐに思ったのが、「パレスチナそっくりだ」ということだ。デモを取り締まり人権侵害を繰り返すアメリカの警察は、パレスチナ人のデモに暴行を振るうのが当たり前であるイスラエル軍の姿とそっくりだった。ガザで空爆に苦しみ命の危険にさらされているパレスチナ人も共通点を見抜き、アメリカのデモ参加者に「催涙ガスへの対応方法」などをネットを通じて教えた。そしてミズーリのデモ参加者はやはり「まるで占領されているようだ」と言い、警官隊に対して「ここはガザでない」とヤジを飛ばしていたという。

実は、アメリカの警察を見て、前にも同じように「西岸そっくりだ」と思ったことがある。2013年、ボストンマラソンで自爆テロ（らしい）事件が起きた時、警察はボストン郊外のある街を丸ごと封鎖し、住民に外出を禁止して犯人を探し回った。郊外の住宅街を装甲車や軍隊用装備をつけた警官隊が、まるで敵陣地に侵入するかのようにして入って行く。それは、テロの「犯人」を逮捕しにパレスチナの村や難民キャンプに侵入するイスラエル軍そっくりだった。

そして後から明るみに出た事実だが、ボストンやミズーリの警官の幹部などは、実際にイスラエルでデモ鎮圧やテロ対策などの研修を受けていた。本書でも言及するが、これらの類似性は決して偶然でない。

パレスチナ赴任──人権とは何なのか

　私が人権高等弁務官事務所の副代表としてパレスチナに赴任したのは2009年の3月で、やはりイスラエルによる大規模な軍事侵攻のキャスト・レッド作戦（2008年末から2009年のはじめの3週間、パレスチナ人1,400人以上が犠牲）が終了した直後だった。パレスチナ事務所は1996年に設立され、人権高等弁務官事務所の中では比較的古い方のオフィスだったのだが、パレスチナ当局やパレスチナの人権団体に対する技術協力やキャパビル（キャパシティ・ビルディング：人材育成や法整備支援などの「能力強化」）が任務で、人権状況の調査及び報告（人権業界ではモニタリングという）は任務に入っていなかった。

　業界人でない人はモニタリングと言ってもピンとこないかもしれないが、人権という仕事は、人権侵害にあった人の話を聞いて、物的証拠や目撃者の証言などとも照らして、法的分析も加えて報告書を書く、というのがすべての土台になっている。そしてその報告書を持って、政府などの当局者のところに行って、改善を求める。もしくはマスコミに訴えたり、国連などの場で国際社会に訴えたりして、問題を起こしている国にプレッシャーをかける。モニタリング及びその調査した情報をもとにしたアドボカシー（問題を広く世に訴えたり、政治的指導者に訴えたりして事態改善を求めること）は人権という仕事のイロハで、逆に言えば、それをやっていなければ「人権をやっている」とは言えない。

　どこまで厳しい報告書を書くか、どういう手段でアドボカシーをするかなどというのは人権団体によって大きく違い、例えば草の根の活動団体のキャンペーンはアムネスティ・インターナショナルなどといった巨大国際NGOのものとは違う。また、国連機関ともなれば違った形態となり、例えば市民団体などが容易にアクセスできない政府の幹部や大臣、高官などと会って見解を伝えることができる。NGOはマスコミに訴えて大騒ぎするが、国連機関ならより静かな外交を使わざるをえないことが多い。このように団体により手段こそ違うが、要するにそれが人権活動なのだ。被害者の味方をし、当局の足りないところを指摘する。人権というのは弱者の味方をし、強者にものを申すものだ。別に格好をつけているわけではなく、それが人権だというだけのことだ。

　ところが1980年代あたりから、国連など国際的な場で、「国家のキャパビル」の重要性が強調されるようになった。主に途上国などだが、人権侵害が起きる

のはその国の政府に悪意があるからではなく、警官などがきちんとした研修を受けていなくて人権とは何かを知らないからなのだ、という考えが急に主流になる。政府としても人権の国際条約をちゃんと実施したい、それには国連さんやドナー国政府さんがきちんと責任を持って教えてください、ということだ。

　その頃から人権機関などがキャパビルもやることが多くなった。警官などに人権の研修を施すこと自体、必ずしも悪いことでない。問題は、この「キャパビルの必要性」が言い逃れになることが結構多い、ということだ。例えば中国を見ると、問題はキャパシティではなく人権を守るという政治的意志が皆無だということで、そのような状況で警官の研修などいくらやっても無意味だというのは歴然としている。

　要するにモニタリング（人権侵害の調査及び報告）及びアドボカシーという「ムチ」があって、初めてキャパビルという「アメ」が意味を持つのだ。問題点を指摘し、それを糾弾するというのがなければ、いくら研修などを施しても仕方がない。したがって、人権団体や国連機関などが人権のキャパビルをするのは必ずしも悪いことではないが、それもモニタリングをしっかりやっていて初めて成り立つ。言い換えれば、モニタリングをやらずにキャパビルだけをやる人権のオフィスというのは、無意味なものなのだ。

　ところが1996年に設置された人権高等弁務官事務所のパレスチナ事務所は長年、まさしくそのとおりで、モニタリングの任務がなく、キャパビルだけだった。イスラエルが起こす広範囲の人権侵害について調査及び報告することはなく、パレスチナ当局に対してワークショップなどの研修を細々と行うだけが仕事だった。人権問題があまりない場所ならともかくとして、軍事占領下のパレスチナにおいて任務がそのように規定されたことに政治的要因が入っていたのは歴然としている。人権、特にパレスチナの人権に対する国連の取り組みの問題点は本書で後に詳しく述べるが、ここで大事なのは、その時点での事務所の役割がそうだった、ということだ。

　しかしながら、2008年末から2009年始めにかけてのキャスト・レッドで、それがガラリと変わった。人権理事会の加盟国が決議を採択し、パレスチナ事務所を強化し、モニタリングをするように指示したのだ。したがって、その直後に同事務所のナンバー2として赴任した私の最大の任務は、そのモニタリングの事業のスタートアップ、そして報告書の作成だった。パレスチナ事務所がついにちゃんとした人権の仕事が出来るものに格上げになるということで、私及び

同僚の任務は大役だった。ちなみに、その時の人権理事会の決議は、イスラエル軍の侵す人権侵害にだけ的を絞るように高等弁務官に指示したもので、そのとおり行動すれば、例えばパレスチナ当局（251頁参照）やハマスによる人権侵害はノータッチになるはずだった。しかし高等弁務官は、「紛争地域にスタッフを送るのに際して、片方だけの人権侵害を調査するのは危険を伴うもの」と、その指示を無視し、イスラエルだけでなく、パレスチナ側による人権侵害をも調査すると宣言した。中立性が大原則である人権から考えると正しい判断だが、人権理事会のその決議からも、人権問題を扱う際（人権問題だけではないが）の国連の政治性が露になっている。それに関しても、本書で後に述べる。

１週間経たずに崩れた先入観

　赴任が決まった私は日本や欧米などの多くの人と同じように、パレスチナ問題に関してそれなりに先入観を持っていた。イスラエルといえば「我々」と同じく民主主義国家であり、制度の面でも文化や社会の面でも、「我々」に近いものだと、漠然と思い込んでいた。なるほどパレスチナ人の扱いには人権の観点からは問題点が多かったが、それも何となく「仕方がないではないか」という気持ちが、漠然とあった。民主主義国家のイスラエルは敵国に囲まれ、常に存亡の危機に立たされている。結局は自衛戦争、命のための戦いを強いられているイスラエルが、多少手荒な手段を使っても、他国に非難する資格などないのではないか、という考えがさまざまな媒体によって、知らず知らずのうちに我々にインプットされていると言っていいと思う。

　欧米や日本の主流メディアによって私の頭の中に作り上げられたイスラエル像は、「加害者」でなく「被害者」だった。そして「アラブ人」はイスラエルを認めず、常に戦争をしかけてくる好戦的な輩としてひとまとめにされており、アラブ・イコール・テロという図式はかなり強固に頭の中に構築されていた。無論国連の役人として、また人権活動家としてパレスチナに駐在する以上は、パレスチナ人を含めあらゆる人の人権のために活動するつもりでいた。しかし、心の中では「イスラエル人は自分の仲間」で、「アラブ人は異質なもの」というのが本音だった。簡単に言えば、「イスラエル人も少し悪いことをしているが、彼らにも言い分があるに決まっており、国際法を武器に彼らを根気よく説得すれば必ずや理解してもらえる」というふうに思い込んでいた。

ところが実際にパレスチナに赴任すると、1週間もしないうちにそれらの先入観がすべて事実無根だというのがわかった。そしてそれまで日欧米のメディアなどを通して私に伝えられていた「イスラエルという国」「パレスチナ問題」がほとんどと言っていいほど真っ赤な嘘だというのが、ありありと見えた。そもそも「占領」と言わずに、「戦争」などという言葉をマスコミが使うところからして、イスラエルの言い分に加担している。そして人種差別及びアパルトヘイトがいかにイスラエルという国の国是であり、イスラエルがいかに帝国主義的な植民地政策を厚顔無恥に展開しているか、パレスチナ人に対するイスラエルの扱いがいかに正当性に欠け、彼らがいかに軍事占領下で何十年間も苦しみを強いられているのか。実際現場に行ってみると、これらのことがあまりにも明白と見えるので、異論の余地がなくなる。国連の別機関に所属する同僚がある日、「我々は国連の役人だから、外向けにはもちろん中立的に振舞わなければならない。しかし、パレスチナに例えば2週間もいて、それでも心の中でも本当に中立的であれば、そいつは神経がおかしい」と言ったが、的を射た言葉だ。

　「世に悪の栄えた試しがない」という格言があるが、不正がまかりとおり、悪がはびこっている、というのがパレスチナなのだ。もちろんそれはパレスチナだけでなく、人権状況が酷いいくつかの国に関しても言えることだが、軍事占領され、土地を奪い取られ、あらゆる方面で迫害を受ける、というパレスチナ人の人権状況はいろいろな意味で特殊で、過酷を極めるものだ。そしてそれが国際的に注目を浴びているにもかかわらず状況改善に向けて強国が何一つしようとせず（少なくともそのように見える）、占領者の好き放題にされている、それどころか国際的に一方的に悪者扱いされているというパレスチナ人の窮状は、やはり世界で類を見ないものだろう。

　「パレスチナ問題ほど紙が無駄に費やされた国際問題はない」と国連でよく言われるし、それはある意味では事実だ。しかし、パレスチナを題材に書かれた膨大な量の文書が、国際社会による、効果的な行動に繋がっていない。それがパレスチナ人にとって何よりも不毛なことと言えるだろう。

変化しつつある風向き、しかし日本政府は……

　それでも、本書で明かすように、風向きは確実に変化しつつある。イスラエルに対する非難は国際的に盛り上がり、横暴を決して許さないという空気が、日

本を含む各国の市民運動によって、確実に強化されている。早い話が、世論が変化しつつあるのだ。そして、欧州ではそれが少しずつ政府の行動の変化につながりつつある。一番肝心なアメリカではまだ目に見えるような成果は遠いようにも思えるが、水面下での動きは確実にある。そして民意が必ずしも反映されないアメリカでも、いつまでも世論が無視できるということはない。方向性としては、イスラエルにとって分が悪いのは明白だ。

　それに対して日本政府だけが、先進国の動きに真っ向から逆行しているように思える。安倍首相は2014年5月にネタニヤフ・イスラエル首相と「価値観の共有」及び「安全保障での協力」を盛り込んだ合意をしている。そして同じぐらいの時期に武器輸出三原則を事実上廃止し、イスラエルを含む中東に兵器を売る姿勢を見せている。それどころか、ホルムス海峡への自衛隊派兵の方向性があらわになり、そのための徴兵制度の復活さえ話題に上っている。その後も関係の強化は着々と進んでおり、安倍首相が2015年初頭に中東を訪問した時には、イスラエルに行きイスラエル国旗の前で記者会見に臨むなどして緊密な関係をアピールするという愚を冒した。首相のその態度がまさしく、後の自称「イスラム国」による日本人殺害を誘発したとさえ指摘されているほどだ。実際の因果関係はわからないが、少なくとも中東でうまくやっていくのに「やってはならないことのイロハ」をことごとく無視した愚行だったのは確かだ。

新自由主義者の理想＝イスラエルとの闘い

　危険極まりない動きとしか言いようがないが、この動きの背景にあるのは、安倍首相などの一味がアメリカの支配階層にへつらうことしか知らないという事実だけではない。本書でも触れるが、アメリカの支配階層を含む新自由主義者が理想とするモデル国が、まさしくイスラエルだからなのだ。社会全体が軍国化し、「セキュリティー」の一言さえ出せばどのような人権侵害も当局の横暴も許される。経済は軍需産業一本で、政治は国民の福祉のためでなく、事実上、仲間の金儲けの道具と化す。そしてそれを糾弾しようにも、「安全保障」の美名で作られた秘密保護法で守られた政府や、コネのある支配階層は好き放題。その基にあるのは、支配階級の「今だけ、オレだけ、カネだけ」という、新自由主義の原則だ。そして軍需産業を中心にしたほんの一部の支配階層、すなわち1パーセントだけが潤っていることから市民の目をそらすために、また、戦争

によって軍需産業が利益を生むために、常に外敵を作ったり、資源の略奪の戦争を引き起こす。実際、日本の今の保守系の政治家や論客にはイスラエルの軍関係者や軍需産業との関係を強化したり、イスラエルのことを「民主主義の成熟度が高い国」と崇拝するようなことを吹聴する者もいる。

　このように考えると、パレスチナ人の闘いがパレスチナ一国、また中東一地域に限ったものではないのがわかる。帝国主義や植民地主義、軍国主義に抵抗するパレスチナの闘いはある意味では今日の世界の縮図であり、全世界の市民に共通するものだ。したがって、「イスラエルによる軍事占領を終わらせて、パレスチナに自由を」という言葉は、「軍国主義で抑圧されるあらゆる人々に自由を」という言葉にも通じるように思う。それだけパレスチナ問題は、現在世界が直面しているさまざまな問題の象徴であり、縮図なのだ。

　なお、本書を読んでもらうに当たって、いくつか了承されたい点がある。言うまでもなくパレスチナ問題は極めて複雑かつ難解なもので、キャリアのすべてをパレスチナ研究に使う「パレスチナ専門家」がいくらでもいるほどだ。本書は学術書でなく、あくまで一般向けにパレスチナ問題を比較的簡単に解説したものなので、必然的に大ざっぱなまとめ方をしたり、細かい点が抜け落ちているところがある。
　また、例えば中東情勢全般にとって極めて重要な「アラブの春」や、最近のシリアやイラクの情勢に関する記述はあえて加えないようにし、本当に重要な点だけに絞った。断言するがパレスチナを抜きにして中東を語ることはできず、パレスチナ問題の解決なくして中東に和平が訪れることはまずない。ただし、中東全般の状況に入ると何冊書いても足りないほどなので、本書ではとにかく直接関係のある部分だけにした。
　次に、歴史の扱いに関して一言。パレスチナ問題を理解するには、やはりどうしても歴史を知らなければならない。何も（イスラエル人が主張するように）聖書時代まで遡って勉強する必要はないが、とにかく今までどのような経緯をたどってきたかを、大雑把でも見ることは不可欠だ。したがって、本当はまず歴史に関する話から出発し、それをしっかり理解してもらったうえで現状の分析に入るというのが正道かもしれない。ところが、高校の世界史の授業のような話があまり延々と続くと、大抵の人は残念ながらその時点で興味をなくしてしまう。私は講演の時に歴史の部分をできるだけ短くし、パワーポイントに可愛いキャ

ラクターなどを使って興味を維持してもらおうと努めるが、やはり非常に難しいと言わざるをえない。

　したがって、本書ではあえて歴史の章を最初に持って来ず、最後に回した。そして、もしも読者にその気がなければその歴史の章を読まなくてもいいように、可能な限りパレスチナの現状などの記述に必要な歴史を織り交ぜるようにした。正統な道ではないが、一般の読者に関心を維持してもらうことが目的なので、了承されたい。

　また、法律に関しても同様の扱いにした。学術書などの多くは、まず国際法の法的基準を並べて、それらを分析するところから始める。そうしたうえでようやくパレスチナの状況に入り、その状況がいかにその国際法に合致しないかを説き、国際法違反を立証しようとする（パレスチナの場合は侵害はあまりにも歴然としているので、「立証」は実は非常に簡単だ）。法律を勉強する時にそういった手法を叩き込まれるし、私も学術論文などを書くときはそうするが、本書はそういう主旨ではない。したがって、あえてそのような書き方をせずに、歴史に関してそうしたように、パレスチナの現状を述べながら必要に応じて法的基準の話を織り交ぜることにした。学者の方はあれこれケチを付けるかもしれないが、本書は学術論文でなく、学術書と目的が違うので、了承されたい。

1章
人権野郎が見た軍事占領

聞き取りから始まる人権の仕事

　人権の仕事をする「人権野郎」なら、誰でも必ず一度は経験すること。それがいつ起きるかは人によってまったく違い、予想がつかない。しかし、人権の仕事をしていれば、少なくともジュネーブなどでのパソコンと書類相手の役所仕事でなく、前線で実際に被害者に会うという仕事をしていれば、いつしか心を痛めつけ、木っ端微塵にする「そのケース」に出くわす。そして私が「そのケース」に直面したのは、パレスチナ西岸北部のナブルスという町だった。

　序章に書いたように、人権の仕事というのは実際に被害にあった被害者に会い、事件のことを聞いてまとめるというのが基本になる。どのような被害にあったのか、現場の状況はどうだったのか、他に目撃者はいたのか、などなどとかなり詳細に聞き取りをする。そして国際法の人権基準をもとにその事件の分析を加え、報告書をまとめる。これが人権という仕事のイロハであり、初歩なのだ。国際的にトップの大学から国際法の博士号をもらい、どのように素晴らしい学術論文を出版していても、人権では現場での聞き取り調査がすべての始まりで、それができない、もしくはしたくないという人は、他の分野での仕事を探してもらうしかない。

　なおあえて強調するが、人権での聞き取り調査は、例えば犯罪が起きた時の警察の捜査である事情聴取とは本質的に違ったものだ。もちろん被害者の信ぴょう性の判断はする必要があるし、明らかに誇張、もしくは虚偽の発言をする人もいるので、その場合は基本的に「使えないケース」として処理される。しかし、距離を置くべき警察などとは姿勢が違い、人権に携わる者というのは被害者の

味方でなくてはならないのだ。あくまで中立性が最重要なので個人的に露骨に加担するのはよくないが、人権の報告書というのは刑事裁判ではないので、「この証言は完璧に立証できないから報告書に入れない」というものではない。全体的な状況や今までのパターンを考えると信ぴょう性のある証言を集め、「こういう被害の報告がある」と世に訴えるのが社会における役割だ。

　仕事をする国や職種によってもちろん違うが、当然、キャリアを通じて、膨大な数の聞き取り調査をすることになる。そしてそのどれも重大な人権侵害の話だったりするので、かなり重いものだ。家族が殺された話。自分が政治的な理由で逮捕されて拷問を受けた話。特に女性なら、強姦された話などもある。そして可能な限りの裏付けをとらなければいけないので、根掘り葉掘り聞かねばならない。

　「拷問されました」というだけでは足りず、具体的にどのような拷問を何回、約何時間にわたって受けたか。拷問をした訊問官はいつも同じ人だったのか、違う人だったのか。ストーリーが可能な限り構築できるように、詳細を聞かねばならない。当時の医師の診断書があればそのコピーをもらうし、もちろん、自分の目で拷問の傷なども見たりする。傷が残らない拷問の方法もあるが、驚くほどそれを気にしない訊問官もいるものだ。容疑者を拷問にかけたと発覚することはない、もしくは発覚しても責任を問われることはないと高を括っているからだ。そして、占領下のパレスチナも含めて、残念ながら、拷問が横行している国ではそれが現状であることが多い。

　話す方もいろいろつらいことを思い出すので、被害者が涙ぐんで聞き取り調査を中断しなければならないことも決して少なくない。また、一見そうでなくても実は内心でトラウマを受け、当時の状況を思い出すと傷が深くなることもある。聞き取る方は常に気を使い、相手のそういった言動などに気を配っている必要がある。

　そして何と言っても話の内容が内容なので、聞き取る方にもかなり重くのしかかる。人の壮絶な苦しみの話を詳細に聞いて、まったくへっちゃらだという人間はあまりいない。やはりこっちにも相当程度重く響き、苦しみを感じるものだ。ましてや人権の仕事をする人は、「人を助けたい」「いいことをしたい」という気持ちが基本にあるのは否めない。罪なき人が拷問を受けた話を聞いて、「そんなの、お前も悪いんじゃん」という人は、人権野郎にはいないだろう。被害者に共感し、少しでも気持ちを分かち合おうとする人間が人権の仕事をする。だから、

聞き取り調査は精神的にかなり疲れ、大げさな言い方をすれば、聞き取る方もそれなりにトラウマを受けるものなのだ。日本ではあまり知られていないことだが、実は精神療法士、すなわちカウンセラーの自殺率は非常に高い。それに少し似たような現象だろう。

ましてや、人権の仕事をして、すぐに被害者を助けることができることは非常に少ない。国の政策を変えたりするのが目的なので、気の長い話だ。そもそも侵害がすでにあったということの聞き取り調査なので、それ以上ひどい目にあうことを場合によっては防ぐことはできても、当然受けた被害はもうどうしようもない。早い話が、成功の実感がなかなかつかめない仕事なのだ。だから、拷問を受けた、家族が殺されたなどの話を聞いても、いくら善意があっても、こっちにはどうすることもできないという無力感が生まれやすい。

人権野郎の心を痛めつけ、木っ端微塵にする「そのケース」

そのようなことだから、人権の仕事にはある種の精神的タフさが求められる。何百、何千、何万もの聞き取り調査をしてもへこたれず、過度に影響を受けず、トラウマに苦しまない性格の人でなければならない。私の知り合いにも国際法の博士号を取って人権のことを勉強して、国連の難民の機関に入った人がいたが、彼は聞き取り調査でトラウマを受け、毎晩悪夢にうなされて叫びながら目が覚めるというのを繰り返すようになった。これでは身が持たないと思い、彼はすぐに国連の他の機関（本部でデスクワークが中心の職種）に移ったが、それは彼自身のためにも、難民の機関のためにも、そして彼がサポートしなければならなかった難民のためにも最善の策だっただろう。

そのように明らかにやっていけない人は、大抵若いうちに他に移る。ただし、人権で続けていける人であっても、当然のことながらストレスはかなりたまる。そのストレスを少しでも和らげるようにする方法はもちろん千差万別で、家族と時間を過ごすなどという人もいれば、酒に溺れる人も決して少なくないし、その場限りの性的関係を繰り返す人もいる。皆いろいろだが、とにかく翌日もちゃんと出勤して、現地に出向いて聞き取り調査をするということを繰り返す。それができれば上官としてケチはつけないし、逆にそれができなくなれば、残念ながら人権の仕事を辞めてもらうしかない。

何年も人権のキャリアを築いた人であっても、必ずどこかの時点で、「そのケー

ス」に出くわすのだ。「そのケース」は、それまで聞き取り調査してきた中で最も無惨なものではないかもしれない。「そのケース」に比較して何倍、何十倍ものひどいケースをいくらでも調査し、報告書にまとめてもまったく平気だったかもしれない。「そのケース」には、自分に強く影響を与える理由やきっかけはまったく思いつかないことが多い。しかし、なぜか、「そのケース」に深く心を打たれ、それまで内心で山積していたストレスやトラウマが一気に吹き出す。客観的な理由はまったく不明だが、こういうのは人間の心の問題なので、完全に客観視することがそもそも可能でないだろう。原因の究明などは心理学者に譲るが、重要なのは、人権の仕事をしていれば、必ずいつの日か「そのケース」に直面するという事実だ。

私の心を木っ端微塵にした「そのケース」

　私が「そのケース」を突きつけられたのは、パレスチナ赴任から9カ月ほど後の2009年年末、西岸北部のナブルスという町でだった。
　まず、ナブルス近辺にある入植地の近くで、あるユダヤ人入植者が殺された。欧米の主流マスコミのほとんどはその事件で話を始めるし、日本のマスコミも大方それにつられて同じように扱うが、本書でこれから検証するように、それでは甚だ不十分だ。そのような伝え方では、まるで平和の中で、あるパレスチナ人テロリストが理由もなく、ある罪のないイスラエル人を殺したかのようだ。
　しかし、その事件の前に何十年ものイスラエルによる植民地政策があり、パレスチナ人の土地が収奪され、水などの資源が略奪されているという背景がある。また、毎日のようにイスラエル兵や入植者によるパレスチナ人への暴行事件があり、西岸全土に散らばるイスラエルの検問所などによるパレスチナ人の移動の極度の制限があり、パレスチナ人に対してあらゆる非道が繰り返されるという背景がある。それによってその刺殺事件が正当化されるとは思わないが、そのような背景を正確に伝えないと、パレスチナ人の置かれている窮状が何一つ理解されず、パレスチナ人は「平和を乱す非理性的なテロリスト」というレッテルを貼られたままだろう。本書で見ていくように、そのレッテルは決して正しくなく、問題はむしろ国際法を無視して好き放題に人権侵害を繰り返すイスラエルの方にあるのだ。
　ユダヤ人が殺されたことで、イスラエル軍は大作戦を開始した。軍事占領さ

れているパレスチナではイスラエル軍が統治者、イスラエルの軍令が法律、そしてイスラエル兵が警官となる。パレスチナ人にとっては外国人占領者が一方的に決めた軍令が法律となり、違反した場合は外国人占領者によって逮捕され、外国人占領者の軍事法廷にかけられる。占領に対するあらゆる抵抗は、平和的なものも含めて、すべてイスラエルの軍令によって禁止されており、重い刑罰が待ち受けている。もっとも、それは裁判になった場合であり、このケースはそれすらなかった。

　イスラエル軍が犯人と断定した（らしい）のは、ナブルスの旧市街の中に住む3人の中年男性だった。ナブルスといえばパレスチナ北部の主要都市で、後に見るように形だけパレスチナ当局の「自治」が認められているA地区になる。大抵のことならイスラエル兵は直接侵入せず、占領の手先と化しているパレスチナ当局に命令して、容疑者を逮捕してもらう。パレスチナ当局とは一応持ちつ持たれつなので、イスラエル軍もA地区となると少しは気を遣うものだ。

　しかし、ユダヤ人が殺されたとあれば、話は別だ。もはや法執行の問題でない。裁判にかけるなどといった生易しいことを言っている場合ではない。同胞のユダヤ人が殺されたのであれば、ユダヤ人の手で復讐をする。それが占領軍であるイスラエル軍の掟だ。したがって、年末のある深夜にイスラエルの特殊部隊がそれぞれの家に侵入し、その3人を暗殺した。念のために言っておくがこれは噂や誹謗中傷などでも何でもなく、イスラエル軍が自ら発表していることだ。イスラエル人に危害を加えるものは許さず、正義を下したと自ら声明を出した。その声明文からは逮捕して裁判にかける気があったとは到底感じられず、証拠も何一つ開示されないままだった。

　暗殺があった翌々日に私のオフィスは聞き取り調査に出かけた。クリスマスの時期で欧米人のスタッフのほとんどはすでに休暇に出かけており人員が不足気味だったこともあるが、何よりも重大な事件なので、副代表の私もチームに加わって出向くことにした。

　オフィスのあるラマッラという町からナブルスまで正味50キロほどだが、パレスチナの村を突き抜けていったり、丘陵の曲がりくねった道を通るので、車で1時間ほどかかる。すでに数えきれないほど何度も通った道だったが、決して裕福と言えないパレスチナの村と、それらを見下ろすようにして要所要所の山の上に建つイスラエルの入植地との対比には、いつだって気にならずにはいられなかった。パレスチナ人の土地を収奪して建設され、イスラエル兵に守ら

道路から見上げるエルサレム近郊入植地（塩塚祐太提供）

れる入植地。それらは高級住宅地の様を呈し、建物も設備も整備されていた。

　イスラエルは砂漠地帯であるパレスチナで限りのある水資源を略奪し、それを入植地に格安で提供する傍ら、水道も繋がっていないパレスチナの村に（本来パレスチナものである水を）法外な値段で売りつける。夏にはパレスチナの村では蛇口をひねっても何も出てこないことが決して珍しくないが、見上げたところにある入植地にはプールもあり、庭の水撒きも行われている。その時は冬だったが、暖房設備が整備されておらず、どこにいってもバカみたいに寒いパレスチナの村と違い、イスラエルの入植地はもちろん、どこも全館暖房で快適と聞いた。

　本書でも詳しく書くが、パレスチナ問題の根幹にこの入植地の問題がある。イスラエルはあれこれ詭弁を弄して否定するが、入植がさまざまな問題の元凶となっているのは明白だ。イスラエルは軍事占領したパレスチナの土地に、ユダヤ人入植地を建設した。入植地の人口は60万人以上で、今やイスラエルのユダヤ人の10人に1人が入植地に住んでいる計算だ。嘘っぱちの「和平交渉」の間も、イスラエルは入植地を建設し続け、ユダヤ人の移住を促進してきた。そのようにして、パレスチナ人を排除した、ユダヤ人だけのための「大イスラエ

パレスチナ人は苦しみ続ける――なぜ国連は解決できないのか

16

ル」に向かおうとしている。それは1948年のイスラエル建国から一貫して、一度たりとも揺らいだことのない領土拡張政策だ。「和平交渉」をしていても国土がどんどん侵食されるので、パレスチナ側にしてみると交渉に参加するだけバカバカしいのだ。そして個人レベルでも入植地はさまざまな人権侵害の原因となっている。

　ナブルスの旧市街に入ると、そこらじゅうにイスラエルに殺された男たちの巨大なポスターが貼ってあった。死者を悼むという内容だが、イスラエル軍と果敢に戦って戦死した仲間を讃えるというメッセージが強い。パレスチナ人がイスラエル軍に殺害されるとすぐにそういうポスターが刷られ、いくつもあるパレスチナの政党などが街に貼る。パレスチナではいたるところにそういうポスターがあり、英語で「殉教士」という意味である「martyr」にあたるアラビア語が使われるため「殉教士ポスター」と言われることが多いが、宗教のためでなく国のために命を捧げたので、私は日本語ではいつも「殉国烈士ポスター」と呼んでいた。

　殉国烈士ポスターを見て、「嘆かわしい」という外国人はかなり多い。「戦死した人を英雄視すると憎しみだけを煽る。パレスチナ人はそのようなことをやめて、平和的解決を求めるべきだ」ともっともらしい理屈を述べる。戦争はよくないという気持ちはわからなくはないが、その視点に決定的に欠落しているのは、パレスチナ人がおとなしくして「平和的」に振る舞ったところで、イスラエルが占領をやめると考えるのはいかにも現実性がないという事実だ。建国時のイスラエルも含め、平和的に独立を果たした民族はほとんどいないし、それをパレスチナ人だけに強要するの

ナブルス市内で暗殺された人のポスター

は、イスラエルの主張に加担した外部者の傲慢とさえ言える。もちろん民間人である入植者を殺すのはよくないが、占領者であるイスラエル軍と戦った人がパレスチナ人にとって英雄となるのは当然のことだろう。

　少し話が逸れたが、ナブルスに入った我々は3チームに分かれたうえで、私と現地職員は3人のうちの一人の家を訪問し、今は未亡人となった若い妻と話をした。家は吹き抜けとでも言えるような変わった造りで、子どもや祖父母が住む母屋の向かいに夫婦の寝室があり、その間に壁はあっても屋根のない踊り場のような空間があった。妻の話によれば深夜の2時半頃、突如として夫婦の寝室の窓を割ってスタン・グレネード（巨大な音を出して相手を撹乱する武器）が放り込まれた。慌てて起きると、「手を上げて出てこい」と、踊り場から拡声器で指示が来た。男が手を上げて妻の先に歩いて踊り場に出ると、イスラエルの特殊部隊兵が数人、踊り場の壁の上から彼を狙い撃ちした。夫は小銃で頭を撃たれ、即死した。
　夫はそのまま後ろにいた妻に倒れこんだ。映画で頭が撃たれる場面で時々そのようなシーンがあるが、現実は映画のような綺麗事ではない。近距離で小銃で撃たれるのだから、頭は粉々で、脳みそなどが踊り場じゅうに散らばり、奥さんにも吹きつけられる。奥さんは当然どうすればいいかわからず、倒れた夫の隣で座り込んで叫びまくった。全身を黒くまとった覆面のイスラエル兵の一人が踊り場に降りて、念のためということだろう、倒れた夫の体に3発余分に撃ち込み、兵士は引き上げた。
　考えてもみてほしいのだが、夫の頭半分は完全になくなっており、生きている可能性はない。逮捕するなどといったそぶりもなく、相手の息の根を止めるという兵士の任務（そもそもそれが任務であること自体、人権の観点から問題だが）は確実に完遂できていた。なのに、心乱している妻の前で弾をさらに死骸に撃ち込むというのは、一体どういうことか。相手を単なる「敵」として認識するというより、もはや個人的な憎悪の対象となっているのではないか。そして悲しむ妻に精神的にトドメを打つというつもりだったのだろうか。軍隊というのはそういうものだというのは頭ではわかっているし、イスラエル社会がいかにパレスチナ人、アラブ人を非人間化しているかももちろんその時にすでに認識していた。しかし、それにしても、人間として根本的な慈悲にあまりにも欠けているではないか。解剖証明も見せてもらったので、少なくとも頭だけでなく体にも3発撃ち

込んだことは証明済みだった。

　トラウマを受けているのだろう、妻は淡々と居間でその時のことを話していたが、その横で、小さい子どもたちが何事もなかったかのように遊んでいた。そして、話が終わると、おそらく4、5歳だったと思われるそのうちの女の子が、「お父さんよ」とニコニコしながら携帯電話を差し出した。携帯電話を見ると写真の画面が、なんと頭が半分なくなっている父親だった。祖父がその時の写真を撮ったとの話だったように記憶しているが、とにかくその女の子は当然のことながら事態をまったく飲み込めておらず、まるでお父さんが仮装でもしているかのように、明るく笑って私に写真を見せるのだった。そしていつもの遊びに戻る彼女には、お父さんとはもう二度と会えないということが理解できていなかったのだろう。実は私にも娘がおり、その時にすでにその女の子より数歳年上だったが、にっこりするその表情で娘を思い出さずにいられなかった。

　その時点ですでに長年人権の仕事をしていたので、身内が殺害された人に会うのは決して初めてではなく、同じ程度に悲惨なケースは前にも聞き取りしたことが何度もあった。しかし、なぜか、そのナブルスのケースに私は敏感に反応した。帰りは寒気がして震えが止まらず、寒いから風邪を引いたのかと思ったが、それは完全に精神的なもののようだった。そしてその晩は、人権の仕事をするようになって初めて聞き取りの悪夢を見たのだ。聞き取りの場面そのものが出てきたわけではないが、自分が何か悪いものに追いかけられているという夢で、始終恐怖感に覆われるものだった。そして、自分は拳銃は持っていたのだが、それを使って自分の身を守ろうにも、なぜか弾丸がない。そして「あと3発、3発必要なのだ」という言葉ばかりが頭の中に繰り返された。目覚めた後に思ったが、その「3発」というのは当然、その男に撃ち込まれた3発から連想したものだったに違いない。

　その翌日は普通に出勤して普通に仕事をして、運のいいことに、後に悪夢に悩まされることはなかった。しかし、その後はどこにいっても、自分にとっての「そのケース」というのがパレスチナにあったことには変わりはないし、同じように人権のキャリアを相当程度積んできた仲間の中にも、やはり「パレスチナは自分にとって特別」という人は多い。それもそのはずで、パレスチナの状況はやはり特殊なものなのだ。

パレスチナの特殊性①――植民地主義

　パレスチナの人権状況が過酷であることは否定のしようがない。イスラエルがガザを攻撃した2014年のディフェンシブ・エッジでのパレスチナ人の死者は2,191人、負傷者11,100人。国連の調査に基づいても、その7割ほどが民間人、すなわち兵士などの戦闘員でない人だ。しかしガザだけでなく、西岸でももちろんイスラエル軍に殺されたパレスチナ人やユダヤ人の入植者に暴行を受けたパレスチナ人は年々増えており、暴行事件は2013年に94件、2014年は8月末の時点で85件だ。パレスチナ人の家屋などの建築物もイスラエルによって戦闘以外の時に破壊され、2014年は590軒にのぼる。そのうえ、入植者によるパレスチナ人の畑や家屋、車両などの損害事件はあとを絶たず、ほぼ毎日起きる。また、忘れてはならないのは逮捕者の数で、2014年を通じて数千人ものパレスチナ人が西岸でイスラエル軍によって捕えられ、2014年末現在では5,500人以上も投獄されている。なおパレスチナ国内に住むパレスチナ人はだいたい450万人ほどいるので、これらの数が決して小さいものでないことがわかってもらえると思う。

　しかし、数だけでは伝えきれないというのがパレスチナ人の窮状なのだ。実は、パレスチナの人権NGOなどはこれで苦労することが結構ある。たまにパレスチナ人の人権侵害の被害者を海外に連れて行って、例えばイギリスやアメリカの議会などで発表をしてもらい、人権状況に関する理解を深めてもらおうとする。しかし、コンゴ民主主義共和国などからも被害者が大勢同じように来ている中で、パレスチナ人はどうしても見劣りしてしまう。相手は人権侵害の数を単純比較しようとするから、アフリカなどに比較して「勝ち目」がない。

　しかも、パレスチナに関して言えば、イスラエルは上記の数字をことごとく論破しようとする。ガザ侵攻は「ロケットを撃ち込まれたので正当防衛」。西岸での殺害は「相手は兵士を襲撃したテロリスト」。家屋の破壊は「無許可建設物」。千人単位の逮捕者は「テロ容疑者」。それらはどれも事実関係を検証すれば根拠がほとんどないものだが、イスラエルの宣伝は極めて効果的で、後に見るように、特にアメリカにおけるイスラエル・ロビーを通して、さまざまな媒体で支配層及び一般市民に伝わっていく。

　パレスチナの一番の特殊性は、それが植民地主義の状況下だということだ。植民地主義といえば大抵の日本の読者は19世紀、20世紀初頭の欧米列強あ

るいは日本の行動を思い起こすだろう。アジアやアフリカに出向いて軍事力で屈服させて、植民地として支配する。自国民を支配者として住まわせ、入植者があらゆる意味で特権階級として君臨する徹底した人種差別体制を敷く。そして植民地の自然及び人的資源を徹底的に略奪して、搾取する。

　植民地主義を打破するのが国連の一つの原則で、1960年代や70年代を通じてアジアやアフリカなどの植民地が独立を果たし、植民地主義は終焉を迎えたものと多くの日本人は考えているだろう。それは基本的に正しいが、植民地主義が今でもいきいきと続いているのがパレスチナなのだ。法的には「紛争中の軍事占領」という建前だが、占領というのは原則的に数年間などといった短いものだ。それに対してイスラエルのパレスチナ占領は1967年から続いており、今年で48年目を迎える。

　そしてこれからも検証するようにイスラエルは占領中の国際法をことごとく無視している。パレスチナ中に植民地を作り、自国民を入植者として住まわせ、徹底した人種差別体制を維持して、入植者のユダヤ人が昔から現地に住むパレスチナ人を支配する状況を作っている。法の支配は存在せず、ユダヤ人がパレスチナ人にどのような暴行を振るっても無罪放免になることがほとんどだ。それに対してパレスチナ人は、少しでも抵抗しようものなら厳罰が下される。そもそも、適用される法律自体が違うのだ。そしてイスラエルはやはり昔の植民地主義者と同じようにパレスチナの資源を略奪し、我がものにして海外で売り飛ばしたりしている。間違ってはならない。パレスチナでイスラエルが続けている占領政策は、植民地宗主国のそれ以外の何でもない。

　その事実は、消えゆくパレスチナの国土をみれば明らかだ。

　詳しいことは本書8章を参照してもらいたいが、イスラエルはパレスチナを占領してすぐに入植政策を始めた。パレスチナ人の土地を収奪し、入植地をほうぼうで建設しユダヤ人を住まわせている。入植地に住むユダヤ人の人口は決して小さなものなどではなく、もはやイスラエルのユダヤ人人口の10分の1を占めるのに至っている。パレスチナの資源を略奪し、さまざまな人権侵害の原因となっている。そして、時にはアメリカなどが「和平交渉」を取り持つが、イスラエルは交渉の間中も入植地拡大を決してやめることがないため、既成事実作りによってイスラエルの取り分を拡大し、パレスチナの国土を侵食する狙いがあるのが見え見えだ。

パレスチナの特殊性②——国際社会の一貫した無策

　もう一つのパレスチナの特殊性は、国際社会の一貫した無策だ。国連をはじめとした国際社会は、一貫してパレスチナ人を見捨て、パレスチナの状況を放置した。そして国際法を堂々と無視するイスラエルの暴行を見逃すどころか、多くの国はそれを正当化し、それを支援してきた。

　例えばアフリカやスリランカなど、人権状況が非常に悪いのに国際社会が何もしないという例は決して少なくない。人権の話になると、むしろそれが普通とさえ言えるかもしれない。しかし、それらは大抵の場合、無関心によるものだ。それに対してパレスチナ（そして中東全般）にまつわる諸外国の関心は極めて高く、国際政治の駆け引きなどはやむことがない。諸国家の利権などが複雑にぶつかり合う中で、進展がなかなかない。そして、何よりも見逃せないのは、欧米、特にアメリカの支配層が長年露骨にイスラエルに加担しており、上記のイスラエルの宣伝を鵜呑みにした主流マスコミによって、一般大衆の間でもむしろパレスチナ人の方が悪者扱いされることが多いということだ。なぜそうなのかに関しては本書で見ていくことにするが、パレスチナ人は大方の場合、「テロリスト」と同義に扱われてしまう。そしてイスラエルに対するあらゆる抵抗は「テロ行為」と、イスラエルばかりか世界にも断定され、そっぽを向かれる理由になっている。おとなしくして独立を果たした国はほとんどなく、イスラエルも含め、ほとんどの国は闘いを通して植民地支配を打破している。法的に見ても、イスラエルに対するパレスチナの抵抗は正当な民族闘争なのだ。なのに、世界には「テロリスト」扱いされ、おとなしくイスラエルになされるがままでいることを要求される。世界は無関心でさえなく、パレスチナ人を悪者扱いし、「自分が被害者」というイスラエルの主張をそのまま受け入れる。

　人権を蹂躙され、抵抗する権利を否定される。土地も資源も奪われ、そのうえ、民族性さえ否定される。植民地の支配者の暴行は続くばかりで、パレスチナ人には打つ手がなかった。端的に言うと、パレスチナには長年、「正義」というものが存在しないできたのだ。本書でも見るようにこの1、2年ほどで風向きが変わり、それもついに変わりつつあるように思うが、まだまだ道のりは遠い。

2章
西岸──軍事占領下の人権侵害

西岸
面積が5,600平方キロ強で、三重県より若干小さい程度。人口はパレスチナ人が260万人ほど。主要都市はラマッラ（パレスチナ当局の本拠地）、ヘブロン、ナブルスなど。東エルサレムも西岸の一部。「西岸」という呼び名は「ヨルダン川西岸」から来る。
1948年戦争からヨルダンが統治、1967年戦争でイスラエルがヨルダンを駆逐、現在に至るまで占領。占領開始後すぐに国際法違反の入植を開始し、現在はいたるところにイスラエルの入植地がある。入植者人口は60万人ほど。
1993年のオスロ合意で、A、B、そしてCの3地区に分割。A地区とB地区において、パレスチナ当局に限定された自治が理屈上認められている。西岸の60パーセント程を占めるC地区では、イスラエル軍の直接統治が続く。
入植者にはイスラエルの一般法、パレスチナ人にはイスラエルの軍令が適用されるという、人種によって法律が違う、事実上のアパルトヘイト状態。イスラエル軍による過度の武力使用や政治的な投獄、過度の移動規制、入植者による暴行、限られた水資源の略奪など人権侵害が絶えない。

イスラエル軍の暴力

■パレスチナはどこか

　「占領されているパレスチナ」とは具体的には、イスラエルが1967年戦争（日本語では通常「第3次中東戦争」と呼ぶ）で獲得した領土のことをいう。より詳しく言えばエルサレム市の東の部分を含めた西岸地区、及びガザ地区だ（vi頁地図参照）。西岸はヨルダンが統治していたのをイスラエルが戦争で勝利を収めて獲ったし、ガザ地区はエジプトから獲った。至極簡単に言えばこういうことで、国際社会がいう「パレスチナ」「占領されているパレスチナ」とはその2つの地区のことだ。
　しかし上の定義も、大方のパレスチナ人にとってはいささか不満なものだということは言わねばならないだろう。詳しくは本書8章に譲るが、イスラエル建国に繋がる1948年戦争（「第1次中東戦争」）では、ユダヤ人がパレスチナ人の大部分を追い出し、民族浄化をしてイスラエルを建国した事実がある。パレスチナ人にとっては現イスラエル領になっている全土がもともと自分の国である。

なのに、その20パーセントほどにしかならない西岸及びガザ地区に限り、「パレスチナ」と国際的に認められるというのは、パレスチナ人としては大きな不公平感が残るものだ。その気持ちはよくわかるし、国際社会がイスラエル国家を承認してパレスチナ人に大きな譲歩を強要しているのが大きな不正義だというのは否定できない。

■**イスラエルの言い分**

　上記の定義に不満を持っているのはパレスチナ人だけでなく、イスラエル人も一緒だ。イスラエルの公式見解は実は、西岸とガザは「占領地でない」というものだ。パレスチナという国家はもともと存在せず、主権者のいない新天地のような土地だ、よってヨルダンにしてもエジプトにしても所有者のいない土地に居座っていただけで、現在はイスラエルもそれと同じだ、と簡単に言えばこういう理屈で、「占領地」でなく「所有権が明確でない土地」と言い張る。純粋な法律理論はさておいて、発想の根底にあるのはパレスチナ人の民族性の否定であり、その目的が好き放題の暴挙をすることだというのがあまりにも見え見えだ。イスラエルの主張に正当性がないことは無数の国連決議などで強調されていることだし、この問題に関して少しでも知識のある人の間では、イスラエル政府のこの詭弁は失笑にしか値しない。したがって、本書では詳しく解説しないことにする。

　エルサレムについては、旧市街を含む東の部分、すなわち東エルサレムも西岸の一部なのでパレスチナであり、立派な占領地だ。ところがイスラエルはエルサレムを1967年に占領した後に一方的に併合、すなわち「イスラエルの領土」だと宣言している。そしてエルサレムをイスラエルの首都とし、イスラエルの議会や官庁などはすべてエルサレムにある。ユダヤ人のエルサレムに対する執着は半端なものでなく（本書8章参照）、自分たちの町だとずっと信じ続けて何世紀も生きてきたわけだが、イスラエルのこの一方的併合は明らかに不法なもので、認めている国は一国もない。例えばアメリカは事あるごとにイスラエルを庇うので有名（というより悪名高い）なのだが、さすがのアメリカもエルサレムをイスラエルの首都と認めておらず、他の国同様、大使館はテルアビブにある。

　ただ他方で、国際社会はイスラエルの不法併合を承認こそしていないが、国際法を守らせるという一貫した態度が見られない。1990年にイラクがクウェートに侵攻して一方的に併合を宣言した時には、国際社会は瞬時に動き出し、

軍事力を持ってイラクを駆逐したのに、である。状況が違うのは事実だが、こういった不公平を、パレスチナ人は決して見逃さない。

　ガザについては、イスラエルは2005年にガザより一方的に「引き上げる」と宣言し、それまであった比較的小さな入植地や軍の駐屯地を撤去した。イスラエル政府はそれを根拠に、「ガザは占領していない」と主張してガザを一種の「敵地」と断定しているが、占領というのは必ずしも軍隊がすみずみにわたって駐在していることなどが要件ではない。イスラエルは現在でもガザの人や物の出入りを厳しく規制しており、住民登録の台帳も管理し、ガザの上空や海岸などを思うがままにコントロールしている。そしてそもそもガザと西岸はパレスチナという一つの国なので、一部だけ占領しているが一部は解放した、などという都合のいいようにはいかない。これらをすべて総合して、ガザは今でもイスラエルに占領されたままだというのが国際的なコンセンサスだ。

■占領にもルールがある

　上記のように、「占領」の一番の根幹にあるのは兵士の駐屯でも、ましてや（後に見るように）そもそも違法である入植地の存在でもない。その領土における、というより被占領国の国民に対するコントロールなのだ。その意味では、これからも見るように、イスラエルのパレスチナ人に対するコントロールは強固なもので、生活のすみずみまで支配されていると言っていい。西岸でもガザでも移動が極限までに制限され、自由な生活ができない。

　なぜこのことが重要かといえば、占領という状態には国際的なルールがあり、国際条約に規定された決まりがあるからだ。後に見るように交戦状態であっても国際人道法のルールがあり、それに従わなければいけないわけだが、一国が他国の領土をひとまず掌握して占領状態になれば、それはそれでルールがある。したがって、「占領地である」という認定は、どのルールが適用されるのかということを考える時に、極めて重要なのだ。そして、これからも見るように、占領に関するルールも、交戦時のルールも、イスラエルはことごとく無視しており、無法の限りを尽くしている。

　パレスチナにおける状況をさらに複雑にしているのは、西岸がA地区、B地区、そしてC地区と3つに分かれていることだ（次頁地図参照）。1993年及び95年のオスロ合意によって西岸が3つの地区に分割させられ、新設されたパレスチナ当局（オスロ合意はあえて「政府」と呼ばなかった）は、A地区で原

西岸の現状（2000年）

■ A地区＋B地区
□ C地区

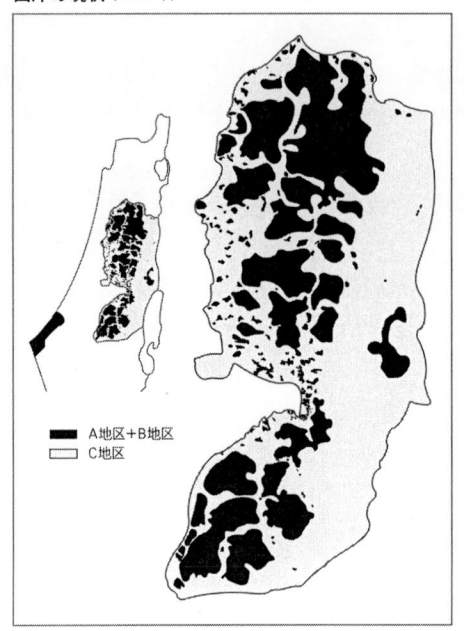

則的に自治が認められ、B地区でも限定された分野（例えば教育や医療、警察行動）での自治が認められた。イスラエル軍はA地区及びB地区から引き上げられ、C地区だけ（といってもC地区は西岸の約60パーセント）がイスラエル軍の直接統治のままにされた。パレスチナ当局の「自治」と言ってもイスラエルによるさまざまな制約によって、現実には実があまりなく、事実上イスラエルの犬と化している面が極めて強いのだが、いずれにしても「自治」があるからといって占領という状態は終わっていないので、法的にも実際問題としても、最終的な責任はイスラエルにあるのだ。

■軍事占領とは

　ここで、軍事占領とは何なのかということについて少し考えてみたい。当然のことを言うようだが、それは他国、侵略者の軍隊によって支配され統治される、ということだ。自分の国の政府は存在しない、もしくは存在しても実権がない。外国の軍隊が国に駐留し、ルールを作り、トップとして国を運営する。

　西岸では、法律を作るのはイスラエル軍だ。もちろんそれは民主的な過程を経たものではなく、「法律」と呼ぶのに値するものかどうかさえ疑わしい。イスラエル軍の司令官が軍令を発布すると、それが西岸で法律となり、パレスチナ人がそれに拘束される。そして、パレスチナ人がその軍令を破るとイスラエル軍に逮捕され、イスラエルの軍事法廷で裁かれる。軍事占領という状態には民主主義の欠片もないということを、皆さんにはしっかり認識していただきたい。

　ただし、西岸には例外がある。東エルサレムと、西岸のA及びB地区だ。東エルサレムは前記のようにイスラエルが一方的に併合して自国の領土と主張しているので、イスラエルの国内法が適用される。イスラエル軍は東エルサレム

では活動せず、イスラエルの普通警察が犯罪容疑者を逮捕し、イスラエルの普通の法廷で裁かれる。そしてA及びB地区は建前上パレスチナ当局の自治区なので、パレスチナ独自の法律を作り、パレスチナの警察が犯罪者を取り締まる。

したがって、イスラエルの軍令がそのまま法律となるのは基本的にC地区のみになるが、忘れてはならないのはそのC地区が西岸の60パーセント以上を占めているということだ。後に詳しく検証する入植地も基本的にC地区にある。そして地図を見てもらえればわかるようにA地区やB地区は繋がっておらず、陸の孤島としてあっちこっち散らばるから、仮にC地区に住んでいないパレスチナ人でも、日常的にC地区を通過したり、入ったりしなければならない。だから、大方のパレスチナ人にとっての現実は、法律と言えばイスラエルの軍令で、警察と言えばイスラエル軍で、裁判所と言えばイスラエルの軍事法廷なのだ。占領軍兵士の軍靴の下で虐げられ、軍隊によって厳しく取り締まりが行われる。

そして、法律（というより軍令）自体が差別的であり、人権侵害であることが多いことに注目する必要がある。例えば、パレスチナ人が3人以上の集会を開くことは原則的に禁じられている。この規制は、ユダヤ人には適用されない。パレスチナでは、表現の自由が完全に制限されているので、例えば占領に対するデモ、抗議行動ができない。逮捕された場合の裁判などの手続きが極めて不足で、国際基準を到底満たしていない。子どもの刑事責任年齢も国際基準以下だ。全体として人権を保障するというより、占領者のイスラエル軍、そして後に見るようにユダヤ人入植者の都合だけを優先したものなのだ。

そもそも国際法では、占領されている国民であるパレスチナ人は「保護される人」なのだ。占領者のイスラエルは事実上暫定政府の役割を務めるので、パレスチナ人の人権を保護して、公的サービスを提供する義務を負う。しかし、イスラエルは完全と言っていいほどその責任を放棄している。

■占領軍は何をしてもいいわけではない

上記のように軍令に違反すると、イスラエル軍によって取り締まりを受ける。肝心なのは、取り締まりを軍隊が行っていても、それは警察の役割を果たしているに過ぎない、ということだ。イスラエルの部隊がパレスチナの村に侵入して、犯罪の容疑者を逮捕しに行く。兵士なので例えば端で見ている方は戦争を思い浮かべるし、なるほど軍事占領なので厳密に言えば紛争は終わっていないこ

とになり、法的には戦争状態だ。しかし、占領中というのは占領国が事態を完全と言っていいほど掌握しているので、占領軍の役割は治安維持、すなわち警察行動になる。交戦状態がいつ終結して占領となるのかという厳密な線引きは難しいが、西岸ではイスラエルが敵軍を完全に駆逐して強固に支配しているのは歴然としているので、明らかに占領の状況で、イスラエル軍は警察代わりを務めることになる。

　なぜこれが極めて重要かと言えば、占領軍の兵士の行動規定、すなわち何をしてよく何をしてよくないのかが、交戦状態にある軍の兵士のそれとは完全に異なるからだ。

　交戦中は、敵兵を見るとすぐに撃ち殺していい。もちろん民間人の犠牲者はできるだけ出してはならないことになっているが、相手が敵の軍人であればご意見無用だ。相手がたとえ非番であっても兵舎で寝ていても、敵の戦闘員、すなわち兵士の殺害は正当な戦闘行為だ。厳しいようだが、戦争というのはそれだけ冷酷だ。日本では「後方支援」さえしていれば戦争に巻き込まれないと言う輩もいるが、これは真っ赤な嘘で、後方支援であろうとなんであろうと、どこにいようとも敵の戦力を攻撃するのが戦争だ。例えば敵が投降していたり、ケガをして明らかに抵抗できない場合は捕まえて捕虜としなければならないが、それはあくまで例外で、「敵を見たら殺す」というのが戦争の第一原則だ。兵士も無論そのように訓練されるわけで、敵を見たらいかに早く殺せるか、短時間でいかに多くの銃弾が撃ち込めるかに重点が置かれる。やるかやられるか、それが戦争なのだ。

　また、相手が小銃一丁しかないのにこっちは大砲や戦闘機で殺しても、まったくお咎めはない。民間人が道連れになることはできるだけ避けなければならないが、それさえ守っていれば、圧倒的な武力で相手を制するのは何ら問題ない。昔の武士道や騎士道などによればあまり薦められたことではないかもしれないが、現在の戦争では極めて普通のことだ。

　他方、警察はまったく違う。警官というのは犯人（というより、容疑者）を殺すことが目的でなく、逮捕することが目的だ。兵士と同じように、犯人を見た瞬間に銃を抜いてぶっ放すことは許されない。銃を使おうものなら大変なことで、内部捜査があり、「本当に銃を使う必要があったのか」「銃を使わずに逮捕することはなぜできなかったのか」などと、当時の警官の行動がすべて精査される。銃で容疑者を殺した場合はさらに厳しく、「なぜ足を撃つことができなかったのか」

等と詰問される。必要最低限を超えた武力を使ったとなれば人権侵害となり、警官が処分される。実際いかなる場合でもそれが必ず機能するとは言わないが、それが法執行機関である警察の建前だ。

そして、占領中の治安維持は警察行動に類似するものなので、占領軍は相手の人権を尊重して、必要最低限以上の武力を使ってはならないことになる。占領中でも本物の戦闘に発展することがあって、その場合はもちろん違うが、西岸においてそのようなことは（少なくとも第2次インティファーダ〔252頁参照〕以降）基本的にない。要するに、イスラエル軍は警察のように振る舞い、必要最低限以上の武力を使ってはならないのだ。

この「必要最低限」を頻繁に、それどころかほぼ日常的に超えるのが、西岸のイスラエル軍だ。逮捕する際に、理由もなく相手を撃つ。逃げている容疑者を、死ぬ確率の高い体の部位を狙って撃つ。必要最低限の武力というのは警察行動の鉄則なのに、それがことごとく無視される場合が多い。16歳の少年が足を撃たれて、それでも足を引きずりながら逃げようとしたところ背中を撃たれて死亡したという事件や、たまたまデモなどの現場に居合わせた人が狙撃兵に射殺された事件、例を挙げれば枚挙にいとまがないほどだ。これらの事例に共通しているのは、被害者は兵士に何一つ脅威を与えていなかったにもかかわらず、兵士が構わずに実弾など死傷力のある武器を使うということだ。そして、これに関してはあとで詳述するが、もう一つ共通しているのは、そのようにした兵士が決して責任を問われないということだ。

■イスラエルの「正当防衛」？

パレスチナ各地では占領に反対するデモが頻繁に起きるが、それが平和的なものでもイスラエル兵はすぐに催涙ガスを打ち込んで鎮圧に動く。上に述べたように、平和的なものであっても、パレスチナではいかなる抗議行動も禁止されているのだ。例えばデモ参加者がイスラエル兵に向かって投石しようものなら、催涙ガスどころか、鉄の周りがゴムで包まれた弾丸（当たりどころが悪ければ死ぬことはいくらでもある）か、もしくは実弾で応じるというのが日常茶飯事だ。イスラエルは必ず「正当防衛」と主張するが、相手が遠い距離から石を投げて、イスラエル兵は重装備のうえに軍用小銃で応戦、では正当防衛になるはずはない。

仮にデモ側に暴力行為があったとしても、それに対抗する場合でも最低限以

上の武力を使ってはならないという鉄則には何ら変わりはないが、イスラエルのやり方は明らかに必要最低限という範囲を超えている。なお断っておくが、パレスチナ人には銃などない。イスラエル軍には戦車も戦闘機もあり、最新鋭の装備をつけている。それに対するパレスチナ人の「武器」は、せいぜい石だ。手か、場合によってはひも状の投石器のようなものを作って、石を投げるのが関の山だ。

　イスラエル兵による暴力で近年何回か見られた例に、近距離で催涙ガスの筒をパレスチナ人に直撃するように撃つ方法がある。催涙ガスというのはガス入りの筒を空に向かって撃ち、筒がちょうどデモの近くの場所に着弾してガスが出るようにする武器で、イスラエルの軍規でも筒が人間に直撃するように撃ってはならないとある。しかし、軍規を無視してそのようにしたために直撃した衝撃で死んだパレスチナ人もいる。しかも例えば2013年の一例では装甲車の車内から撃っており、5メートルほどの距離にいたデモ参加者が死んでいる。そのデモ参加者が装甲車に向かって投石していたのは事実だが、アメリカ製の装甲車が石の一つや二つでへこたれるとは考えられないので、これも明らかに最低限という範囲を超えている。しかも、軍規を無視したその兵士には何一つ処分が下されないままだ。

　2014年は、必要最低限を超えた武力をイスラエル軍が使ったために、西岸でのパレスチナ人の犠牲者は44人にのぼり、27人の2013年、18人の2012年及び10人の2011年からの増加傾向に拍車がかかった。このような死傷者が多く出る衝突は、政治的状況によって、増えたり減ったりする。例えば、ジョン・ケリー米国務長官が和平交渉を仲介しようとしていた頃、イスラエル軍が難民キャンプに侵入して「テロ容疑者」の逮捕を試みるという事件がいくつもあった。難民キャンプというと、普通は国連の青いテントが張ってある空き地のようなものを想像すると思うが、パレスチナのキャンプは何十年も存在している恒常的なもので、むしろ第三世界のスラム街を思い浮かべてもらった方がいい。家が密集して道も迷路のようになっていて、仕事がない若者が集まっているのがパレスチナのキャンプで、治安は必ずしもよくなく、ましてやイスラエル軍が入って行くと衝突が起きるのは必至だ。

　私が調査したあるケースではそのようにしてイスラエル軍が侵入したので、当然投石が起き、若者がキャンプの家の屋根から家具などをイスラエルの装甲車に落としたりした。イスラエル軍も負けじと実弾を撃ちまくり、多数のパレス

チナ人犠牲者が出る。しかし、実は、キャンプに入る必要など何一つなかったことが後で判明するのだ。その「容疑者」というのはキャンプの外で働いており、昼間に勤務先で逮捕すれば大事にならずに済むに決まっていた。おまけに、兵士たちが持っていた（らしい）キャンプの地図は正確でなく、夜の狭い路地などで彼らが必然的に迷子になってしまい、余計にパニックになったらしい。そのような状況なのでドンパチが起きるのは必至で、あえてそのように仕向けたのは、パレスチナ側を挑発して和平交渉決裂を狙ってのことだったのではないか、と疑われても仕方がない。政府が仕掛けたことなのか、それとも政府内及び軍隊内で和平に反対する勢力が仕掛けたのかはわからないが（私は後者だと思っているが）、他によりよい方法があったに決まっている。

　なおイスラエル軍が「テロ容疑者」を逮捕する時、必ず衝突があるわけでは決してない。真夜中にいきなり現れて家に乱入して、近所の人が駆けつける前に容疑者を連行するパターンが多い。こういう時も人権が蹂躙され、容疑者やその家族が暴行を受けたり、家中が荒らされたりすることは実に多い。そして連行された先の軍隊の基地で、容疑者が暴行を受け、拷問を受けることが決して少なくない。

正当な理由のない政治的投獄、拷問

■子どもの投獄、拷問

　「平和的な民主国家」というイメージを世界的に広めることに成功したイスラエルなのでこの事実を知って驚く人が多いが、イスラエルでは拷問は禁止されていない。1999年までは、「ある程度の暴力」は治安維持関連の訊問にやむをえないとして、堂々と認められていた。同年に最高裁判所で画期的な判決が下されて、原則的に禁止されたが、あくまで原則だけで、「どうしても必要と認められる場合」は依然として拷問が公認されている。この判決は拷問を受けたパレスチナ人が提訴したものだが、当然のことながら、ユダヤ人がイスラエルの治安機構に拷問を受けたという話は未だかつて聞いたことがない。人種によって違う法律の適用に関しては次に詳述するが、被害者は決まってパレスチナ人だ。

　近年特に問題としてNGOなどに挙げられているのが、パレスチナ人の子どもに対するイスラエル軍の横暴だ。私も何人も聞き取り調査したが、真夜中に

イスラエル軍が家にやって来て、「2週間前、お前は入植者に向かって投石した」などと、証拠が何一つなく、言いがかりとしか言いようのないことを言って、少年を連行する。逮捕中の暴行はもちろんのこと、連行先での拷問も決して少なくない。犯罪容疑など事実無根であることが歴然としている場合がほとんどなので、本人及びコミュニティーに恐怖を植えつけるため、または本人や家族がイスラエル軍の密通者（すなわちスパイ）になるよう脅迫するための材料だったりする。

そのような扱いはむろん大人でも許されないが、子どもにおいてはなおのことだ。実は国際法には逮捕や裁判などの公正手続きを規定した条約などがあるが、それ以外にも子どもの権利条約というのがあって、子どもには特に注意しなければならない事項がいくつもある。子どもを逮捕して拘禁するのは「最後の手段」でなければならないこと、訊問には保護者の同伴を必ず許さなければならないことなどいくつも規定がある。18歳未満は子どもだとも規定されている。イスラエルはこれらを何一つ実施しておらず、国際法を完全に無視しているので、国際社会から非難されている。子どもが何人拘禁されているかはもちろん月などによって違うが、2014年末現在、152人いた。10歳の少年が逮捕されたり、14歳の少女が数カ月も投獄されていたりと、明らかに度を越していると言えるだろう。

人権高等弁務官事務所以外の国連機関にしては珍しいことだが、このことに関してはユニセフ（国連児童基金）がさすがに黙っていられず、2013年に長い報告書を発表した。ディフェンス・フォー・チルドレンという国際人権NGOと共同で行った調査に基づいて、西岸においてイスラエル軍がパレスチナ人の子どもに対して、いかに人権侵害を犯しているかを指摘した。その後イスラエルは改善を約束したが、現段階では何一つよくなっている形跡がない。イスラエルに限らないが、国際的に注目を浴びている時は取り組むと公約しておいて、それからは先延ばしして何もしないというのがイスラエルの常套手段だ。

ユニセフがその報告書をまとめる際、イスラエルの代弁者であるアメリカから裏で強大な政治的プレッシャーを受けて、発表するのに4年ほどかかったという経緯がある。私が所属していた人権高等弁務官事務所は予算の面での脅迫が利かないのでそういった目にあわなかった（もちろん別の政治的プレッシャーは受けるが）が、ユニセフなどの専門機関は財布の紐を握られており、強国に容易に抵抗できない。アメリカのような大国が「カネはもう出さないぞ」と脅せば、

死活問題になりかねない。当時、ユニセフの同僚は何度も「無理かもしれない」と私にぼやいたが、ついに報告書発表までにこぎつけたユニセフの勇断は相当なものだったようだ。逆に言えば、当然の指摘をしてイスラエルを非難することが、特に国連機関にとっていかに難しいかを端的に表している一件だ。

■もちろん大人にも

　そして、拘禁されているパレスチナ人の大人の数は、その比ではない。2013年末に4,700人以上（ほとんど全員が男性）いたが、2014年夏の3人の入植者青年の殺害を受けた大規模拘禁などによって、2014年9月末現在には7,000人に増加した。西岸の総人口が250万人ほどで、その約4分の1の62万5,000人程度が成人男性だとすれば、これはもはや一つの大きな社会問題だ。2014年末には拘禁者は5,500人に減ったが、増えたり減ったりするというのはいつものことで、パレスチナ人にとっての囚人の状況は、相変わらず極めて重要な問題なのだ。

　イスラエル軍は普通の犯罪の取り締まりなど決してやらないので、上述した2013年末の拘禁者4,700人のうちの100パーセントが、「治安維持のための収容者」、すなわち「テロ容疑者」だ。テロというと震え上がる読者もいるかもしれないが、すでに述べたように西岸のパレスチナ人は人権を無視したイスラエルの軍令が適用される。軍事法廷には公正手続きは欠落しており、規定された手続きさえも守られていない。そもそもの「テロ容疑」がでっち上げだったり、イスラエル軍が一方的に「テロリスト」と断定した政治結社に所属していたりといったことなので、「テロ容疑」などまともに受け止めることができない。それは、密通者になるための脅迫の手段だったり、パレスチナ独立運動を潰すための言いがかりだったりする。したがって「テロ容疑」で拘禁されている人たちのことは、「囚人」でなく、「政治囚」と言った方がしっくりくる。

■恣意的な行政拘禁制度

　イスラエルによるパレスチナ人投獄の正当性のなさを何よりも端的に表しているのが、2014年4月現在、169人ほどが収容されている「行政拘禁」制度だ。パレスチナで一般の逮捕者が裁かれる軍事法廷も到底まともなものと言えないが、一応建前は公正手続きが守られるような体裁がとられる。しかし行政拘禁にはそれさえもなく、一応判事の審査があるものの、イスラエル側に証拠の開

示の義務はない。判事（もちろん軍人）には開示するが、告発されている本人やその弁護士には見せない。逮捕された人が裁判の前に弁護人に会えないこともかなりあるが、会えたとしても証拠がわからないのでは争えない。完全なる出来レースで投獄されるのだ。なお行政拘禁は6カ月間と期間は決められているのだが、更新可能なので、何年もそのままという人はいくらでもいる。また、普通の収容期間が終わって、いったん釈放されても、即座に再び行政拘禁される場合もある。「証拠がないなら行政拘禁」というオプションのように使われていると思われても仕方がないだろう。

　なお、ニューヨーク・世界貿易センター攻撃のテロのあった「9・11」以降、実はアメリカやイギリスなどいくつかの国でも「テロ容疑者」は同じように証拠が開示されない裁判にかけられる制度が作られるようになった。「対テロ工作」の先駆者としてイスラエルが以前にもまして注目されるようになり、人権を露骨に侵害するこのような手法が「輸出」されるようになってきた。日本には同様の制度はまだないが、例えば秘密保護法によって起訴される場合、果たして証拠が開示されるかどうか極めて不明瞭な部分が多く、日本弁護士連合会などが懸念を表明している。「安全保障」「セキュリティー」の美名の下で人権を侵害することに関しては、世界はイスラエルを模倣していると言えるだろう。

　パレスチナ人にとって囚人の状況は極めて重大な問題だが、家族などが会いに行けない場合がほとんどだ。国際法には、「占領地で逮捕された人は占領地内で収容されなければならない」という決まりがあるのだが、イスラエルはそれを堂々と無視しており、ほとんどがイスラエル国内に連行されて投獄される。後でも述べるように、パレスチナ人には厳しい移動の制約が課せられており、イスラエルに渡る特別な許可など容易にはとれない。ましてや自分の親族が「テロ容疑」で投獄中とあれば、渡航許可など夢のまた夢だ。したがって家族が容易に会いに行けないことが多く、これも当局にしてみると、逮捕されたパレスチナ人に対する脅迫の材料になる。そのようにして、密通者になることを強要しようとする。

　実は、一般のイスラエル人には、これらの事実がほとんど知られていない。5,500人などという囚人の数は大々的に宣伝されるが、それらは皆イスラエルに潜伏したテロ工作員で、自爆テロを起こす直前に果敢なイスラエル警察に逮捕された不届き者だと思い込んでいる。そして新聞では「食事もおいしく、家族面会自由の5つ星収容所」という偽情報が流される。5つ星ホテルどころか、

寒波の中でも十分な衣類などを与えなかったり、吹雪の間に子どもの収容者を外の檻に入れて見せしめにするなど、人権を蹂躙した扱いの例は極めて多い。イスラエルだけでは決してないが、戦争を遂行しようとする政府にとって都合のいいプロパガンダがいかに簡単に一般市民に受け入れられるものか、イスラエル人と話をしていつも恐ろしかった。

アパルトヘイト——人種によって違う法律

■ユダヤ人には一般法、パレスチナ人には軍令

　イスラエル軍によってパレスチナ人がいかに人権侵害を受けているかを述べたが、それでは、イスラエルが西岸各地に建てている入植地に住んでいるユダヤ人はどうか。同じ場所に住んでいるのだから、当然同じ厳しい法律が適用されるものだと思うのが自然だろう。しかし、そうではない。西岸において入植者が罪を犯した場合、入植地にある通常のイスラエル警察によって逮捕され、イスラエルの一般の法律が適用され、イスラエルの普通の裁判所で裁かれる。言い換えればユダヤ人にはイスラエルの一般法、パレスチナ人には軍令が適用される。厳密に言えば、「イスラエル国籍者」に一般法が適用されるのであるが、この「イスラエル国籍者」とはユダヤ人が想定されており、同国籍のあるパレスチナ人である「48年パレスチナ人」（後述）には、事実上適用されないことが多い。犯罪の場所が同じであっても、あからさまに、人種によって適用される法律が違うのだ。

　読者には「アパルトヘイト」という言葉に馴染みがある人もいると思う。1994年まで続いていた、南アフリカの人種分離政策をさす言葉（アパルトヘイトという言葉は南アフリカのアフリカーナ語で、「分離」という意味のようだ）だが、実は「アパルトヘイト禁止条約」なる国際条約も存在して、南アフリカだけでなく、人種差別を制度化した体制は重大な国際犯罪とされている。それでは禁止されるアパルトヘイトとは具体的に何をさすかとなるとさまざまな議論があるが、まず基本的な要件として、「人種によって適用される法律が違う」というのがある。南アフリカでは同じ犯罪でも白人には甘い法律、黒人には厳しい法律が適用された。このように人種によって適用される法律が違うという制度は、アパルトヘイトの最大の特徴の一つだ。そして、軍事占領下の西岸がその特徴に当てはまるのは、歴然としている。

「アパルトヘイト」という言葉を言っただけで、イスラエル政府やそれを支持する人は猛烈に反発するが、イスラエルの占領政策は南アフリカとそっくり、もしくはそれを凌ぐほど酷いものである面は、多々あるのだ。南アフリカでの人種差別体制は徹底していたが、黒人は労働者として国家にとって必要な存在として認識されていた。それに対して、パレスチナ人を民族浄化の対象としか見ていないイスラエルの体制は、むしろアパルトヘイトより残酷だという指摘がある。

　パレスチナ人には軍令、ユダヤ人には一般法。人種によって適用される法律が違うのだが、パレスチナ人に適用される法律の方がめっぽう厳しい。例えば、パレスチナ人に適用される軍令では3人以上のデモは禁止されており、毎週行われている占領に抗議するデモに対して、イスラエル兵は必ずすぐに鎮圧に動く。他方でイスラエルにはデモを規制するそのような法律はなく、ユダヤ人の入植者は西岸でどのようなデモをしても「表現の自由」で許される。

　また、刑法のもとで「成人」として処罰されるようになるのは、18歳のユダヤ人と違って、パレスチナ人は16歳だ。人に向かって投石するのはユダヤ人なら懲役数年、パレスチナ人なら最高10年。それが動いている車両に投石したとなれば「殺人未遂」という容疑になり、最高懲役20年だ。軍隊施設に投石するのも最高懲役20年で、後に述べる「分離壁」は軍隊施設となっているので、それに向かって石を投げると大変な刑罰を受けかねない。パレスチナ人のほとんどは銃などといった武器を持たず、石しかないので、このような軍令で取り締まるのだ。もっとも2014年11月にエルサレムでパレスチナ人との衝突が多発したため、イスラエルでも西岸と同じ罰則規定を設ける法律が採択された。イスラエルでは人種にかかわりなく同じ法が適用される建前なので、それに従えば投石するユダヤ人も理屈のうえでは上記の厳罰に処されることになるが、イスラエル政府もあからさまにこれはパレスチナ人を標的にした法律だと宣言しているし、下記に見るように法の執行も甚だ差別的なので、パレスチナ人だけが罰せられるという事態は変わらないだろう。

■手続保障も違う

　法律が違うばかりでなく、逮捕された時や裁判にかけられた時の公正手続き、人権保障もまったく違う。イスラエルの一般法では弁護士へのアクセスや黙秘権などがきちんと保障されており、裁判までは基本的に在宅のままだ。他方で軍令における人権保障ははるかに劣っていて、弁護士へのアクセスなどが阻ま

れることが多い。実際問題として、公判まで弁護士に会うことさえできなかったというのがほとんどだ。ユダヤ人には原則として認められている保釈もまずありえず、ずっと拘束されたままだ。

　裁判の遂行自体も、ひどいものだ。西岸のパレスチナ人にはヘブライ語がそれほどできない人が多いのだが、裁判はすべてヘブライ語。渡される起訴状もヘブライ語であることが多い。公判では通訳係がいるが、イスラエル兵なので、中立性に甚だ疑問がある。何度も傍聴したことがあるが、10分ほどのヘブライ語の陳述を通訳が2、3センテンスにまとめる、途中で傍聴人の女性に声をかけるなど、とてもまともな通訳と言えないことがほとんどだ。それでも同行したパレスチナ人の弁護士に、外国人が聞きに来ているということでイスラエル兵の態度はいくぶんかはましだと言われた。しかしそもそも判事もイスラエル軍の将校なのだから、公正な裁判など望みようがない。

　実は、本書8章でも詳しく述べるが、イスラエルの総人口の2割ほどはイスラエル国籍を持ったパレスチナ人で構成されている。1948年の建国時に75万人ほどのパレスチナ人が追放されるのだが、イスラエル領になった場所に残った者もいて、彼らはイスラエル国籍を与えられることになる。その「48年パレスチナ人」もイスラエル国籍を持っているので、逮捕されると理屈のうえでは一般法が適用されるが、さまざまな人権保障手続きを警察が許さず、事実上西岸の軍事法廷と同じような目にあうことは決して少なくない。そもそも一般法が適用されること自体比較的最近のことで、1948年から66年までは、48年パレスチナ人の住む地区は今の西岸と同じように軍令が適用されていた。すなわち占領地と国際的に認められている場所だけでなく、イスラエル国内でもアパルトヘイトと非難されるような状態があるのだ。

■不平等な法ですら公正に適用されない

　西岸に話を戻すが、このようにして、パレスチナ人とユダヤ人入植者とでは、適用される法律が完全に違うのだ。制度化された不平等及び人種差別と言える事態で、人権の観点からするとそれだけで大問題だが、実は、その不平等な法律さえも公正に適用されない。西岸では入植者のパレスチナ人に対する暴行事件が日常的なものだ。しかし、イスラエルの警察も軍隊も決してそれを取り締まろうとせず、野放しにしているというのが実状だ。

　この事実は投石のかどで逮捕された人を人種別で見れば歴然としている。

2008年から13年末まで投石で逮捕されたユダヤ人入植者少年は53人。90パーセントが警官に叱られるだけで釈放され、起訴まで行ったのはたったの6人。そのうち有罪判決を受けて服役した数はゼロだ。それに対して、同時期に投石でイスラエル警察に逮捕された（軍隊がたまたまその場にいなければ、イスラエルの通常警察もパレスチナ人を逮捕する）パレスチナ人少年は1,140人。528人が起訴され、全員が有罪で服役。実際の服役期間は半年程度だったりするが、先に述べたように10年もしくは20年の刑罰の可能性は否定できない。しかも、これは警察が逮捕した数字なので、軍隊が連行する大勢のパレスチナ人少年は含まれていないのである。

　しかし、法の差別的な適用のことを詳しく述べる前に、入植地に関して、もう少し詳述しなくてはならない。

現在残る唯一の植民地宗主国、イスラエル

■国際法上も重要な反植民地主義

　「植民地宗主国」と言うと、ほとんどの読者は一昔前のヨーロッパを思い起こすだろう。欧米列強がアジアやアフリカなどに進出し、入植者を置いて土地を収奪して、人民を搾取して資源を略奪した。今となっては植民地主義は過去のものであり、例えばヨーロッパ人（もちろん話す相手にもよるが）と話しても、それは歴史の汚点として自覚されている。

　そして、国際法もそのように整備されてきた事実がある。国際法には多数の人権条約があって、その一番の大本が「経済的、社会的及び文化的権利に関する国際規約」、そして「市民的及び政治的権利に関する国際規約」（名称が長いので、日本で「A規約」「B規約」と少し間抜けな名前がつけられている）の2つだ。それ以外には人種差別を禁止する条約、子どもの権利条約など多数あるが、ある意味ではこの「A規約」「B規約」に書いてあるさまざまな人権を詳しくしているだけと言え、やはり一番基本となるのはこの2つだ。

　そして、この「A規約」「B規約」の双方に、民族自決の権利が含まれている。結社の自由など他にも両条約にある権利は少数あるが、それはたまたま入ってしまった、もしくは間違いで両方に入れてしまったという印象が払拭できない。しかし、「A規約」「B規約」の両方の第1条は民族自決の権利で、まったく同じ文言である。それだけに、民族自決の権利、植民地主義を打破して自分の国

を持って独立する権利が、あらゆる人権の基礎として認識されていると言っていい。そしてこの民族自決の権利には、例えば資源の有効利用も含まれている。資源の略奪が植民地主義の大きな特徴だっただけに、そのような時代は二度とあってはならないという考えが強くあるのだ。

　植民地主義、特に入植行為を直接禁止する国際法の規定は他にもある。戦闘行為を規制する国際人道法（戦争法とも言う）のジュネーブ条約には、占領地への入植行為が明確に禁じられている。そして、これも極めて重要なのだが、国際刑事裁判所の規程にも同じ文言があり、占領地への入植行為が「戦争犯罪」と明確に書かれてある。

　しかしイスラエルは、1967年に戦勝してパレスチナを占領すると間もなく、入植活動を開始する。狂信的なユダヤ教原理主義者が西岸で家を建てて、既成事実を追認する形でイスラエル政府が後で公認するというのが最初の建前だが、実際は67年に、すでに入植を推進する政府の方針があった。そして次第に拡大して、政府の大きな国家的プロジェクトとなり、どんどん人口が増加する。現在は西岸で実に60万人ものユダヤ人入植者が住んでいる。

■「入植地」の実態は「植民地」

　そもそもこの「入植地」という言葉自体、私は眉唾物と思っている。もとはおそらく英語のメディアなどで使われるsettlementだと思われるが、それでは「人々が誰もいない新天地に来て定住した」という意味に捉えてしまう。これは「この地に来た時は誰もいなかった」というイスラエルの嘘を踏まえたもので、この言葉を使うことはイスラエルの非道を隠す一役を担っていると言われても仕方がないだろう。

　実際にシオニズム（240頁参照）はパレスチナ人の存在をほとんど考慮していなかったし、今もイスラエルの建前は大方それを踏襲している。多くのユダヤ人にとって、イスラエルとはユダヤ人だけによる、ユダヤ人だけのための国家なのだ。それは「実際問題としてそうなっている」というのではなく、そもそもの国是、建国の目的がそうなのだ。イスラエルが国策としてパレスチナ人の土地を奪い取り、家を破壊し、人を追放して、ユダヤ人だけのための町を建設して、海外に住んでいるユダヤ人を多く呼び寄せて、ユダヤ人だけを住まわせる。これはやはりsettlementではなくcolonyであり、「入植地」というより「植民地」なのだ。「入植地」が一般的な言葉になってしまったので、本書でもこの言葉を

使うが、実態は植民地だという事実を、読者には踏まえてもらいたい。

なお、これも英語のメディアなどから来るのだろうと思うが、Israeli settlement、すなわち「イスラエル人入植地」と言われることが多い。そこに住むのを許されるのがパレスチナ人でなくイスラエル人であるという意味では、この言葉は正確だろう。しかし、イスラエル人であれば誰でも住めるものでないことを忘れてはならない。イスラエル国籍を持っている人の2割ほどの「48年パレスチナ人」は当然のごとく排除されている。同胞から奪われた土地に住もうと思う人は基本的にいないと思うが、イスラエル国籍を持った彼らが仮に入植地に住みたいと申し出たとしても、不可能だ。そもそもシステムからして人種差別的で、いったん西岸の土地が収奪されると国有化されるが、ほとんどの場合、運営は「ユダヤ民族機関」などという政府もどきの機関に委託される。名前の示すとおりその機関は「ユダヤ人のための土地の確保」というのが活動趣旨で、露骨にパレスチナ人排除をめざしたものだ。実際入植地のほとんどには住民から構成される委員会があり、入居者の審査を経て「望ましくない人」（例えば政治的左派など）はユダヤ人でも拒否される。ましてやパレスチナ人が入植地に入居するなど、当然できない。

なお余談だが、イスラエル政府がパレスチナ人の土地を収奪してユダヤ民族機関に委託するという構図は1948年の建国時からあり、イスラエル領内から難民として逃れたパレスチナ人の家や土地を分捕ってユダヤ人に譲り渡すために使われた。「ユダヤ人だけのための国家」という国是は何も西岸だけでなく、イスラエル領内でも健在なのだ。

少し脱線したが、上記のような事情でこれらは「イスラエル人入植地」というより「ユダヤ人入植地」であり、「ユダヤ人植民地」なのだ。パレスチナ全域に同胞のユダヤ人を住まわせ、パレスチナ人を追放し、我が領土にしようというのがシオニズムの原則であり、イスラエルという国の事実上の国策なのだ。

■もはや都市となっている入植地

さて、入植地と日本語で言えば、冷たい風が吹き荒れる満州の荒野のイメージを持つ読者がいるかもしれない。例えば欧米人でも、イスラエルの入植地は砂漠でプレハブが少し建っている程度だと思い込んでいる人もいる。電気もなく水道もなく、一部の狂信的なユダヤ教徒が逞しく生きているというイメージがある。しかし、これはとんでもない誤解だ。百聞は一見に如かず、写真を見せる

エルサレム近郊入植地（塩塚祐太提供）

エルサレム近郊入植地（山畑俊樹提供）

ことですべてが伝わると思うが、これが入植地なのだ。

　一目瞭然だが、これは「入植地」というより、「都市」といった方が正確だ。マンションが林立し、学校や商業施設、金融機関など、生活に必要なものがすべて揃っている。東エルサレム近郊の入植地はエルサレムの郊外と化しているが、例えば西岸奥地にあるものに限って言えば、それだけで独立した都市だ。もちろん車でテルアビブやエルサレムに通っている入植者もいるが、入植地によっては工場や農場もたくさんあり、人々がそこで生活のすべてを済ませている場所も少なくない。

　イスラエル政府はことあるごとに、「パレスチナ人と和平を結び、西岸を引き渡すことが決まれば、入植地の撤収などいつでもできる」と言う。しかしこれらの写真を見れば、それが真っ赤な嘘だというのがわかるだろう。入植地は、撤収を前提として作られていない。これらは、明らかに定住し、いつまでも残ることが前提となった、れっきとした都市なのだ。

　人口を見ても、そのことが明らかだ。入植地の人口は年々増加の一途をたどっており、もちろん場所によって違うが、多いところで4万人などというのもある。全体では、現時点で60万人を超えている。イスラエルの総人口が800万人ほど、そのうちユダヤ人が600万人ほどなので、ユダヤ人の実に10分の1が入植地に住んでいる計算になる。人口の10分の1となると、日本で言えば1,200万人ほどに相当するが、その人口の政治力が強大だと言うのは当然で、イスラエル政府はその意向を無視できない。そもそも閣僚で入植地に住んでいるのはいくらでもいる。現実問題として、入植地を引き上げてパレスチナ人に土地を返すことは、もはや不可能なところに来ているのだ。

　これら入植地は重大な国際法違反であり、戦争犯罪だ。それを堂々とやってのけ、その入植地の拡大をいつまでも厚顔無恥に続けているイスラエルは、ならず者国家との烙印を押されて当然だろう。なかなかそういうふうにならないことに関しては後述するが、入植行為、植民行為が重大な国際法違反だということだけは、強調する必要がある。

■入植に向けたインセンチブ

　この「国際法違反」との事実に対するイスラエルの反論は、簡単に言えば「国際法が禁じているのは、自国民を強制的に占領地に移住することだ。イスラエル人は政府とは関係なく自主的に住み着いているだけなので、国際法違反に

当たらない」といったものだ。数多くあるイスラエルの詭弁の中でこれほど説得力のないものは少ないと思うが、事実関係としてもこの主張は正しくない。なるほど強制的にユダヤ人を移住させてはいないが、あらゆる植民地宗主国がそうしたように、さまざまなインセンチブを作って、自国民が入植地に住むように図っているのだ。

イスラエルの物価は実はかなり高く、住居や生活用品、光熱費などの公共料金などは北米並みだ。自動車には100パーセントの関税がかけられ、ほとんど生活必需品であるにもかかわらず、べらぼうに高い。ガソリンも日本並みだ。その中にあって、入植地にはさまざまな政府の補助などがつぎ込まれているため、人為的に生活水準が高いのだ。住居が広く、より快適で、住宅ローンを組む時にさまざまな特典がつく。自動車の購入でさえ、場所によっては免税措置があるほどだ。プールなどのスポーツ施設も整備されており、補助金のために公立学校の先生の給与が高いため、教育の質も高い。私も（もちろん国連の高官という身分を隠して）入ったことがあるが、エルサレムやテルアビブなどといったイスラエルの大都市よりはるかに生活水準が高いことを感じた。

実際、入植者の中には狂信的なユダヤ教原理主義者などもかなりいるが、大多数はむしろそのような経済的インセンチブに惹かれて定住する人だ。正確なデータは存在しないが、イスラエルの平和団体「ピースナウ」が割り出した推計では、70パーセント以上が「経済的移民」というほどだ。イスラエル政府の植民政策がいかに成功を収めてきたか、端的に示している数字だ。

私は一度、国連人権理事会（後に詳述）の特別報告者とイスラエルの住居を担当する省庁を訪問したことがある。都市計画などが専門のその特別報告者はイスラエルの住居政策がいかにして人権問題を引き起こしているかを調査するのが目的で、当然入植地政策などが懸案事項の最たるものだった。大臣などの政治家にも会ったが、彼らは当然国際社会のイスラエル非難に敏感になっていたので、防御がかなり固かった。しかし、それ以外にも、住居政策を担当する役人とも会合があり、職場で指示がきちんとなされていなかったのか、役人たちは「おエラ方が外国から来るから会う」という程度にしか思っておらず、あまり警戒していないようだった。

まず最初はイスラエルの住居政策の流れを綴ったパワーポイントを見せられた。たくさんの白黒写真などからなるそのパワーポイントは、当然1948年の建国で始まって、世界中から大勢来たユダヤ人移住者にどう対応したかが延々と

語られていた。当時はパレスチナ人が大勢その地に住んでいて、今でも住んでいるなどという「不都合な真実」に関する言及はゼロで、「人のいない新天地にユダヤ人がやってきてイスラエルを作った」というシオニストの物語そのものだった。役所だからそのようなものと言えばそこまでだが、明らかにフィクションであるその物語をその役人たち自身が信じているというより、それが礼儀正しく振る舞う場での建前で、その建前さえ守られていればみな幸福に生活ができるといったような、現実逃避に近いものを感じた。

　当然ながら我々はすぐにその物語を打ち壊さねばならず、入植地政策に関してあれこれ質問すると、彼らは気まずそうに互いを見合ったりしながら答えた。しかし、「入植地に住む経済的インセンチブは」と聞くと、彼らは猛烈に反論した。「それは事実ではありません。なるほど昔はそうでしたが、今は入植地に住むための公的特典は一切ありません」と断言した。おかしいと思いながら別の話に移ると、イスラエルには「開発推進特区」があり、そこに住む人には経済的な特典がふんだんにあることが発覚した。そしてリストを見せてもらうと、何ということはない、入植地がほぼすべてそれに入っていた。「入植地だけではありません、イスラエル国内にも特区が」と彼らが冷や汗をかきながら指摘したのは、何とナザレなど48年パレスチナ人が圧倒的に多い町にあるユダヤ人入植地だった。イスラエルは自国領内のパレスチナ人地区の「ユダヤ化」も必死に進めており、ユダヤ人がその町に「移住」するのを促進している。西岸にあるのとまったく同じ構図が実はイスラエル国内にもあり、「ユダヤ人だけの国家」を作ることがいかにイスラエルの国是なのか、あらためて実感した一幕だった。

　このようにしてイスラエル政府は入植地の拡大に莫大な予算をつぎ込んでいるわけだが、実は、その予算の詳細を調べるのは至難の業なのだ。「入植地振興予算」という枠があるわけでなく、例えば教育の予算の中にいろいろな名前の補助措置があったりと、さまざまなところに分散しているため、イスラエルの市民団体の専門家もなかなか割り出すことができない。思うに、イスラエル政府の高官でも、「入植地へのインセンチブに使っている予算は」と言われてすぐに答えられる人はいないのではないか。それだけ普通の支出として、通常予算の全項目に潜り込まされているのだ。それでも近年確実に増えていることはわかっており、2014年に入植活動を指導する政府内の部署の予算が何と前年と比較して6倍に膨れ上がったことが報道された。上記のようにその部署の予算は所詮入植地に使われている資金のほんの一部だが、上昇しているのは確

実だ。

■パレスチナ人の私有地を収奪して建てられる入植地

　入植地はこのように西岸奥地の各地にある。言うまでもないことだが、それらはすべて、パレスチナ人の土地を収奪して建てられたものだ。実はイスラエルの人権団体などが起こした訴訟がいくつかあり、「パレスチナ人の私有地には入植地を建設してはならない」というイスラエルの判例もある。しかしこれも建前であり、ほぼ完全に形骸化していると言っていい。

　どうして形骸化してしまったのか。まず、私有地であることをパレスチナ人住民が証明しなくてはならない。日本なら役所に行けば登記の資料はすぐに手に入るが、パレスチナのＣ地区にはもちろんそのようなものはなく、「私有地」という概念がもともと比較的最近のものだ。村一体の住民が遊牧などに近くの土地を使い、事実上その村の土地、もしくは近くの地主の土地として周囲に認められているのだが、それをきちんと測量して、公の書類として所有権を明確にするという制度が確立されないままイスラエルに占領されたのだ。したがって、私有地と証明できる書類を提出しろと言っても、パレスチナ人の方にそれができないことが多い。

　仮にそれができたとしても、それが認められないことが多い。例えば占領前、極端な場合はイギリス統治時代の書類だったりすると、インクが薄くなっていたりぼろぼろになっていたりと、不備を理由に却下される。忘れてはならないが、これらの書類の

西岸入植地分布と隔離（分離）壁ルート図（2000年）

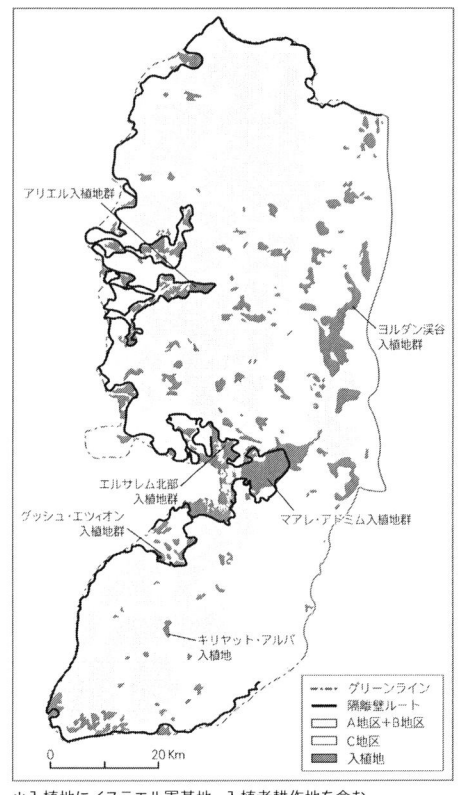

アリエル入植地群
ヨルダン渓谷入植地群
エルサレム北部入植地群
グッシュ・エツィオン入植地群
マアレ・アドミム入植地群
キリヤット・アルバ入植地群

グリーンライン
隔離壁ルート
Ａ地区＋Ｂ地区
Ｃ地区
入植地

0　　20 Km

＊入植地にイスラエル軍基地・入植者耕作地を含む

提出先は、占領者のイスラエル軍だ。イスラエル軍は入植地の拡大に加担していることがほとんどで、パレスチナ人の権利には基本的に関心がない。したがって、何かと揚げ足をとって、書類が不備だと却下することが多い。

そうなった場合はイスラエルの裁判所に提訴することはできるが、現実問題としてそれは簡単ではない。ヘブライ語が出来、イスラエルの弁護士資格を持ったパレスチナ人の弁護士を見つけるというところからして難しいし、お金だって必要だ。さらに裁判所の判例を見ると、ハードルはまだ高くなる。人権団体が指摘して久しいが、イスラエルの裁判所は多くの場合、政府及び軍隊の味方をする。明らかにパレスチナ人が土地の所有を証明して軍隊の方が分が悪いのに、裁判所はろくな説明もせずに軍隊の主張を受け入れる。多くの場合、裁判など起こしても時間と労力の無駄になってしまう。実際、私が駐在していた頃、イスラエルの人権団体は「裁判所に訴えるのはほとんどの場合、時間稼ぎだけのため」と私に話していた。勝てる見込みなど、基本的にないのだ。

そのうえ、仮にイスラエル政府側が敗訴しても、政府はそれを無視することが多々あるのだ。日本的な感覚では誠に信じ難いことだが、例えば入植地や軍隊施設の建設にストップの命令を裁判所が出しても、政府はそれを意に介さず、建設を進める。そして結局、既成事実となってしまうのだ。入植地の建設関連や後に見る分離壁の経路などといった訴訟にイスラエル政府が敗訴しても、判決を実施しないことが多い。判決が無視されて入植地の建設が進められ、人が住み着くと、もはやどうすることもできない。要するに、頑張って裁判に勝てたとしても、求めていた成果が得られないことも多々あるのだ。

家屋の破壊

■入植地建設のための家屋破壊

パレスチナ人の家の破壊というのはイスラエルの常套手段だが、多くの場合その口実は「建設許可がない」というもので、一見入植地の拡大には関係がない。しかし、入植地の近辺が必ず家の破壊に見舞われることからもわかるように、入植活動と密接な関係にあることは歴然としている。パレスチナ人の家を破壊し、人を追放し、ユダヤ人入植者を住まわせる。民族浄化そのものなのだ。

入植地の建設のために土地が収奪される時も、家屋が破壊される時も、もっ

東エルサレムで家を破壊され、ホームレスになった家族

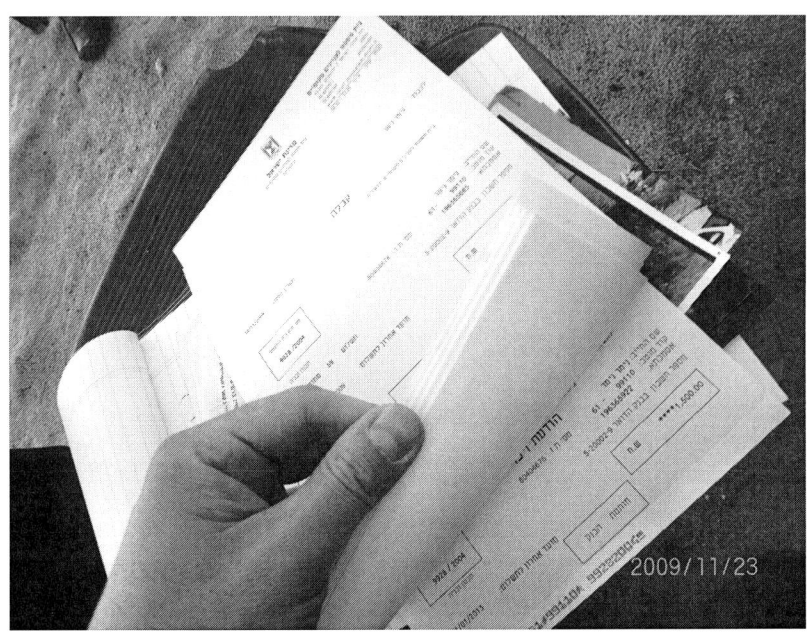

家を破壊されても罰金、および破壊費用の請求書が来る

2章 西岸―軍事占領下の人権侵害

ともらしい法的理由がつけられることが多い。しかし、すべての背景に民族浄化の意図があることを見逃してはならない。例えば軍事法廷の判事を退官した人等の軍法関係者を取材した「The Law in These Parts」（2011年）というドキュメンタリー映画があるが、軍法務部の元将校は、オスマントルコ時代の土地所有関連書類の不備に着眼したのは、意図的な決断だったという。「パレスチナ人が追い出せるような法的根拠を考えるように指示されて、研究して提案しました」と、（半ば自慢げに）話している。パレスチナに限ったことでは決してないが、本来は厳正中立なものでなければいけない法律というものが、いかに政治の道具になりうるかを、あらためて実感させられる告白だ。

　建設許可がないという口実だが、そもそも論として、実は入植地の多くも建設許可がないのだ。狂信的なユダヤ教原理主義者がある土地に来て、プレハブの家を建てる。そのうちイスラエルの公的機関が水道や電気を引いて、ちゃんとした建設も始まり、後々公認された入植地となる。大抵の場合、このような「既成事実の追認」という過程で新しい入植地ができるし、入植地の拡大もこのような「建てちゃえ」という勢いでなされることが多い。しかし、イスラエル軍は当然のことながら、そのような建築物を破壊せず、もっぱらパレスチナ人の家屋ばかり破壊する。「建設許可がない」というのは、民族浄化の単なる口実なのだ。この数年間の間に、イスラエルが国際的圧力に屈して、こういうプレハブ段階の入植地を数件破壊したこともある。しかし、破壊しても翌日にはすぐに入植者が戻って再建設する。また、2005年にイスラエルがガザから引き上げると宣言して小さい入植地を撤去したが、パレスチナ人の家屋の破壊に関しては何一つ報道しないイスラエルのマスコミは連日「住み慣れた家を立ち退かされた可哀想なユダヤ人」と騒ぎ立てる。そして、そもそもそのような数件の破壊よりはるかに多く見られるのが、正式な入植地としての追認だ。

　東エルサレムでも同じようなことで、パレスチナ人の家が破壊されることが多い。エルサレムとなるとイスラエルは自国の法律を適用するのだから、パレスチナ人住民もそれに則って建築許可が得られそうなものだ。しかしここにも法の差別的な適用がなされており、パレスチナ人が建築の許可を申請しても、国連の調べでもほぼ100パーセントの確率でそれが却下されるのだ。ユダヤ人を増やしパレスチナ人の比率を小さくするという目的がエルサレムの市政府によって公言されている以上、建築物の許可さえも民族浄化の手段になる。

　なお私はよくイスラエル人に「ユダヤ人だって、違法建築物を立てたら破壊

される。差別などではない」と言われることがあったが、これももちろん事実のすべてではない。「家屋破壊に反対するイスラエル委員会」という人権NGOが調べたところ、ユダヤ人が例えば許可を得ないまま家の建て増しをした場合、なるほど警察沙汰にはなるが、仮に破壊されるようなことがあったとしても、それは違法な部分だけだ。すなわち、建て増しした部分だけが壊されても家の残りはそのままで、エルサレムでユダヤ人の家が全部破壊されたことは一度もないということだ。それに対してパレスチナ人の家は、1カ所だけでも「違法」とされると、家のすべてが破壊されてしまう。家族がホームレスになり、しかも破壊に要した費用も請求される。そしてその現象が顕著なのは、やはり入植地の近くだったり、新しく建設する入植地と目された場所なのだ。

　ちなみに、建築の許可がもらえず、家屋が破壊されることが後を絶たないという問題は、実は西岸のパレスチナ人だけでなく、現イスラエル領内に住みイスラエル国籍を持っている「48年パレスチナ人」も共通する。例えばイエス・キリストのゆかりの地であることで有名なナザレでは、イスラエル政府は同様な「ユダヤ化」政策を推し進め、ユダヤ人の入植などを促進している。本書では詳しく言及しないが、イスラエル国内でも占領地とまったく同じ問題が起きているのだ。

■「テロ容疑者」の家の破壊

　入植地から少しだけ話がそれるが、パレスチナ人の家が破壊されることが入植地と直接の関係がない場合は、一つだけある。それは、処罰としての「テロ容疑者」の家の破壊だ。凶悪な「テロ」行為（すなわちユダヤ人が殺された）の場合は、容疑者の家が破壊されることがあるのだ。先に見たように、そもそもパレスチナ人がかけられる裁判など最初から有罪が確定している出来レースである場合が多いが、その判決さえも待たずに家が破壊されることもあり、3,000件以上がこの方針で破壊されている。2006年にいったん停止されたその政策は2014年にまた始まった。パレスチナ人は子どもが概して多く、広い家に3世代ほどが一緒に住んでいることが多いので、家の破壊によって一気に10人以上がホームレスになることが多い。

　この「処罰としての家の破壊」は、連帯責任を禁止している国際法の原則（それどころか、近代法の原則）にあからさまに違反している。しかし、国際法などの知識がまったくなくても、普通の常識を持った大人には、正当性がまったくな

いことは明らかだろう。政府の行政裁量による超法規的措置とも言えるが、それでもイスラエルの裁判所はそれを認め、この政策にお墨付きを与えている。占領政策及びパレスチナ人に対する差別的扱い、迫害をイスラエルの裁判所がいかに正当化しているか、端的に表す例だ。

　イスラエル政府は「テロ抑止になる」とこの政策を正当化するが、本気でそう信じているのだろうか。私は家が破壊された「テロリスト」の親族に何人も会っているが、「このようなことになるんなら、お父さんはイスラエルに歯向かうんじゃなかった」と言った子どもは一人もいなかった。ホームレスになった少年の目にあったのは、「自分も大きくなればイスラエルをやっつけてやる」という復讐心であり、憎しみであった。相手を自分と同じ人間だと思わないから、そういった感情が引き起こされることがわからないのかもしれないが、ただただ憎悪に火をつけるだけのことをして、イスラエルにとってもいいはずがない。

アパルトヘイト道路——移動の規制

■入植者しか使えない道路

　入植地に話を戻そう。イスラエルは一所懸命、入植地問題を矮小化しようとしており、その一環として出した「西岸の土地の1パーセントに相当するだけ」という数字を見たことがある。この数字には例えば東エルサレムが含まれていない（イスラエルにとっては自国の本土なので、「入植地」があるという事実も認めようとしない）などといったトリックがあるが、何よりもその数字が無視しているのは、入植地がパレスチナの土地を浸食しているのは、入植者が住むエリアに限定されていないという事実だ。

　まず、入植地が建設されると、入植者を守らなければならないということで、軍隊が駐屯することになる。入植者のための農地も場合によっては用意しなければならない。パレスチナ人が入植地の近くまで来ることができるとセキュリティー上問題だというので、周辺もパレスチナ人立ち入り禁止区域にする。このようにして、入植者のための空間ばかりが拡大し、パレスチナ人が自由に使える土地が浸食されてしまう。そして入植地の人口は増える一方なので、それに合わせて土地もどんどん収奪され、パレスチナ人の土地が少なくなっていくのだ。イスラエルの人権NGO「ベットセレム」（B'Tselem）の2010年の調べでは、入植地はすでに西岸の実に40パーセント以上の土地を浸食しているとのこと

だ。

そしてさらに、土地の収奪で決して無視出来ないのは、道路網だ。奥地の入植地に住んでも、テルアビブやエルサレムに通勤している人も決して少なくない。また、親戚がイスラエルのいろいろな地に住んでいることも当然ある。イスラエルとパレスチナを合わせても四国程度の面積しかないので、どこに行くにも、基本的に車で数時間走る程度の距離だ。

そのようなわけで、入植地の建設に伴って、西岸をめぐりイスラエルの各都市につなげる道路網も造られているのだ。そしてこれらの道路の多くは、「パレスチナ人がユダヤ人入植者の車両に投石するかもしれない」などという理由で、パレスチナ人が使えず、近寄ることさえも許されない

西岸を分断するイスラエル人用道路

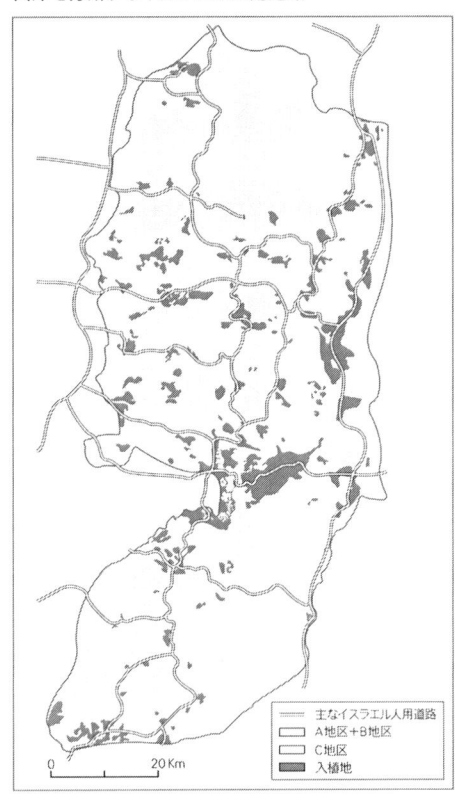

＊入植地にイスラエル軍基地・入植者耕作地を含む
道路はSettlers' Pran for palestinian Autonomy FMEP Map, by Jan de Jongに基づく

（正確に言うと、イスラエル・ナンバーの車両のみが使える）。そして、入植者しか使えない道路は（イスラエルの基準で）ちゃんと整備されているのに対して、パレスチナ人が利用する道路は放置されたままで、ぼろぼろであることが多い。

人種によって適用される法律が違って、住む家が違って、そのうえ使える道路も違う。道路は外国人などから俗に「アパルトヘイト道路」と呼ばれることが多いが、実際のアパルトヘイトの「本家」だった南アフリカでさえ、人種によって違う道路の利用が強要されることはなかった。西岸の道路が全部そうなっているということはないが、入植者しか使えない道路というのは軍事占領下の人種差別、パレスチナ人が強いられる不平等の一つの象徴になっている。

西岸でパレスチナ人が道路を使えないということは、時には道路を横断でき

ないことでもある。つまり、ユダヤ人しか使えない道路は、場合によってはパレスチナ人にとって、移動を妨げる「壁」になる。そして村や地域が二方、三方、場合によっては四方から閉じ込められることさえある。閉じ込められた形になって、出入りするにはイスラエル軍の検問所を通過しなければならない。

　近年少しばかりは改善された面もあるが、西岸にはまだ依然として数百のイスラエル軍の検問所や、車の通行を阻む障害物などが置いてある（国連の調査によれば、恒常的な検問所は60ほどだが、これ以外にもイスラエル軍が随時至る所で臨時検問などをしており、これを含めると490ほどの検問所があるということになる）。人権の一つに「自国内の移動の自由」というのがあるが、これはパレスチナ人にとっては基本的に存在しない。上記のように道路が使えなかったりして、迂回路を通らなければならない。その迂回路にも、検問所がいくつもある。検問所は場所やその時の政治的状況、そして何よりも個々の兵士の気分次第で厳しさが異なるが、パレスチナ人なら間違いなく身分証明書をすべてチェックされ、車から降ろされてトランクを開けて中身を確認させるなどを強要される。スムーズに済めば数分で終わるが、時には何の説明もなく30分や1時間、数時間も待たされて立ち往生させられることがある。迂回路を通らなければならないことも含めて、本来なら10分程度の距離が、パレスチナ人にとっては3時間、4時間というのもざらなのだ。

　他方でユダヤ人入植者が検問所に出くわしても、顔パスでそのまますーっと通る。しかしイスラエルのナンバープレートを付けた車で、乗っているのがイスラエル国籍の48年パレスチナ人だと、西岸のパレスチナ人と同じ扱いを受ける。あからさまに、人種ベースの判断だ。

■通勤・通学が不可能になることも

　検問所などによる移動の規制が「些細な不便」程度に思う人もいたりする。欧米の主流メディアなどがそれを正確に伝えないため、まるで先進国の都市の渋滞と同じようなものだと思い込む人さえいるほどだ。しかし、上記のようにパレスチナ人が受ける移動の規制は壮絶で、例えば事実上通勤できなくなって仕事を辞めなければならなかった、通学が不可能で進学をあきらめた、などという話は日常茶飯事だ。その移動の規制も、すべては入植者の安全確保のためとイスラエル人は主張するが、それには、入植地がそもそもあってはならないものだという視点が決定的に欠落している。イスラエル人はことあるごとに「セ

キュリティー」を口にするが、それはつまるところ「ユダヤ人のセキュリティーのためにパレスチナ人は全員制限を受けるべきだ」ということであり、ユダヤ人の方の自由が制限されうるという発想はない。

　このようにパレスチナ人が受けるさまざまな人権侵害を列記すると、それぞれの種類の侵害が個別のものかのような錯覚に陥りがちだ。すなわち、人によっては一つの侵害の被害を受け、地域によっては違ったタイプの侵害を受ける。個人差も地域差もあるのは当然だが、あえて強調しなければならないのは、これらの人権侵害はすべてひとまとめとなってほとんどのパレスチナ人に降りかかる、ということだ。西岸の場合は入植地があるから土地を収奪され、家屋を破壊され、移動が規制され、入植者やイスラエル兵に暴行を受ける。要するにこれらはすべて関連しあっているから不可分であり、大概のパレスチナ人はすべての被害を受ける。「うちは入植地が近くにないから助かってるんだ」「僕は検問所など通らなくても仕事にいけるから楽をしている」などという人は、ほとんどいない。国土が狭いということもあって、普通に生活を営むうえで、ほとんどのパレスチナ人が必ず被害を受ける。

■**まわりを入植地に囲まれたある老人の生活**
　私は調査のためにこのような状況の中で苦しめられるパレスチナ人とはもちろん無数に会ったが、一つ印象に残っているのは、ベト・イクサという村の近くに住んでいたガリブというある老人だ。入植地の拡大によって村民の土地がどんどん収奪され、人々が追放された。しかし、運のいいことに、ガリブ氏だけは自分の土地所有の正規書類が揃っていたのだ。立ち退き命令に対して彼はイスラエルの弁護士や人権団体と一緒に戦い、イスラエル最高裁判所まで行った。何年にもわたる戦いが続いたが、正規の書類であることは否定のしようがなく、強制的に追放できないという判決が降りた。そして、前記のように裁判所の判決を多く無視するイスラエル軍だが、注目も多かったためこの場合はそうはいかず、そのままになった。

　しかし隣人は皆追放されているので、入植地は彼の家を囲むように建設された。3世帯が住む2階建ての小さなボロ屋だったが、その周りを囲んで5、6階建てのマンションのようなものがいくつも建った。入植地のまわりに柵がもちろんあったが、彼の家と入植地の間はせいぜい10メートルほどで、日本の都心の住居のようなものだった。当然のことながら入植者の嫌がらせが半端でない。

毎日ゴミを柵を越えて放り投げてくる。入植者が侵入し、家を荒らしたり暴力を振るったりもする。毎日見ている顔もいるので相手が誰なのかわかっているが、当然イスラエル軍に通報しても逮捕者が出ることはない。それどころかガリブ氏自身、何度もイスラエル軍に投獄されたことがあった。入植者及び占領軍の横暴に苦しめられる生活は何年も続き、私がパレスチナにいた頃も続いていた。

そして、移動の規制が半端でない。まず、家に通じる道路と交差する形で、入植者専用の道路が作られた。エルサレムの近くなので通学する入植者も多く、広い幹線道路のようなものだ。交差するところには陸橋のようなものが作られ、入植者（というより、イスラエルのプレートをつけたユダヤ人）は上を通る。ガリブ氏の家に行くには下を通るわけだが、下を通るパレスチナ人が車を降りてユダヤ人の道路に登っては好ましくないらしく、それができないように、パレスチナ人の道路は筒で囲まれたトンネルのようになった。エルサレムに行くユダヤ人専用道路がいくつもある場所なので、何百メートルもそのトンネルが続く。そして、これも「セキュリティーのため」ということで、その道路に入る前に検問所があり、基本的に許可のある人（主に老人の同居家族のみ）しか通れないようになっている。夜は通行止で、家族も足止めを食らう。いうまでもなくここで言う「セキュリティー」＝安全とはユダヤ人の安全であり、そのためならパレスチナ人はいかなる犠牲でも払うべきだという考えが根本にある。

そのうえ、さまざまな懐柔策もとられる。特にエルサレムでは頻繁に見られることだが、暴力をもって追放できない場合は、莫大なカネを積んで退いてもらおうとする。アメリカからユダヤ系の富豪の使いだという怪しげな人が来て、数百万ドル、すなわち数億円の金で土地を購入すると申し出たことが何度もあったようだ。しかしガリブ氏は決して取り合わず、そのような申し出をすべて断った。そして、どのような暴行や嫌がらせを受けても、彼は決して土地を手放そうとしなかった。私は何度か彼を訪問したが、「私は絶対に退かない。これは先祖代々受け継いだ私の家であり、ここは我々パレスチナ人の国だ。イスラエル人に土地を明け渡すなどという売国行為を、私は決してしない」と彼はいつも話していた。

そのようなある日、ガリブ氏が亡くなったという知らせが来た。心臓麻痺だとのことで、高齢ではあったが、積年のストレスがあることは疑いようがないだろう。そしてそのような状況だから、救急車が検問所を通過するのに時間がかかった疑いもある。占領のために生活があらゆる観点で荒らされた一例だ。ガリブ

氏の息子は彼の遺志を継ぎ、土地を手放さないと話していた。

■**足止めされた車の中で息を引き取った**

　救急車が検問所で手間取るという話を少ししたが、これは西岸では日常茶飯事だ。検問所の移動規制は決して些細な不便ではなく、時には生死を分ける重大事となる。そのような事例は西岸には事欠かないし、私が実際に会ったケースでも、いくらでもあった。

　西岸のある村の近くの道路を通る入植者の車に投石があったとして、イスラエル軍が村に通じる道路に検問所を置き、事実上村を閉鎖した。私がその村に行ったのは封鎖が始まってから１週間経った後だったが、兵士がパレスチナ人の車両の通過を認める場合もあれば認めないこともあり、すべてイスラエル軍のさじ加減次第となっていた。

　村に住んでいる兄弟の老父がそのようなある深夜に、心臓発作を起こした。病院は隣町にあるので、救急車を呼ぶより自分たちの車に載せたほうが早いと彼らは判断し、隣町に向かって走り出した。しかしイスラエル軍の検問所で止められ、１時間近くも足止めを食らったのだ。発作を起こし、息が苦しくなっている父親が助手席に座っており、男兄弟が何度もその姿を見せてイスラエル兵に涙ながらに懇願した。しかしその兵士は銃を向けて、「動くな。車から降りるな」と命令するだけだった。距離があったのでも何でもなく兵士は目の前にいたとのことなので、事態は当然把握していたはずだが、泣きわめく兄弟を無視して、通過は許さなかった。結局老父は兄弟の目の前で息を引き取った。

　例えばイスラエル兵がデモ鎮圧の時などにパレスチナ人を射殺した場合も、救急車は検問所（もしくは現場の兵士）に止められる。現場で人が大量出血しているにもかかわらず、何時間も通過を許さないことなどザラだ。救急車はさまざまな機材もあって武器などを隠しやすいというのが名目なのかもしれないが、実際に救急車の中を念入りにチェックすることは少ないし、そもそもチェックしたところで一兵卒が医療機器と爆弾の違いなどわからない。要するに嫌がらせをしているのだが、ことはあまりにも重大だ。

■**「アラブ人には多数の国があるのだから……」**

　パレスチナ人が事実上生活ができないようにする、そのようにして国外へ出て行ってもらう、というのがイスラエルの長期的作戦だと指摘する人は決して少

なくない。緩いスピードの民族浄化と言える。実際、イスラエル人は「パレスチナ人」と言わず、「アラブ人」と言う。パレスチナという国家を認めず、パレスチナ人と他のアラブ人をすべて一緒にする。そして、アラブ人には多数の国があるのだから、西岸に住んでいるアラブ人がそれらの国に移住すればいい、我々ユダヤ人にはここ（すなわちイスラエル）しかないと主張する。強調したいが、これはイスラエル極右の少数の意見などではなく、極めて主流の意見だ。私自身、イスラエルの外交官など役人とのミーティングでそのように言われたことは何度もある。「アラブの国」を赤く塗りつぶした中東の地図を見せられて、「彼らは他にこれだけ行き場があるではないか。我々にはこの狭い一国しかないのだ」と、真顔で言う。

　その恐ろしいほど屈折した心理をあらためて実感させられた例は無数にあったが、印象に残っているものでは、当時の外務副大臣との面談がある。上述した国連人権理事会の特別報告者と一緒だったが、特別報告者が実に外交的に、やんわりと「ご存知のように、イスラエルが建国した際にこの地に住んでいた……」と話し始めると、副大臣は飛び上がるようにして、「違う！　いやいや、その違いをあえて指摘しないといけません！　イスラエルは1948年に建国したのではなく、再建国したのです！」と、古代史のユダヤ王国を引き合いに出してイスラエルの正統性を主張した。特別報告者は「そ、そうですね、まあ、それはともかくとして、建国時に……」とまた切り返すと、「違う！　違うんですよ！　再建国なのです、これはしっかりご理解いただかないと！」とさらに興奮。このような無意味なやりとりを続けてもどうにもならないので、特別報告者は今度は「とにかくですね、住居政策において差別をしてはいけない、ということなのです」と言い出すと、「そうなのです！　ご理解いただいて嬉しい限りです！　ユダヤ人がイスラエルで家を建てるのに差別を受けてはいけないのです！」と本末転倒なことを言い出す始末だった。

　その副大臣が右派の政治家だったのは確かだが、だからと言って「一部の極端な意見」と安心してはならない。そもそもそのようなトチ狂った見解を持った人が外務副大臣まで上り詰めたこと自体、その見解が決して主流から大きく外れてはいない証拠だろう。そして、それは5年間パレスチナに駐在した私の印象でもある。多かれ少なかれ、イスラエルのユダヤ人は一帯を「本来はユダヤ人の土地」と思い込んでいる。右派は開き直ってどんどん分捕ればいいと言うし、左派は平和のためにパレスチナ人に譲り渡せばいいと言うが、「そもそも

我々のもの」という考えは、どっちの基本にもあるように思う。

分離壁

■何のための壁か

　移動の規制と言えば、西岸の「壁」がかなり有名な象徴になっている（45頁地図参照）。2002年に建築が始まった「壁」は全長700キロ（まだ建設中で、現に壁があるのは430キロほど。それ以外は有刺鉄線などを使っている）、高さが8メートルのコンクリートの壁はある意味では壮観であるには違いない。「絵」にもなるので、パレスチナの現状を端的に表すのに、例えばジャーナリストにとって都合がよく、読者の中にも報道などで見たことがある人が多いと思う。実際壁を目のあたりにするとやはり衝撃を受けずにいられないし、もちろん壁を造ったこと自体、イスラエル人の「敵に囲まれている」という心理や、人種差別感情の激しさを物語っているだろう。

　しかし私があえて「壁」から話を始めず、移動の規制全般から記述を始めたのは、「壁」にあまり注目すると、それが問題のほんの一部に過ぎないことを見落としがちだからだ。「壁」はなるほど酷く、すべての象徴の一つだが、同時に象徴に過ぎない面もある。すでに詳しく述べた、数多くの移動規制の一部でしかない。

　ただ同時に、「壁」自体の存在も無視できない。物理的な壁があることで生じる移動規制自体があるからというより、その経路が、移動規制がいかに入植地と密接に繋がっているかをあからさまに表しているからだ。

　まず名称だが、パレスチナの多くのものと同じように、何を使うかによってかなり政治的な色がついてしまう。例えばイスラエル政府は英語では決して「壁」という言葉を使わず、「security barrier」（安全保障のバリアー）と言う。これでは明らかにその正当性を主張しているような呼び方だろう。国連機関は「barrier」の一言で言うことが多いが、その建前上の理由は「壁は全経路に完成されているわけではなく、例えば有刺鉄線のみという箇所もあるから」だ。しかし、実際の理由は、壁と呼ぶとイスラエルとアメリカが怒るから、ということだろう。

　しかし写真で見てもわかるように、壁はやはり壁なのだ。ベルリンの壁をバリアーだなどとごまかして呼ぶ人はいなかったので、壁と呼ぶべきだろうと思う。

ラマッラ近郊の分断壁の一部分。さまざまな文字や絵の中に、パレスチナ難民の帰還の意思を表す「鍵」も見られる。

「アパルトヘイト壁」と呼ぶ人権団体も決して少なくないが、イスラエルから「アパルトヘイトでない」と突き上げが来る。しかし、壁のヘブライ語の正式名称を訳すと「分離壁」とのことだ（このため、日本のメディアでも「分離壁」と使うことが多い）。「分離」は南アフリカの言葉であるアフリカーナ語で「アパルトヘイト」なのだから、実は「アパルトヘイト壁」は「分離壁」と同程度に正確で、本当は非難の余地がないはずだ。いずれにしても本書では、日本語の名称として定着している「分離壁」と言う。

■互いに隔離するため

　入植地問題同様、イスラエルのプロパガンダがかなり欧米などの主流メディアに反映されていることが多いので、分離壁に関してかなり基本的な誤解がいくつか広まっていると言えるだろう。まず、イスラエルは、「イスラエル人とパレスチナ人を分離するために壁を作ったのではなく、続くパレスチナ人の爆弾テロからイスラエルを守るための措置だ。したがってアパルトヘイト、分離というのは当たらない」と言う。そもそもヘブライ語の呼び名が「分離」なのでこの論調は明らかにおかしいが、確かに第２次インティファーダの爆弾テロからイスラエル人を守るためだという側面があったのはもちろん事実で、納得する人は多

いだろう。

　しかし、イスラエル軍の元高級将校が、当時のテロ対策の議論の中では、壁を建設するよりはるかに安価で効果的な手段がいくらでもあることが認められたと言う。それでもイスラエル政府があえて壁の建築に踏み込んだのは、やはり人種を互いから隔離するのが目的だった、と疑われても仕方がないだろう。

　特に1980年代まで、イスラエル人とパレスチナ人の行き来は、今では想像できないほど自由だった。イスラエル内の3K（きつい、汚い、危険）の仕事を基本的にパレスチナ人が請け負っており、例えば工事現場などに行けばパレスチナ人ばかりだった。イスラエル人も例えば自動車の整備などは「パレスチナ人の方が安くしてくれるから」と言って、西岸に渡ってやるのが普通だった。軍事占領には違いがないので、もちろん一種の搾取構造がそこにあったのは言うまでもないが、要するに、ユダヤ人とパレスチナ人は日常的に接していたのだ。テルアビブのレストランに行くとパレスチナのナンバープレートの車が停まっていて、パレスチナ人の一家が食べに来ているなど、検問所や渡航許可証が支配する現在では想像できない状況があったのだ。

　しかし、パレスチナ人が占領に対して蜂起するようになり、最も激しかった第2次インティファーダになるといよいよ、イスラエルとパレスチナ間の流れがほぼストップされる。西岸じゅうにイスラエル軍の検問所が設置され、パレスチナ人がイスラエルに入るための渡航許可証制度が厳しくなった。今でもイスラエルで働く単純労働者のパレスチナ人は少数いるが、許可証をもらうのが至難の業だ。許可証を手にするにはイスラエル軍の厳しいチェックがあり、理由もなく断られることがほとんどだ。また、許可証を出す代わりにパレスチナ内の密通者、すなわち占領軍のスパイになることを強要されることも多い。家族を食わせなければならないというプレッシャーに負けて、そのように自民族を裏切る状況に追い込まれるパレスチナ人は決して少なくない。

　そしてユダヤ人の方も、今は西岸のA地区に入ってはならないことになっている。それはパレスチナの方の決まりではなくイスラエルの法律で、イスラエルから西岸に入る検問所などには、ヘブライ語で「イスラエル人入域禁止」と大きく書かれてある。ここで私があえて「イスラエル人」でなく「ユダヤ人」と書いたのは、まさしくそのイスラエルの法律がユダヤ人にしか適用されないからだ。イスラエル国籍を持った48年パレスチナ人は堂々と買い物や親戚に会うために西岸と行き来する。それを禁止されたら問題だと思うが、要するに人種によっ

て法律の適用がいかに違うかの一例だ（ちなみにユダヤ人とアラブ人は顔が似ていることも決して少なくない。「間違い」がないように、イスラエル政府が発行する公的身分証明書には、「ユダヤ教徒」「イスラム教徒」としっかり区別されている）。

■相手を人間と認めなくなる

　分離壁が造られ、さまざまな移動規制が布かれた。同時にイスラエルはルーマニアやフィリピン、タイなどから労働者を「輸入」して、それまでパレスチナ人が従事していたイスラエル内の3Kの仕事に就かせるようになった。そのようにして、パレスチナ人は「見えないもの」になったのだ。現在、ほとんどのユダヤ人はパレスチナ人と接触することは一切ない。唯一の例外は兵役の期間中だが、検問所や戦闘機のコクピットから相手を見ているだけでは、人間的な「接触」と言い難いのは言うまでもないだろう。

　戦争を遂行するにあたって、まず不可欠なのは敵の非人間化だ。敵を自分と同じ人間だと認めると、普通は容易に殺したりできない。相手を人間以下、それこそゴキブリのような存在だと思い込んで、初めて引き金を引くことができるというのが普通だ。しかし同時に、敵は虫けらのようなとるに足らない存在であってはならず、自分や自分の家族に深刻な脅威を及ぼす、牙むき出しの野獣でなくてはならない。「ゴキブリ」と「野獣」とではかなり違ってしまうが、その矛盾した心理に陥れるのが戦時のプロパガンダであるとも言える。そして両方に共通するのが、「人間でない」ということだろう。

　しかし、当然のことながら、常日頃から接触している相手を「ゴキブリ」「野獣」と見做すのは極めて難しい。普段から肩を並べて仕事をしたり、時には一緒にご飯を食べたりするような間柄について、いきなり「相手は敵だ」と言ってもなかなか通用しない。相手を人間と見做さないためには、「分離」が最も効果的なのだ。イスラエルが建てた分離壁、及びパレスチナ人に対する移動の制限を理解するには、まずこの事実を踏まえなければならない。

　そして、それらの政策は見事に成功していると言える。イスラエルのユダヤ人（欧米にいるユダヤ人もそうである場合も決して少なくないが）の多くにとって、「パレスチナ人」「アラブ人」はもはや人間と見做されないと言っていい。それまで礼儀正しく振る舞った、教養のある紳士が、この話になると途端に変貌する。「奴らは蛇と同じだ」「信用できない」「暴力しかわからない」「イスラエルから

出て行くがいい」と、まるで新宿・大久保のヘイトスピーチのデモになる。言うまでもないことだが、これが例えば入植地育ちとなると、輪をかけて酷い。入植者にとってのパレスチナ人とは、「有刺鉄線に向こうに住む汚い連中」で、「我が家を攻撃して、奪おうとする悪い奴ら」なのである。

■**若者の極端な右傾化**

そして、若ければ若いほどこの傾向が強い。イスラエルの若者の極端な右傾化は顕著で、いくつもの世論調査でもはっきり出ている。高校生の半数以上が「アラブ人に、ユダヤ人と同じ人権

エルサレム近郊の入植地で元兵士が、アラブ人に見立てた標的を実弾で撃たせ、「テロ防止戦術」を教える商売をしている（イスラエル紙から）。

を認めるべきでない」と考えているという調査結果さえあるほどで、今はイスラエルの中高生では、平和活動などをする「サヨク」がいじめの対象になる。これが顕著に出て来たのが2014年のディフェンシブ・エッジの間で、テルアビブで行われる平和を求めるデモを右派の若いチンピラが襲撃してケガ人が出た事件が多発した（警察は多くの場合見ているだけだった）。

年配の人が皆パレスチナ人に対して共感の気持ちを持っているわけでは決してないが、少なくとも相手が人間だということを肌で感じている面がある。私が住んでいたエルサレムの家の大家（80歳前のユダヤ人）も、「サヨク」でも何でもなかったが、「小さい頃は近所のアラブ人とよく遊んだ。あたしは、アラビア語がペラペラだったのよ。それが、こんなことになっちゃって」と昔を懐かしむことがしばしばあった。しかし、日本で戦争を知っている世代がだんだんいなくなるのと同じように、イスラエルでも、パレスチナ人が人間だとわかっている人が減っていく。

当然のことだが、相手を人間と認めないことが、戦闘の遂行で露骨に現れる。ディフェンシブ・エッジで特にたがが外れた感が強い。イスラエルの国会議員

がジェノサイドの必要性を主張し、外務大臣は民族浄化を真顔で主張する。別の議員もパレスチナ人を皆テロリストとしたうえで「蛇」と言い、蛇がこれ以上生まれないためにパレスチナ人の女性を皆殺しにするべきと発言する。

政治高官レベルでさえそのような状態で、一般の兵士にとっても、「アラブ人の非戦闘員」という概念は存在しないと言ってもいいほどだった。女性であろうと子どもであろうと、「アラブ人」は「殺す対象」としか見ていないように感じられたのは私だけではあるまい。「洗脳」という言葉は使いたくないが、イスラエル人に関して言えば、もはや使ってもいい域に達しているのかもしれない。

■**教育や情報へのアクセスは憎悪をなくせるか**

余談だが、人種差別や憎悪の感情を失くすには何が効果的かと聞かれたら、「人種間の接触」と同程度に、「教育」と答える人が多いのではないか。私もその一人だったが、教育を高めることによって情報へのアクセスを深め、広い世界のことを知るようになって偏見がなくなるものだという「教育信仰」がそのもとにある。そのように考えると、例えばルワンダのジェノサイドが起きたことは、受け入れることはもちろんできなくても、少なくとも説明はつく。ジャングルの奥地に住んで、読み書きができず外界と接触がまったくない農民。「ヘイトラジオ」と呼ばれる放送を通じて、そのような人たちに憎しみを植えつけるのは、あるいは可能かもしれないと思えてしまう。

でも、イスラエル人はそうではない。欧米からの移民も多く、英語など欧米系の言語もかなり流暢にできる人が多い。もちろん欧米と接触がある人が人権を尊重する考えが必然的に強いとは思わないが、要するに英語やフランス語などで書かれてある情報にアクセスできるのだ。イスラエルのメディアはかなりレベルが低く、また安全保障の問題となると検閲が入ることがかなり多いが、英語などができれば、それ以外の情報はいくらでも入る。そしてイスラエルという国は中国などと違ってネットの規制などは基本的になく、例えば国連の人権系のサイト、アムネスティ・インターナショナルなどの人権団体の報告書はすべて自由に入手できる。イスラエルのケーブルテレビで親アラブとして有名なカタールの「アルジャジーラ」を見ることさえ可能だ。

しかし、それでも、イスラエル人はいとも簡単に人種憎悪の感情を植えつけられている。あるいは、それまであった被害妄想意識が種となり、憎悪が育まれたと言った方が正確かもしれない。旧ユーゴ人もそうだが、先進国に住み、

普段から他の人種と接触したりしていても、少し油断しているといつの間にか憎悪が現れ、沸騰点に達する。人権野郎の私はむろん、人間には善の面が強くあることを信じているが、同時に、悪の面があることも否定できない。そして、その悪の面はあるいはいつもたやすく他を凌駕し、その人間の主導権を握るのかもしれない。

■**分離壁は入植地を確保するためのもの**

　少し話がそれたが、そのように、分離壁をはじめとする移動規制は、自衛措置というより人種を分離し、パレスチナ人を非人間化しやすくするための措置という色合いが強い。そして、もう一つ強調しなくてはならないのは、他の移動規制同様、分離壁の建設は入植活動と切っても切れない関係だということだ。

　イスラエルのプロパガンダもあり、分離壁が1948年のイスラエルとヨルダンの間の停戦合意線（事実上イスラエルとパレスチナの間の国境線）、俗に言う「グリーンライン」にあると思い込んでいる人が多い。もしもそうであれば、少なくとも国際法の観点から正当性が問われることはない。壁を造るというのはなるほどかなり極端だが、自国の領土内なら一国がそうするのは勝手なので、非難されることはない。例えばアメリカでもメキシコとの国境線に（イスラエルの軍需産業を使って）壁を建てている。アメリカがやっているからいいということにはもちろんならないが、要するに、国境沿いであれば少なくとも法的には非難されない。

　しかし、これを知って驚く人が多いが、分離壁の85パーセントは西岸の中、すなわちパレスチナ領内に築かれているのだ。

　入植地は西岸の中にある。そして分離壁は、いくつかの入植地を守るようにして、西岸の中で建設されている。「テロからイスラエル人を守るための自衛措置」というより、「入植地を確保するため」の措置なのだ。

　当然のことながら、分離壁のこの経路は「併合するための布石」と非難されることが多い。イスラエルがパレスチナと恒久的な和平を結ぶには、領土問題で合意しなければならない。現在のように入植地がどんどん拡大されていくとその撤収が事実上不可能になり、既成事実を追認する形でその部分がイスラエルの領土になることが大いに予想される。そして、分離壁によって「イスラエル側」になった部分も、「仕方がないからこれもイスラエルの領土」ということにしたいのだろう。領土の分捕り、既成事実作りなのだ。

また、極めて重要なのは、分離壁が東エルサレムのまわりも囲い、「イスラエル側」にしているということだ。イスラエルはことあるごとに「エルサレムはイスラエルの永久かつ不分割の首都。絶対にパレスチナに渡さない」と譲らない姿勢を見せている。分離壁で東エルサレムも「イスラエル側」にすることによって、さらなる既成事実を作ろうとしていると思われる。
　そのように分離壁はイスラエルの都合だけを考えて建設されているので、パレスチナ人の土地の収奪はもとより、村が分断されるなどといったことも起きている。経路のいくつか具体的な場所に関してイスラエルの裁判所に提訴されたりもするが、政府が敗訴しても判決を無視して建設を続けることが少なくない。しかしおそらく何よりも悲惨なのは、英語で「seam zone」（シームゾーン）と呼ばれる、グリーンラインと分離壁の間の域内に住んでいる人だ。
　45頁地図にあるように、分離壁はグリーンラインから大きく逸脱しているところが多く、守ろうとしている入植地だけではなく、その近くにあるパレスチナ人の村もいくつも囲われている。「イスラエル側」に入っているということだが、それらの村の住民は西岸のパレスチナ人なので、他のパレスチナ人と同じ移動規制の対象になる。例えばイスラエルの病院を使うことが許されず、西岸の病院に行かなければならない。分離壁の外でも大きな迂回路を通行しなければならないなど不便を強いられるが、シームゾーン内となると壁を迂回しなければならないので、輪をかけて大変だ。勤務先や学校もすべて同じだ。おまけに、シームゾーンは入植者や軍関係者以外は、入域禁止だ。国連関係者も特別な許可が必要だったりして、外国のNGOが救援物資を届けるなど非常に難しい。情報もなかなか外に出なく、ほぼ完全に隔離されていると言える。
　「Seam」は「縫い目」などの意味だが、この名称はイスラエル軍が作ったものだ。分離壁をイスラエルに「縫い付け」、その縫い目のところがちょうど間になる、というところから来る発想だろう。分離壁に囲われている土地が事実上イスラエルのものとなるという心理が端的に現れているし、いかにそこに住んでいるパレスチナ人の人権を考慮していないかがわかるのではないか。

■国際司法裁判所による勧告的見解
　分離壁の問題、具体的に言えば西岸の経路をめぐる問題は、2003年に国際司法裁判所で審理されるに至った。イスラエルはいつもの詭弁を懸命に展開したが見事に敗北を喫し、国際司法裁判所は2004年7月に「西岸にある分離壁

は国際法違反で、イスラエルは解体し、権利を侵害されていたパレスチナ住民に保障をするべき」と言い渡した。また、「分離壁によって作られた状況をいかなる他国も認めるべきでない」とし、イスラエルが主張していたいくつもの詭弁をあっさりと退けた。特に他国、すなわち国際社会の責任に言及しているところが画期的で、重大な人権侵害を国際社会が認めるべきでなく、事態の改善に向けて絶えず努力を続けなければならないという、いわばしごく当然の原則をあらためて示した。

　ところが残念ながら、この時に国際司法裁判所が出したのは「勧告的見解」であり、いわゆる「判決」ではない。国際司法裁判所に提訴できるのは、国家に限られているわけだが、当時、パレスチナは国家として承認されていなかった（これは後に変わるのだが）。他の国がパレスチナの代理として提訴することは理屈上は可能だが、実際問題として効果的に裁判を進めることは難しい。というわけでその時は国対国の正式な訴訟ではなく、国連総会が国際司法裁判所に見解を求めるという形をとったのだ。

　そのような場合、国際司法裁判所は拘束力のある「判決」は出せず、あくまで勧告に過ぎないものしか出せない。もちろん、権威のある国際司法裁判所の意見なのだから完全に無視するのはおかしいのだが、少なくとも厳密な法律論で言うと、それ自体に拘束力があるわけではない。そもそも論として、仮に国際司法裁判所がこの件で同じような判決を出したところで、アメリカが常にイスラエルを庇うという国連の現状では、それが本当に実施されるとは考えにくい。その詳細に関しては後で述べる。

資源の略奪

■水資源の略奪

　パレスチナ人の資源でイスラエルに略奪されているのは土地などの「空間」だけではない。パレスチナ、特に西岸は乾燥地帯の砂漠で水が極めて大切なのだが、その貴重な水資源もイスラエルに奪われている。

　「西岸」とは「川の西側の岸」だが、砂漠のど真ん中の一体どこに川があるのかと思う読者も多いはずだ。実は、今の西岸とヨルダンの間にヨルダン川というのがもともとあり、例えば聖書を読むと流れも激しい大河だったようだ。今は枯渇して死海以外は何もないが、今でも地下水はかなり取れ、ヨルダン渓谷

一帯に貴重な水資源がかなりあるのだ。そして、入植者の数こそ1万人以下とそれほど多くないが、実はこのヨルダン渓谷の戦略的な場所に入植地がかなり建てられ、入植地のまわりの「セキュリティーゾーン」などを含めると、ヨルダン渓谷の実に半分が入植地で占められているのだ。そのうえ、軍隊が恣意的に一帯を閉鎖すると通告してパレスチナ住民を追放することもしばしばある。

　この数年ほどの和平交渉で、イスラエルが新しく付け加えた和平の条件に、ヨルダン渓谷の継続的な支配がある。隣のヨルダンから敵軍隊が侵攻する可能性があるのでパレスチナが独立してもイスラエル軍が続けて駐屯するなどと言うのだが、そもそもヨルダンとイスラエルはすでに和平を結んでいるので、ヨルダンが攻めて来る可能性は当面なく、「安全保障のため」というのは眉唾物もいいところだ。やはり、水資源を続けて支配したいのだと見るのが自然だ。

　実際、イスラエルはヨルダン渓谷の水資源を略奪して、イスラエル及び入植地に供給している。一般人の使用にも使われているし、農工業用水にも使われている。これは秘密でも何でもなく、例えばイスラエルの水道公社の資料を見ても公に認められていることだ。植民地の資源を分捕って、自国の経済発展のために使っている。植民地主義の一つの柱である資源の略奪を、イスラエルは臆面もなく続けている。

　おまけに、それは本来パレスチナの資源なのに、イスラエルや入植地への供給が優先されるので、パレスチナの村まで十分には回って来ない。イスラエルや入植地に行くと水が格安で提供されており、蛇口をひねれば当然のように水が必ず出て来る。プールもあるし、一軒家の庭のための水撒き機も一般的だ。それに対してパレスチナの村の家々は通常、水道に繋がっていない。イスラエルの公社から水タンクを、法外な値段で買わされるのだ。貧しい村などになると、収入の20パーセントも水の購入に充てなければならない家庭も少なくない。本来はパレスチナの資源なのに、植民地宗主国のイスラエルが横取りし、パレスチナ人に売りつけて暴利を貪るという構図が完全に定着している。おまけに夏は入植地への供給が優先されるため、パレスチナの村に水が回って来ないことも決して少なくない。

　入植地による排水などの問題も生じている。入植地の多くは排水などの処理施設がかなり不足している。そもそもイスラエル人は環境意識があまり高くなく（それはパレスチナ人に関しても言えることだが）、入植地となると「どうせパレスチナ人のところだから、まわりに垂れ流せばいい」ということになる場合が多

パレスチナ人は苦しみ続ける──なぜ国連は解決できないのか

66

い。入植地にある工場の化学物質が処理されずに流されていたため、周辺のパレスチナ人の村の井戸が使えなくなったという事件も何度も起きている。

　繰り返すが、入植活動自体が戦争犯罪で重大な国際法違反なら、パレスチナ人の資源を略奪して自分の利益のために使う上記の行為も、民族自決の権利を侵害した、やはり重大な国際法違反なのだ。そして、入植活動から深刻な人権侵害も数多く派生しているのだ。

■毎日強いられる屈辱
　しかし、そういった法律論も極めて重要だと思うが、それだけでは割り切れないものもある。それは、パレスチナ人の視点を思い浮かべてもらえればわかる。入植地というのは通常、周辺に比べて一番高い丘の上に建設される（16頁写真参照）。セキュリティーという観点からそのようにしているのだとは思うが、それは同時に、周辺のパレスチナ人住民に対し、「見上げる」ことを常に強要し、威圧する行為だということも理解してほしい。朝、目が覚める。顔を洗おうと蛇口をひねっても、水が出ない。窓の外を見ると、山を見上げたところに入植地があるのだ。本来は自分の村の物であるはずの土地に建てられた入植地は、貧しく環境が劣悪なパレスチナ人の村と大きく異なり、水が充分にあり、プールさえある高級住宅地だ。　パレスチナ人は、毎日このような屈辱を強いられているのだ。「国際法違反」「人権侵害」という法律論で説明し切れない、日々の屈辱感こそが、パレスチナ人の生活の何よりもの特徴ではないかと思う。

　余談だが、「屈辱」というものを考える時、パレスチナ人はよく検問所での扱いについて話す。パレスチナ人は他のアラブ人同様、年長者に敬意を表明する。家族において父親の権威も絶対的なもので、それを凌ぐ人と言えば、おそらく祖父だけだろう。ある意味では非常に日本人と似た、そういう社会的秩序が存在する。

　しかし検問所で止められると、徴兵されたイスラエルの兵卒、すなわち18歳やそこらの若者がパレスチナ人に実に横柄に振る舞う。車の外に出ることを強制したり、時には暴力だって振るう。父親がイスラエルの若者にそのように屈辱的に扱われているのをパレスチナの子どもが日常的に見ていることで、実はパレスチナ内の社会秩序も揺らぎ、伝統的な社会的権威が信用されなくなっているという問題も起きている。イスラエル兵にも抵抗できなかった父親を尊敬できなくなったり、母親を助けることができなかった自分はどこか不足しているので

はないかと思ったりと、子どもが心理的トラウマを受けることが決して少なくない。また、徒歩でしか通過できない検問所もあったりするが、若い女性などに対するイスラエル兵のセクハラは半端ではない。パレスチナ社会では女性を侮辱する行為は何よりも見下げ果てたものだとされるが、イスラエル兵は平気で卑猥な言葉をかけたり、痴漢行為までする。そうされても両親や兄弟（そして自分自身）が何もできないでいるのを見ているのは、子どもの心理にかなり害を及ぼす。

個人的に言うと、検問所でのイスラエル兵の振る舞いを見て、私がいつも衝撃を受けたのは「言語」だ。イスラエル人でアラビア語を流暢にできる人は決して多くないが、西岸の駐屯地になると、きちんと言葉ができる兵士はそれなりにいるのが通常だ。しかし、それでも兵士はパレスチナ人に向かって、基本的にヘブライ語で話す。例えば自動車の通行がある検問所では車を停止させたりするのだが、大きいところだと拡声器を使って、運転者に指示、というより命令を下す。大声で、いたって横柄な口調で聞こえてくるのは、決まってヘブライ語だ。パレスチナ人の土地を奪い、家を奪い、国を奪う。そして、民族のアイデンティティの根幹でもある言語さえも尊重せず、支配者の言語を使うことを強要する。それを見て、私はいつも軍事占領の過酷さを実感したものだ。

入植者の暴力

■絶え間ない襲撃

さて、入植地や入植活動にまつわる上記の諸問題以外にも、入植者の暴行が大きな問題になっている。

前述のように、入植者の70パーセントほどが、経済的インセンチブのために入植地に移住したと推計されている。そこから考えれば、残りの30パーセントほどは経済的インセンチブでなく、宗教もしくはナショナリズムというイデオロギーのために入植地に住んでいる計算になる。さまざまな人もいるに決まっているが、西岸が本来はユダヤ人の土地でパレスチナ人（彼らにとっては「アラブ人」）こそ侵略者だという思想が共通していると言えるだろう。彼らは（国際社会が言うように）「他人の土地に入植している」のでもなければ、（イスラエル政府の公式見解のように）「誰もいない土地に住み着いている」のでもない。「本来自分たちのものである土地を取り返している」つもりでいるのだ。

そのようなつもりでいるものだから、周辺のパレスチナ人に対する襲撃事件

が絶えないのは必然だ。前記のように国連の調査では、平均して1日に1件以上の事件になる。入植者による襲撃事件は2010年に激増して、そのまま高い水準が続いている。

　上記の事件がすべて暴行事件ではなく、例えば真夜中にパレスチナの村に忍び込んで自動車を焼いたとか、モスクに火をつけたなどといった事件も含まれている。パレスチナの農民の作物（主にオリーブの樹）を焼いたり、切ったりするという事件も多いし、遊牧している羊を殺すことも多い。どれも、「パレスチナ人が暮らしにくくする」というのが目的だろう。生活しにくくなれば、「アラブ人」である彼らはどこか別のアラブの国に移住して、消えて行く。そうなれば、すべてが我々ユダヤ人のものになる、という思想だ。

　暴行事件も決して少なくない。そして暴行事件にしても作物への放火などの器物損壊事件にしても、入植者の暴行に共通しているのは、イスラエル当局が何一つ取り締まりをしようとしないということだ。

■占領地住民を守るのが占領国の義務だが

　すでに述べているように国際法の観点で見ると、占領地の住民（すなわち占領されている国の国民）は「保護される人」になる。すなわち占領国が彼らを、それこそ自国民の横暴から守らなければならない。パレスチナに当てはめると、パレスチナ人を、警察の代行をするイスラエル軍が守らなければならない。そもそも入植者というのはいてはならないのだが、とにかくイスラエル軍はパレスチナ人を保護する義務を負うのだ。占領地においては軍が警察の代わりを務めるわけだから、当然のことだ。

　ところが、イスラエルはこの義務を何一つ履行していない。例えばイスラエルの人権団体の「Yesh Din」の調べでは、仮にパレスチナ人がイスラエル軍やイスラエル警察（入植地に通常の警察署がある）に被害届を出しても、90パーセント以上の場合は「証拠不十分」「犯人が断定できない」などといった理由で捜査が打ち切りになる。入植地の周辺に住んでいるパレスチナ人は入植者の顔を覚えていたりするので、それこそ自動車のナンバープレート入りで詳細に警察に話しても、捜査が進まない。実際捜査が本当に行われているという形跡はほとんどなく、ユダヤ人のパレスチナ人に対する犯罪を取り締まる気がないというのが実状だろう。上の人権団体の調べたケースでは、例えば犯行現場に入植者が身分証入りの財布を落とした場合でも「証拠不十分」とされ

たという、笑うに笑えない事例もある。

　もっとひどい例では、入植者が兵士を伴って、近くのパレスチナ人の村を襲撃する場合もある。家に火をつけたり投石したり、場合によっては銃を撃ち放す（ユダヤ人は銃の所持が認められており、入植地となると規則がもっと緩いため、かなりの重装備を持っている入植者も多い）。それに対して村の住民が投石などして抵抗すると、同行していた兵士は催涙ガスを打ち込んだり、時には実弾を撃ったりもする。兵士は基本的に入植者の横暴を止めようとせず、入植者を守るのが自分の仕事との認識でいる。状況があまりにもひどくなると兵士が入植者を止めに入って入植地まで連れ戻すこともあるが、逮捕することはない。完全なる無法地帯なのだ。なおイスラエルのNGO「B'tselem」が入植地の近くに住んでいるパレスチナ人にビデオカメラを配っているし、今は大抵のパレスチナ人がビデオカメラ付きの携帯を持っているため、こういった事件はウェブで検索すればいくらでも出て来る。百聞は一見に如かずで、ぜひ自分の目で見ることをお勧めする。

■人種差別や不平等を大前提にした体制

　当然のことを言うようだが、例えばパレスチナ人が入植者に暴行を振るったり、殺したりすることがあると、イスラエル兵の対応は上記と天と地の差だ。連日各地で、イスラエル兵がパレスチナ人の家に入り込んですべてをひっくり返し、数十人もしくは数百人規模でパレスチナ人を逮捕する。2014年の夏に3人の入植者青年が失踪すると、「捜査」という名目で600人ものパレスチナ人が逮捕された。その時はそれなりに欧米マスコミなどでも報道されたが、このような事態は目新しいものではない。例えば2011年には、パレスチナの1つの村を完全に包囲して、学校を占拠して、16歳以上の男性全員の出頭を命じて指紋を採る、DNAを採るなどということをした。早い話が、ユダヤ人が犯罪の被害者となると、人権侵害おかまいなしで全力挙げて犯人を捜す。犯人を見つけた場合は、可能な限り暗殺する。しかしパレスチナ人が被害者の場合は、何一つろくに対応しない。人種差別や不平等を大前提にした体制は、こういうことにも現れる。

　これらが全部最も露骨な形で現れているのは、西岸南部のヘブロンという町だ。ヘブロンの街中の旧市街にはアブラハム（旧約聖書の最初の預言者とされる）の墓などがあったりして、ユダヤ人にとってはエルサレムの次に重要な聖地とされている。そのため1967年戦争集結後すぐに入植者が旧市街に殴り込

みをかけるようにして入り、数件の家を占拠した。追いかけるようにイスラエル軍が入り、土地を没収して基地とし、駐屯するようになった。その後も入植者が旧市街に移住しているが、人数にすれば800人ほどに過ぎない（ちなみにこの町のパレスチナ人人口は6万人ほどだ）。その800人のために軍隊は旧市街にいくつもの検問所を設置し、イスラエル軍統治区域を定めた。入植者がアブラハムの墓に自由に行けるように道路の一部をパレスチナ人通行禁止にしたり、ユダヤの祭日に入植者が行進できるように商店街を全部閉鎖したりする。その入植者は西岸の入植者でおそらく一、二を争うほど狂信的なユダヤ原理主義者集団で、パレスチナ人に対する暴行事件が絶えない。パレスチナ人の商店街を見下ろすビルを占拠し、そこからパレスチナ人の買い物客にゴミを投げたり、場合によっては火のついた食用油など危険物も投げる。しかし軍隊は入植者を守るだけで、決して横暴を止めようとしない。逆に、少しでも入植者に抵抗したり、もしくは「抵抗した」と指さされるようなパレスチナ人は、イスラエル軍に好き放題の暴行を受ける。現存するアパルトヘイトが見たければ、ヘブロンに行くがいい。

　私が訪れたことのあるパレスチナ人のある家庭の家は道路一番奥の突き当たりにあったが、その道路の入り口の片方には入植者に占拠されたビル、そしてその真向かいにはイスラエル軍が入植者を守るために作った駐屯地があった。パレスチナ人一家が街に買い物などに出るには入植地の前を通らなければならないのだが、そうすると入植者に襲撃されたりガラス瓶などを投げつけられたり、もしくは軍隊の暴行を受けることもあるので、できない。老婆が糖尿病を患っていたので病院通いが必要だったが、裏口から出て、舗装されていない野原を通って、車が通れる場所まで行かねばならなかった。車が家の前までこられれば10分程度の旅程が、年老いた体に鞭を打つようにして歩き、全部で片道1時間かかった。もちろん入植者が裏口の野原に来ることもあり、襲撃されることもあった。

　ヘブロンの入植者の横暴に関してはそれなりにイスラエルで報道されており、さすがの一般のイスラエル人も嫌悪感を催すことが多い。しかし、それが西岸各地での一般的な問題だという事実は、一般市民に理解されているとは言い難い。そして、まさかイスラエル軍が入植者の横暴に加担しているとは想像だにしていない。イスラエル人は男女ともに全員徴兵されるためこのような話はもっと広く知られてもいいはずだが、兵役が終わったら決して口外しない人が多い。

ヘブロンの市場は入植者から見下ろされる。時に投げつけられる落下物をよけるため、頭上に網が張られている。

　退役した兵士が人権侵害について暴露する団体が「Breaking the Silence」、沈黙を破るという名前にしたのも、このためだ。

　それでも、実は、2011年末から2012年のはじめにかけて、イスラエル国内でこの問題がかなり議論されていたこともあった。入植者の横暴に関してはイスラエル国内でほとんど知られていないのだが、西岸奥地などではなくエルサレムで事件が起きて報道された（というより、報道せざるをえなかった）ことや、のさばった入植者の団体が今度はイスラエル軍の基地を襲撃したことと関連している。また、人権団体などのアドボカシーも手伝って、入植者の暴行をまったく取り締まろうとせず、差別的に法を適用するイスラエルに対して国際的な非難が集まったのも事実だ。

　しかし、数人程度の逮捕者こそ出して国際社会（及び国内の不満）をごまかしたものの、イスラエル政府は何一つ効果的な手を打とうとしなかった。2014年の夏にも、パレスチナ人少年を焼き殺した入植者3人が逮捕されたが、これもその時のガザ侵攻に対して国際的な非難が集まっていたからだろう。断言していいが、彼らに厳罰が下る可能性はまずない。

パレスチナ当局の手による人権侵害

■イスラエルのかわりに政治犯を取り締まる当局

　西岸の人権状況を語る際、どうしても無視できないのが、パレスチナ当局（後で述べるように、今は国家として国連に承認されたので、正式にはパレスチナ政府となるが、パレスチナ人も含めて、多くの人は相変わらず「当局」と呼んでいる）による人権侵害だ。パレスチナでの悪事をすべてイスラエルの責任にしたいパレスチナ人が数多いし、もちろんそういえれば話は簡単なのだが、残念ながらそうではない。

　前述のようにパレスチナ当局はオスロ合意によって設立され、西岸のA地区で限定的な自治、そしてB地区でさらに狭く限定された自治を行うことになった。オスロ合意はアメリカなど国際社会の肝いりで発足したので、それだけで眉唾物と考えてもおかしくなく、その頃からも「パレスチナ当局は占領軍の請け負いに過ぎない」との非難は各方面から少しあったことは事実だ。しかし限定的とはいえパレスチナ人自身が統治を行うのはやはり喜ばしいことなので、当初は概ね好意的に受け止められたと言っていいだろう。また、オスロ合意でのいくつかの事項はあくまで暫定的で、イスラエルとの交渉が続くことになっていたのだが、パレスチナの自治が拡大するというのが大前提にあった。早い話が、パレスチナ人自身の国家に向けてのステップとして見られていたので、やはりパレスチナ当局の設立は大方いいこととして考えられていた。

　しかしながら、オスロ合意及びパレスチナ当局の設立はやはり大きな問題をはらんでいた。それは、オスロ合意によってパレスチナ当局がイスラエルに対する武力抵抗を放棄したこと、そして、治安維持面でイスラエルと協力すると約束したことだ。パレスチナ当局が（主にアメリカのカネで）治安維持機関を作って、武力でイスラエルに抵抗をするパレスチナ人をイスラエルの代わりに取り締まる役目を引き受けたのだ。このイスラエルとの協力が災いして、選挙でハマスに敗北を喫する大きな一因となる。

　さらに、これだけ横暴を働くイスラエルがパレスチナ当局の役割を尊重するかというと、答えはもちろんノーで、入植地政策にしても移動の制限にしても、日常的に、事実上パレスチナ当局がまともに自治ができないようにしている。何かあるごとにテロをすべてパレスチナ当局のせいにし、当局がパレスチナ人を

テロリストになるよう教育していると、根拠がまったくないことを国際的にいい回る。ただし、イスラエル軍は基本的にA地区には入らない。「テロ容疑」で逮捕したい人がA地区在住である場合、通常はパレスチナ当局に連絡して、パレスチナ側の治安当局に逮捕してもらう。引き渡してもらうことも基本的にない。それはパレスチナ当局を尊重しているからというより、汚い仕事は他にやってもらおうとしているだけと言えるが、いずれにしてもパレスチナ人が、イスラエルに言われて、他のパレスチナ人を取り締まるという構図ができ上がっている。一般のパレスチナ人が不満を持つのは無理もないだろう。

　イスラエルの代わりに政治犯を取り締まると約束したことが果たして望ましいことだったかどうかに関しては、意見が分かれるところだろう。しかしその政治的レベルの話をさておくとしても、人権の観点からは、取り締まり方に注目が集まる。きちんと人権基準に従って容疑者を逮捕しているのか。拘禁している容疑者の扱いは国際法の基準を満たしているのか。正当な裁判が行われ、法の支配が確立されているのか。残念なことに、これらの方面には課題が多数残されているというのが現状だ。

■**パレスチナ治安機関による拷問**

　驚くのに値しないと思うが、パレスチナ当局により一番取り締まりの対象になるのはハマスの工作員と目された人だ。イスラエルから情報が来て逮捕することもあるが、警察はもちろんパレスチナ社会の中にそれなりの情報網を持っているし、極めて小さい社会なので誰がハマスと関係しているかは大方知られており、政治的状況に合わせて、積極的に逮捕したりする。「セキュリティー」の美名の下で何でも許されるというのは、何もイスラエルだけではない。

　パレスチナ当局には治安維持を役目とする機関はいくつもある。ハマスのような政治犯を基本的に扱わない通常警察のほか、軍部情報機関や一般情報機関、治安予防機関、大統領直轄の親衛隊など主なものでも4つある。これらの役割分担や権限は非常に不明確で、実際には競争して同じ容疑者を追いかけることなどざらだ。

　これらの治安機関に共通するのは、政治犯が逮捕されたら、拷問を受ける可能性が高いということだ。イスラエルが特に多く利用してきた、「シャバク」という手法が使われることが多い。それは、非常に窮屈な体勢にさせて、何時間も、それこそ半日でも丸一日でもその姿勢を維持するように強要する手法だ。日

本の学校でも昔は生徒を廊下で立たせることなどあったが、その比ではなく、例えばしゃがませて、重いものを肩に乗せて、そのまま半日も不動の姿勢を強要する。殴られても多くの場合は痛みは瞬時で済むし、ひどい場合でも「体のブレーカ」が自動的におりて気を失ったり、痛みを感じなくなったりする。しかし「シャバク」では、その「ブレーカ」が下りる直前までの鈍い痛みを感じるようなきつい姿勢にさせて、それを長時間維持させる。これは想像を絶する、つらい拷問なのだ。

　パレスチナの治安部隊員がそのような拷問の手法に長けているのは、他でもない、自分がイスラエル軍に拘禁されていた時にやられていたからなのだ。私はそのような拷問を受けたパレスチナ人に多数会って話を聞いたが、拷問している最中に、パレスチナ治安部隊員がいきなりアラビア語でなくヘブライ語を話すようになった、という話を何度も聞いた。拷問という場面に直面すると自分の体験が思い出され、今度は被害者でなく加害者、支配者となった自分が、当時の支配者に変わってしまう。心理学的にありがちな話だろうと思うが、やられた方のパレスチナ人としては、このうえなく悲しいだろう。

■特別扱いの「政治犯」も

　もちろん、同じ政治犯でも必ず拷問を受けるということはない。ハマスの工作員と思われていたら拷問の可能性は高いが、いくつもある、例えば他の政党のメンバーなどは必ずしもそうではない。例えばパレスチナ解放人民戦線（PFLP）という団体はイスラエルには「テロリスト」と断定されているが、イスラエルに対する武装抵抗を早くから率いた歴史があり、パレスチナでは（それなりに）堂々と活動している。ハマスと違ってパレスチナ当局に歯向かっているわけではないので、あまり問題視されない。たとえ解放人民戦線の活動家が逮捕されても、コミュニティーで英雄視されている活動家については当局が気を配り、収容所内で破格の待遇を受けたなどということもある。

　パレスチナの特殊な状況があっての話だが、そういう人にとってパレスチナの収容所の方がよっぽど安全なので、その人を守ろうとしてパレスチナ当局が逮捕する例さえあるのだ。家が難民キャンプなどC地区だったりすると、いつイスラエル軍が殺しに来てもおかしくない。したがってとりあえず逮捕して、殺されないようにしたいという「親心」が見え隠れすることさえあるのだ。例えば私が実際にパレスチナ当局の収容所で会った人に、ジェニンという町の難民キャ

ンプの解放人民戦線の指導者の一人がいた。ジェニンといえば昔から「戦士の街」とされている場所で、イスラエルに対する武装抵抗の中心の一つだ。第2次インティファーダの間にイスラエル軍はそこの難民キャンプに侵入して、民間人を大量殺戮したことがある。もちろん今でも難民キャンプの中は抵抗の風潮が強く、イスラエル軍と反目することが多い。ジェニンの解放戦線のリーダーといえばイスラエルにとっては目の敵だが、パレスチナ人にとってはやはり英雄なので、当局の収容所の中では彼は主のように振る舞うことができた。収容所長と食事をして一緒にタバコをふかすなどといったこともあるほどだった。それでも収容所の中では活動しにくくなるので本人にしてみると不満で、「殺される危険などあってもかまわない。出てパレスチナのために活動を続けたい」という人が多いし、その彼もそうだった。

■女性への人権侵害──名誉殺人

　治安当局の手による人権侵害は決して許されるべきでないが、ハマスとの対立など、占領が遠因になっていると言えなくもない。それに対して、占領とはまったく関係のない人権問題もあり、その最たるものとして挙げられるのが、パレスチナ社会の中における女性の扱いだろう。

　イスラエルはことあるごとに、アラブ諸国での女性に対する人権侵害を宣伝して回る。直接アピールして回るし、欧米などで「アラブ女性の迫害」などをテーマにした映画やドキュメンタリーなどがあると、実は調べてみると親イスラエルの財団が資金を出したりしていて、眉唾物だったりする。イスラエルのこの戦略はもちろん「アラブ人は文明人でなく野蛮人だ」という考えを人々の頭に植えつけようとするものであり、ひいては「そのアラブ人と戦っているイスラエルは正義の味方だ」という考えにもっていこうとするものだ。誠に短絡的で幼稚だと思うし、実際、イスラエルが言いふらすほど、パレスチナにおいて女性に対する人権侵害は多くない。イスラエルでももちろん（国際的には決して注目されない）女性への権利侵害はかなり深刻で、例えばユダヤ教原理主義者のコミュニティーにおける女性の扱いは、パレスチナなどが足下にも及ばない壮絶なものと言える。

　ただ、パレスチナで問題として残るのは、やはり「名誉殺人」だ。例えば、妻が浮気しているのではないかと夫が殺害する。もしくは、兄弟が殺害する。こういうのが、「家族の名誉のためだから」で片づけられ、事実上罪に問われなかっ

たりする。問題の性質上完全に正確な統計は存在しないが、年間10件から15件ほどと推計されており、例えば年間数千人ほどがその憂き目にあうパキスタンなどとは規模が違うが、たとえ1件だったとしても、もちろん望ましいことではない。

■改善への意志を持つパレスチナ当局

このように自らの人権問題も抱えているパレスチナだが、言うまでもなく占領国イスラエルがパレスチナで働いている横暴の比ではない。人権侵害は数ではなく、とにかくいかなる場合でもゼロをめざして努力しなければならないというのが人権業界の鉄則なのだが、ビッグピクチャーを見れば、イスラエルの占領政策の方がはるかに重大な問題だというのは明白だ。パレスチナに改めなければならない点があるのは言うまでもないが、だからといってイスラエルが占領を続け、迫害を続けていいということには決してならない。イスラエルはひたすらパレスチナ人やアラブ人を悪く言い続けていれば自国の非道が許されるものだと思い込んでいるようだが、勘違いも甚だしい。

そしてもう一つパレスチナが決定的にイスラエルと違うのは、人権状況を改善しようという政治的意志があり、パレスチナ当局がその努力を続けているところだ。もちろん、予算の大部分を国連など外国のドナーに依存せざるをえないパレスチナ当局には、他に選択肢がないというのは事実だ。しかし長年人権をやっていればわかることだが、どの国の政府も最初は「体裁だけ整えてごまかす」ところから始まるのだ。「『ふり』だけだったら意味がない」と主張する人権原理主義者がいるが、形さえでき上がればゆくゆくは実も伴うから、最初は「ふり」でもいい。その点、口だけでも人権尊重の方向を打ち出しているパレスチナは、いかなる非難も許さず、居直って人権侵害を続けるイスラエルの何百倍もましだろう。

人権侵害の責任が決して問われない「不処罰」

■警官は必要最低限以上の武力を使ってはならない

本章のはじめに警官と兵士の役割の違いについて少し言及したが、警官が必要以上の武力を使った場合は処分の対象になると書いた。警官は容疑者の人権を尊重して、必要最低限以上の武力を絶対に使ってはならないという考え

が定着しているからだ。

　それでは兵士はどうか。兵士が警官の代わりでなく一軍人として戦闘行為に従事している場合にはちゃんとした国際的ルールがあって、それに違反した場合は捜査を受けて軍事法廷で裁かれて、戦争犯罪者として処罰を受けなければならない。日本では戦犯の処罰を占領軍がやったため「勝者のやるもの」という考えが普及しているが、これは誤解で、勝ち負けは関係なしに自国の軍隊の戦犯を裁く義務がある。このことは主にガザに関することなので、後で詳述する。

　兵士が警官の代わりを務める場合は、警官と同様でなくてはならない。つまり、必要以上の武力を使った場合は、処分の対象になる。

　イスラエル軍が警察としての働きをしている西岸では、兵士が人権侵害を犯した場合は、やはり処分を受けなければならない。これには人権侵害を受けたパレスチナ人が効果的に申し立てをすることができて、その申し立てがもれなく十分に捜査されなくてはならない。そして独立した、中立的なアクターが必要とあれば兵士を告発し、裁判（軍事法廷でもいい）を経て処罰を受けさせる。これだけの過程が効果的に機能して、初めて公正なシステムと言えるだろう。これこそが、法の支配だ。

■イスラエル兵に対する甘い取り扱い

　ところが前述のように、パレスチナでは入植者に対してさえ法の支配がまったく確立されていない。パレスチナ人に対していかなる横暴を好き放題に働いても、入植者は無罪放免、責任を問われることはまずない。そのような現状の中で、イスラエル軍の内部では責任が追及される体制はでき上がっているのか。驚くのに値しないと思うが、答えはノーだ。断言するが、イスラエル兵がパレスチナ人の人権を侵害した場合、責任を問われる可能性は極めて低く、限りなくゼロに近い。

　イスラエルの人権NGO「B'tselem」の調べでも、1987年より現在まで、イスラエル兵が意図的にパレスチナ人を殺害したことで有罪になった件は一つもない。過失致死で有罪になった兵士は一握りいるが、受ける処罰は30日の懲役などといった、明らかに軽いものばかりだ。最近の例では、逃げているパレスチナ人を正当な理由もなく実弾で殺害した兵士が2013年3月に過失致死で有罪となったが、執行猶予付きの懲役及び降格が唯一の処罰だった。

第2次インティファーダ勃発までは、イスラエル兵によるパレスチナ人の射殺があった場合は、案件が自動的に軍事警察、すなわち憲兵隊に回され、軍事検事局によって捜査が行われた。書類上は実に厳しそうに見えるが、実態はまったくそのようなことはない。まず、「戦闘中」と認められれば自動的に例外扱いとなり、捜査されない。言うまでもなく「戦闘中」というのはかなり漠然とした要件で、例えば投石をされていた、あるいはされそうだったに過ぎない場合でも、「命の危険を感じ、事実上戦闘状態と認め、応戦した」と主張するのは、イスラエル兵の感覚ならたやすいだろう。また、殺したのではなく負傷をさせた「だけ」なら、同じように捜査はない。そもそも検事局と言っても軍隊内の組織で、前線の兵士の仲間だ。口実をつけて、兵士を無罪放免にしようとすることが決して少なくない。

　おまけに第2次インティファーダが激化すると、イスラエル軍は「常時戦闘状態」として、上記の手続きを停止した。残ったのは、「作戦後の上官に対する報告で問題が認められたら、憲兵隊に回す」という、明らかに不十分なものだった。そもそも作戦後に報告を受けるのは直属の上官なので、問題があってもそれをオープンに責任を追及しようというインセンチブがない。その後2010年初頭には「第2次インティファーダ前の手続きに戻る」とイスラエル政府が発表して、「戦闘中」でない場合は自動的に憲兵に回されることになっているはずだが、上記のように、実績を見れば状態は何も変わっていない。

■不処罰を許すな

　たまに、人権団体にとっての小さな勝利がないわけではない。例えば、西岸北部のクスラという村の近くに駐屯していた、あるイスラエル軍の指揮官が特に問題だった時期があった。近くにある入植地のユダヤ教原理主義者が村に侵入するのを一切止めず、むしろ最初からそれを促していた。当然のことながら、イスラエル軍が加担する襲撃事件が連続し、ただでさえ苦しかったその村の生活はますます堪え難いものになっていた。私も何度か足を運んで事実調査をし、事務所はその一連の事件に関してイスラエル政府に書簡を送って、公に声明も出した。もちろんその将校を名指ししたわけではないが、問題の所在はちょっと調べればすぐにわかった。イスラエル政府から正式な回答はなかったが、その将校は着任したばかりだったのに、すぐに異動になった。左遷されたのか事実上の昇格となったのかは意見の分かれるところだが、とにかく彼はいなくなっ

た。そして、次に来た将校は、少なくとも入植者の村への侵入を少しは止めるようになった。

　もちろん、それによって村に平和が訪れ、占領が終わったわけでも何でもない。根本的解決があったとは思っていない。しかし、その村の住民の状況はほんのわずかでも改善し、生活が一番酷い時より楽になった。些細な勝利としか言いようがないが、人権をやっていると、この程度のことでもやって行けるようにならないといけない。

　国際的非難が高まると、たまにイスラエルは「何人もの兵士を処分した」と発表することがある。しかし、その「処分」の内容に関しては一切公開しない。おそらく上記の将校の件も、「処分」に含まれているのだろう。しかし言うまでもなくそれでは極めて不十分だ。人権侵害を侵す人は、それ相応の処罰を受けて当然だ。ガザでのイスラエル軍の暴挙に対する「処分」は輪をかけてひどく、目を見張るものだが、基本は西岸でも一緒だ。イスラエル兵がパレスチナ人の人権を侵害した場合、責任を問われる可能性は基本的にゼロだ。好き放題をしても捕まることがないので、当然横暴が続いて、どんどんエスカレートする。入植者と同じだ。

　英語に、「impunity」という言葉がある。悪事を働いても責任を問われない、「不処罰」という意味だが、西岸、というよりパレスチナ全体の人権状況の最も大きな問題点は、まさしくこの「impunity」の一言でまとめることができる。パレスチナ人にどれだけ暴行を働いても無罪放免になる入植者。正当な理由なくパレスチナ人を射殺しても、ガザで民間人を狙い撃ちにして大量虐殺しても責任を問われないイスラエル兵。そして入植政策を進め、パレスチナ人の土地を奪い取り、資源を略奪し続けるイスラエルの指導者。罪を犯しても、裁かれて責任を問われることは決してない。今、パレスチナは一種の無法状態と化しているのだ。

　しかし、あえて強調するが、悪いことをする連中が何よりも恐れているのは、まさしく「裁かれて責任を問われる」ということなのだ。詳しくは後で述べるが、そうだからこそ国際刑事裁判所は重要で、イスラエル政府は何よりもそれを恐れている。断言するが、「国際法に違反していない」というイスラエルの主張が詭弁で、決して国際司法で通用しないものだということは、当のイスラエル人が一番よくわかっている。

3章
エルサレム──居座るイスラエル

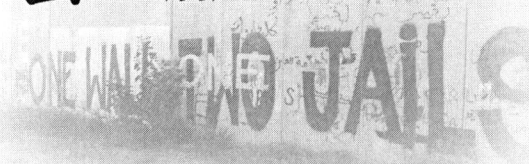

エルサレム
1948年にイスラエル領となった西エルサレムと、ヨルダンが統治した東エルサレムの2つに分かれている。東エルサレムは西岸の一部で、パレスチナの首都。イスラエルが1967年に東エルサレムを占領し、のちに「イスラエル領」と違法に併合宣言、国家の首都としている。しかし、世界のどの国も併合を承認していない。
ユダヤ教、キリスト教、そしてイスラム教という3大唯一神教の聖地で、宗教的に重要な場所の多くは東エルサレムの旧市街の城壁内（1平方キロ）にある。ユダヤ人の「嘆きの壁」の真上に、イスラム教の「岩のドーム」があり、その場所が一つの火種となっている。
人口80万人ほどの3分の1が東エルサレムのパレスチナ人。西側住民と同じ税金を払うにもかかわらず、学校やインフラなど、西側に比較してあらゆる生活インフラが劣悪。
「ユダヤ化」を進めるためにイスラエル政府はパレスチナ人の家屋を破壊し、また、パレスチナ人住民の定住資格を不法に剥奪し、国外追放を図っている。

ユダヤ人の「永遠かつ不分割の首都」

　ヨルダン川西岸の話と繋げて考えなければならないのが、エルサレム、特に東エルサレムの問題だ。
　本書8章にも詳しく書いたが、1948年戦争でユダヤ人はエルサレムの西半分しか取ることができず、東半分はヨルダンが占領することになった。停戦合意線、俗に言われる「グリーンライン」はエルサレムを分断し、イスラエル兵とヨルダン兵がエルサレムの旧市街の真横で睨み合うこととなった。
　エルサレムの主要な聖地は、城壁に囲まれた旧市街に固まっている。1平方キロ弱という極めて狭い場所にイエスが十字架を背負いながら歩いたとされる道、ついに十字架にかけられたとされる場所に立ててある聖母教会、ユダヤ人の嘆きの壁、そしてアル・アクサモスク及びムハンマドが昇天したとされているアルアハラムアシャリーフがすべて、旧市街の城壁の中に所狭しとひしめき合っている。そして1948年戦争でイスラエルはその旧市街を獲得できず、エルサレムの東側、すなわちヨルダンが占領する東エルサレムの一部となったのだ。
　1948年にこの旧市街を我がものにできなかったというのが、イスラエル人に

とってかなり不満が残る結果だった。嘆きの壁というのはユダヤ人にとって、世界でどこよりも重要な聖地なのだが、それだけでなく、エルサレムというのは今でも世界中のユダヤ人にとっての憧れの地であり、心の拠り所だと言ってもいいほどなのだ。世界各地、特にヨーロッパに散らばったユダヤ人はさまざまな国、現地に同化しないで民族としてのアイデンティティをいかに維持するかという課題に直面していた。特にヨーロッパでの迫害の存在及びその度合いは国や時代によってかなり違っていたが、数世紀を通じてユダヤ教の戒律を守り、ユダヤ人であり続けてきたということは各地にほぼ共通する現象だったと言っていい。

　その戒律及び信仰の中にあって、エルサレムの占める位置というのは、日本人にはなかなか理解し難いほど強いものだ。私は小さい頃アメリカに住んでいたが、多くのユダヤ系アメリカ人にとっても「エルサレム」とは完全に憧れの地であり、想像しながら目が明るく輝く場所だった。エルサレムという場所に対するユダヤ人の思い入れは極めて強いものであり、ユダヤ人としての民族性の強い特徴の一つだと言える。実際ユダヤ人が宗教の儀式などを行った後の別れの挨拶に、「来年はエルサレムで会おう」という言葉が使われるようになった。「いつかは必ず神が我々に約束した地、エルサレムに帰る」という強い思いが込められた言葉だ。だからと言ってエルサレムはユダヤ人のものであるべきだとか、ユダヤ人にエルサレムを支配する固有の権利があるということにはもちろんならないが、それだけ強い執着心があるのだ。

　そして1967年にイスラエルが東エルサレムを占領すると、イスラエルは東エルサレムを一方的に併合すると宣言した。すなわち「占領地」という位置づけではなく、あくまでイスラエルという国の一部として扱う、ということだ。今までも述べてきたように占領地には国際法の決まりがいくつもあり、占領国が守らねばならないルールがあるが、その根本には、占領というのは一時的な状態であって、紛争が終わればその土地を基本的に元の領主に返さねばならない、という考えがある。戦争で取った土地は所有権が移るのではなくあくまで元の領主のものなので、占領国は一時的にそれを統治しているに過ぎない。入植活動が禁止されているのは、こういう考えがあるためでもあるのだ。紛争が終結した場合に占領国と相手国が合意をして土地を譲り渡したりすることは法的には可能だが、占領国が一方的に「ここはオレのもの」とするのは泥棒行為で、重大な国際犯罪なのだ。早い話が、ドロボーなのだ。

どの国も認めない「首都」

　ところが、イスラエルはそのドロボー行為を堂々とやっているのだ。東エルサレムを併合して一つの「エルサレム市」とし、エルサレムをイスラエルの首都と宣言した。そしてことあるごとに、エルサレムを「イスラエルの永遠かつ不分割の首都」と言う。犯罪行為をして、居直っていると言われても仕方がないだろう。
　イスラエルの数々の違法行為を事実上認めてきた国際社会ではあるが、エルサレムに関して言えば、イスラエルの併合を認めた国は、世界広しと言えどもたったの一カ国もない。国連で必ずイスラエルを庇い、武器を山のように提供するあのアメリカさえも、東エルサレムの併合を認めておらず、エルサレムがイスラエルの首都と認めていない。どの国も大使館を決してエルサレムには置かず、すべてテルアビブにあるのはそのためだ。イスラエルの政府高官に会うために毎日のように、テルアビブから渋滞と戦いながらエルサレムに通う各国の外交官は可哀想だと思うが、大使館というのはあくまで相手国の首都にあるものと考えると、当然だ。ちなみに、国連機関の事務所はほとんど東エルサレムにあるのだが、それは「東エルサレムはパレスチナで、占領地」というメッセージを送るためだ。
　最近は日本でも、ガイドブックなどで、エルサレムがイスラエルの首都であるかのような記述が目につくようになった。悪意を持って書かれたものでないのだろうが、イスラエル政府の発表を鵜呑みにして、そのように既成事実を公認するような行為はやはりすべきでないだろう。一般人の感情では「政治的なことに関わりたくない」と思うのはわかるが、ことにパレスチナ問題に関して言えば、政治的でないものなど絶対にないと考えた方がいい。ウィキペディアの日本語版にも、エルサレムがイスラエルの首都とされている。そして、記述を読むと、ユダヤ人のエルサレムとの繋がりに関して延々と書かれており、オスマントルコ時代やパレスチナ人のことがほとんどと言っていいほど触れられていない。おそらく（アメリカの）英語版を翻訳しただけだと思うが、アメリカのウィキペディアはイスラエル・ロビーが積極的に書き込み、宣伝のツールとして使われているのがかなり知られている。何に関しても言えることだが、とにかく批判的な目で見ることが大切だ。
　政治的でない行為がパレスチナでは存在しないことのよい例に、エルサレムに駐在する外国人の住む場所がある。国連や人道団体などの国際スタッフが

エルサレムに駐在する場合、東エルサレムに住むのが当然とされる。仕事さえやっていればどこに住もうと自由ではないかと考えてしまうのだが、パレスチナ人と一緒に住んで連帯を示すのが当然とされる。明確な規定があるわけでは決してなく、そのような形で連帯を示すことにどれほどの価値があるかは議論の余地がかなりあると思うが、そのような雰囲気はかなり強い（ちなみに私はそれを無視して他地域でユダヤ人から家を借りたが、少なくとも最初のうちはそれを快く思っていないパレスチナ人の部下がいたのは確かだ）。

エルサレム併合に伴い壊滅させられたモロッコ人地区

1948年戦争のイスラエル建国時に大規模な民族浄化が各地で起き、イスラエル軍が75万人と言われているパレスチナ人を家から追放したのは前に述べた。1967年にエルサレムを併合した時も同じことが起きたとしても不思議ではないと思うが、戦争が6日間で終結してあまりにも早かったことなどがあったのか、そういった大規模な人権侵害はあまりなかった。

ただし、例外として「嘆きの壁」の前のモロッコ人地区がある。今「嘆きの壁」の前は大きな広場になっており、観光客やイスラエル内外から来たユダヤ人が多数巡礼に来ているが、もとは広場などなく、「嘆きの壁」の真ん前までモロッコ人地区と言われる住宅街があった。しかしイスラエル軍は旧市街を占領するとすぐに、ブルドーザなどで無惨に地区を破壊し、住民を皆追放した。この事件は一般的にはあまり知られていないのだが、イスラエルのやり方を象徴する一件とも言えるのではないか。

私はある日「嘆きの壁」に観光に行って、そこでユダヤ人の中年女性と話をしたことがある。私と一緒にいたのも外国人だったため観光客と間違えられ、「1967年はこの広場に家があったと聞いたけど」と言うと、「そう、でも、エルサレムがイスラエルに解放されたから、彼らは出て行かなければならなかったの」と、彼女は実に無邪気に答えた。家を追放されるのはいかに壮絶なことで、それを強制したのがいかに重大な人権犯罪かについて、まったく無頓着に見えたが、当のユダヤ人自身、ヨーロッパでそうやって住みかを追放されたり虐殺されたりしていたのだから、もっと深い理解があってもよさそうなものだ。

「狂喜」のエルサレム・デー

　毎年6月頃（ユダヤ教の陰暦に従うので年によって違う）にユダヤ人がエルサレム「解放」を祝う「エルサレム・デー」があるが、その日はイスラエル右派、ユダヤ教原理主義者などにとって「勝利」を祝う狂喜の日となっている。右派の入植地団体がバスを借り切ってエルサレムに来るのだが、大勢のユダヤ人がイスラエルの旗を降り、「アラブ人に死を」と叫びながら旧市街のイスラム教徒地区（すなわちパレスチナ人が住む地区）を行進する。それは新宿・大久保のヘイトデモとは比較できないほど壮絶な光景で、まさしくナショナリズムに狂った青年たちが暴虐の限りを尽くす。パレスチナ人たちは当然、みな店のシャッターを閉めたままにしているが、そのシャッターを叩いたり蹴ったり、運悪く通りかかったパレスチナ人に暴行を振るう。イスラエルの警察は警備しているが、ユダヤ人の非道を一切阻止しようとせず、逮捕者が出たなどという話は聞いたことがない。相手がパレスチナ人ならユダヤ人は好き放題の暴行をしても罪を問われることがない、パレスチナ全土の構図がそこで再現されている。「アラブ人に死を」というシュプレヒコールは右派の標語といってよく、デモなどでは当たり前のように連呼されている。

エルサレム・デー。「アラブ人に死を」と叫びながら旧市街のイスラム教徒地区を行進するユダヤ人たち

もちろん、エルサレム・デーだけではない。私が駐在していた2012年、レイシストのファンが多いというので有名なエルサレムのサッカーチームの試合の後、大勢のファンがやはり「アラブ人に死を」と叫びながらエルサレムのあるショッピングセンターのスーパーに乱入して、そこで働いていたパレスチナ人の従業員数人に暴行してリンチしようとした。奇跡的にそのパレスチナ人たちは逃げられたのだが、セキュリティーカメラに乱入者の顔がはっきり写っていたにもかかわらず、逮捕者は一人も出なかった。「民主主義国家」のイスラエルの実態をあらわにしたさらなる一つの事件だが、もちろん欧米のマスコミではまったく報道されなかった。

昔から自分のものと思い込むユダヤ人

　話が少し横に逸れたが、エルサレムを「永遠かつ不分割の首都」と言われ続けて育つイスラエル人だが、その教育にはさらなる効果がある。エルサレム占領の経緯を伝えないがために、「エルサレムは昔からユダヤ人のもので、一時的にアラブ人に占領されていたに過ぎない。1967年にイスラエル軍によってエルサレムは解放され、本来のユダヤ人の統治に戻ったのだ」という思い込みを植えつけるのだ。当然のことながらパレスチナ人はエルサレムをイスラエルの領土と認めておらず、「エルサレムはパレスチナのもので、パレスチナの首都になる町」と言う。その主張は法的にも歴史的にも正しいのだが、一般のイスラエル人にとって、その言葉は「イスラエルが分捕ったエルサレムを取り返す」のではなく、「昔からユダヤ人の町であるエルサレムをユダヤ人から奪い取る」というふうに聞こえてしまうのだ。どっちも譲ることができない、にっちもさっちもいかない問題になる。

　イスラエルが東エルサレムを一方的に併合すると、当然のことながら入植活動が始まった。しかしイスラエルにとって、これは「入植活動」でも何でもなく、自国領土で町を建てているだけなのだ。パレスチナ人の土地を収奪してパレスチナ人を追い出し、巨大な入植地がエルサレムの周辺に沢山建てられたが、イスラエル人に言わせるとこれらはどれも「エルサレムの郊外の町」に過ぎない。政治的主張というより、実は入植地だということを本気で知らないという人が多い。西岸奥地にある入植地が和平に対する障害になっているということを知識として認識しており、そこに住んでいる極右のユダヤ人入植者に対して強

い嫌悪感をも示すイスラエル人でも、エルサレムになると「だって、ここは昔からユダヤ人の土地でしょう」とキョトンと言い退ける。百歩譲って西岸奥地を「占領している」と認めるイスラエル人でも、1967年にエルサレムを「解放した」と言う。もとはユダヤ人の土地で一時的にアラブ人に占領されていた、それを奪回して「解放」したと思い込んでいる。残念ながら、これが一般のイスラエル人の認識なのだ。しかし東エルサレムの街中も、1967年に占領した土地に建てられたエルサレム近郊も、国際法で見るとれっきとした入植地で、国際法違反、戦争犯罪なのだ。

和平交渉への悪影響

　エルサレムには入植地がないという思い込みは、実は和平交渉の度に実際の障害となってしまう。和平交渉に応じる条件として、パレスチナ側は大抵、入植地建設の凍結を要求する。和平交渉は当然1、2週間の問題ではなく、何カ月にも何年にもわたって行われる。その間もずっとパレスチナの土地が奪われて入植地が拡大していると、何のために交渉しているのかわからない。パレスチナ側のその要求は至極当然だが、とにかく既成事実作りを続けたいイスラエルはなかなかその要求を受け入れない。

　和平交渉が行われた際にケリー米国務長官の強力な要請があって、イスラエルが入植地建設を凍結すると発表したことはある。しかし、イスラエルにとってはエルサレムの入植地はこれに含まれない。「エルサレムはイスラエルの領土で、入植地ではない」からだ。「入植地拡大を凍結する」と大げさに発表し、極めて大きな譲歩をしているかのように振る舞う。そして和平交渉が振るわないと、「入植地拡大をやめてこれだけ誠意を見せているのに」と騒ぐ。しかしその間も、エルサレムの入植地での建設は、止まらずに突進しているのだ。市内はいざ知らず、郊外の大規模な入植地に行くと、変わらず建設用クレーンが動き、工事現場が忙しくしている。私は毎日のようにエルサレム郊外の入植地の横の道を通ったりしていたが、「入植を止めているのに」と政府がうそぶく間も、入植地拡大をやめたことはたったの一度もない。

　そしてイスラエルは、入植活動を凍結するというのが大きな譲歩で、和平交渉の進展が芳しくないと、政治的武器として入植活動を再開する。イスラエルのこのような振る舞いには、入植活動がそもそも国際法違反であるという視点

が決定的に欠落しているのだ。入植活動という重大な戦争犯罪は無条件に中止されなければならず、それがあって初めて和平交渉が成り立つだろう。イスラエルが既成事実を作り続けることが出来、イスラエルが常に優位に立つというのでは、真の和平交渉でも何でもなく、単なる脅迫だ。

イスラエルの居直り

　入植活動という戦争犯罪を政治的武器に使うことに関しては、イスラエルは近年、完全に居直るようになってきた。以前は、入植活動を続けているといつまでも和平が望めないことを指摘されると、「パレスチナ人はそもそも和平など求めていない。入植活動とは関係ない話だ」と反論するというのがイスラエルの常だった。「それとこれは別だ」ということで、説得力に完全に欠けているとしか言いようがない。しかし近年は、その欺瞞的なポーズさえも捨てて、堂々と入植活動をパレスチナ人に対する武器として使うようになってきたのだ。2011年に入植者の家族がパレスチナ人に殺害されたことが最初だったように思うが、入植地を拡大してそれを「報復措置」と公言して憚らない。2014年の夏のガザ侵攻の後にも、西岸で400ヘクタールの大地を収奪した。和平交渉が進展しない場合でも次から次へと入植地を建てる。「パレスチナ人は殺すことしか知らない、それに対して我々は建設するのだ」と、自分たちが平和を愛する者かのようにもっともらしく言う。しかし、それにはコンテクストが完全に抜けている。

上水道にも繋がっていない東エルサレムのパレスチナ人

　私の駐在中に友人や親戚が何人か私を訪れてエルサレムを訪問したが、ユダヤ人街の西エルサレムを見た後に西岸、パレスチナ人街の東エルサレムを訪れると、まず5分も経たないうちに決まって「アパルトヘイトだ」と言った。前述したようにアパルトヘイトというのは法律や社会的地位などをすべて総合したものなので、厳密な意味で当てはまるかどうかはさておくとしても、一般人が足を踏み入れてすぐに受ける素直な印象として、決して的外れなものとは言えない。ユダヤ人街とパレスチナ人街では別世界というほど状況が違う。
　何と言っても、インフラがまったく違う。西エルサレムでは道路が整備されて、清楚な住宅街に並木道があったり、公園などの緑地も多く、ヨーロッパの水準

の街並だ。それに対して、東エルサレムは第三世界のスラム街だ。ぼこぼこの道路に、ぼろい家が所狭しとひしめき合っている。何一つ手入れされておらず、公共メンテナンスが行き届いていない。占領国のイスラエルには少なくともインフラの管理を行う責任がある。しかしその責任を完全に放棄しているというのが実状だ。

　そして東エルサレムは、イスラエルがゴミ収集を充分にしないため、どこを見てもゴミの山だ。西エルサレムに定期的に来るゴミ収集車は、東エルサレムには滅多に来ない。したがって、歩道などあっちこっちに、住民が捨てたゴミが山積みとされているのだ。夏になるとあまりにも臭いし衛生上問題なので、住民があっちこっちでゴミを燃やしたりするのを見かける。その匂いも堪らないが、放置するよりはマシなのだろう。

　さらに、東エルサレムの住民、というよりパレスチナ人は上水道に繋がっていない。エルサレムに来て、ユダヤ人の家とパレスチナ人の家をどうやって見分けるか。基本的に住む町が違うのだが、東エルサレムの市街地にも入植地はある。見分けるのは簡単で、家の屋上にイスラエルの水道公社の黒い貯水タンクがあるかによってわかるのだ。ユダヤ人の家、入植地は水道とちゃんと繋がっているので、それがない。

　イスラエルが、ヨルダン川というパレスチナの水資源を略奪しているという話を、西岸に関する本書2章でした。水を略奪して、イスラエル本土や入植地に格安で提供して、パレスチナ人に高く売りつける。その構図は、実は東エルサレムでも一緒なのだ。東エルサレムのパレスチナ人の家は上水道に繋がっておらず、水道公社から水を高く購入するはめになる。西エルサレムではどの家もヨーロッパ並みに水が出るし、東エルサレムの入植地でも然りだ。充分な水の提供というのは実は基本的人権の一つなのだが、パレスチナでは人種によってそれが明らかに違う。イスラエルが築いた人種差別構造を端的に表している事実と言える。

東西落差

　水やゴミの話は訪問者にもわかるほどわかりやすいが、ほかにも東エルサレムはあらゆる公的サービスが不足している。西エルサレムと比較すると、その落差は絶大だ。

　まず、東エルサレムの学校は惨憺たるものだ。2,200もの教室をはじめとして

あらゆるものが不足しており、イスラエル人権協会という人権NGOの調べによれば、13パーセントもの生徒が不登校となっている。西エルサレムの学校には250人以上ものスクールカウンセラーが配置されており不登校防止などに努めているが、東エルサレムには30人もいない。不登校児が多く当然のことながら犯罪も多いが、東に足を踏み入れたユダヤ人に対する犯罪なら総力で容疑者を捜すエルサレム警察でも、パレスチナ人が被害者の犯罪ではまず動かないというのが実状だ。ユダヤ人入植者がパレスチナ人に殺されたりすると総出するイスラエル軍も、入植者のパレスチナ人に対する犯罪には何一つしないという、西岸の構造とまったく同じだ。

　また、東では医療施設も不足しており、質が西と比較してかなり劣る。西では名医の多い世界的に有名な病院も多く、町の診療所も清潔で最先端の設備がある。それに対して東はお世辞にもきれいと言えず、病院でゴキブリどころかネズミさえ見かけたことがある。設備の点でも素人目でもわかるほど、明らかに落差があった。東には救急車も完全に不足しており、西エルサレム、すなわちユダヤ人街の病院が救急車を出さなければならないことが多いが、特に夜になると、警察同行でなければ東にはいかないということが多い。その段取りを決めることに手間どり、救急車を呼んでも1時間も来ないなどということはいくらでもある。東エルサレムに住む、ヨーロッパのある外交官は夜中に心臓発作を起こして倒れたが、救急車がなかなか来なかったため結局帰らぬ人となった、という事件も起きた。外交官のことだから私の耳にも入ったのだと思うが、同じことがパレスチナ人にいくらでも起きていることだろう。

　これはすべて、東エルサレムの住民が西エルサレムと同じ税金を払って、のことだ。入植地に使われている予算が巧妙に隠されているというのと同じように、エルサレム市の東での支出もすぐに出て来る数字ではない。しかし、徹底的に調べたイルアミムという平和団体によれば、エルサレム市人口の約3分の1を占める東エルサレムの住民には、市の集めた税金の10パーセントしか使われていないとされている。人口比から単純に考えてもその割合は、3分の1ほどであるべきだろうし、所得などの格差を是正するための公的サービスの必要性を考慮すると、むしろもっと必要だろう。しかし、パレスチナ人から巻き上げた税金はむしろ裕福な西エルサレムに行っており、ユダヤ人の町の整備や学校などを支えているのだ。略奪及び搾取の構造は、西岸と同じなのだ。そもそも違法に併合されたので税金を取られること自体おかしい。

エルサレムの拡大と民族浄化

　あまり注目されていないことだが、イスラエルが東エルサレムを併合すると一方的に宣言した時、エルサレム市の範囲を大幅に広くした。その措置には、もちろん占領地でなく「自国固有の領土」を増やそうという意図があったのは言うまでもないが、実はそれだけではない。「エルサレム」という町の民族のバランスをユダヤ人に有利にしたいという考えがあったのだ。

　イスラエルが東エルサレムを占領した時、パレスチナ人の住民をどうするかが課題となった。1948年に各地でそうしたように追放して民族浄化をすれば理想だったのだろうが、1967年のエルサレムは外交官やジャーナリストなどの外国人が大勢住む大都市で、現実問題としてそのようなことは容易にできない。そのままパレスチナ人が住むことになるのだが、西岸の他の場所同様、可能な限り彼らが生活しづらいようにし、「自分の意思で移住」してどこかに行ってくれればいいという考えでエルサレムが運営されるようになった。

　それには、パレスチナ人の土地を収奪して入植者をたくさん住まわせるという、西岸奥地でもお馴染みの手法がとられている。狭い市内で入植地と言っても限界があるので、郊外に建設することになるが、全体として、「エルサレムはユダヤ人の町だ」と、国内にも対外的にも、宣伝できるようにするのが最も望ましい。というわけで、エルサレム市の範囲を大幅に広げ、新しく「エルサレム市」となった場所に入植地を建てることによってユダヤ人を増加させるという政策がとられてきたのだ。

　実際、エルサレム市長の補佐官を務めた人が暴露したところによれば、エルサレム市には「市の人口に於けるユダヤ人の比率を75パーセント程度に保つ」という明確な政策目標があるようだ。この目標のためには、あらゆる手段を使ってユダヤ人の人口を増やし、パレスチナ人の人口を減らす。例えばニューヨークが「黒人人口の割合を3分の1以下」という政策目標を掲げたり、大阪に「在日コリアンの人口減がターゲット」という目標があれば、それこそ市長が失脚するような騒ぎになるのは言うまでもない。そのあからさまな人種差別が、エルサレムでは普通に行われているのだ。イスラエルという国の実態を端的に表している事実と言えるだろう。

　その政策目標が書かれてある文書自体は表に出ていないので確認はできな

いが、「ユダヤ人を増やし、パレスチナ人を減らす」というのがイスラエルの国是である以上、首都とされているエルサレムにもそのような目標が有言無言に背景にあるのは当然だ。そして実際イスラエル政府が西岸各地でしていること、エルサレム市も実施している政策を見ても、そのような目標があるのは明白だ。1948年に始めた民族浄化をイスラエルは今でも続けており、その引火点の一つが、イスラエル人もパレスチナ人も「自国の首都だ」と主張する聖都エルサレムなのだ。

2014年に入ってから、イスラエル政府は郊外の大型入植地を含めるよう、エルサレム市の範囲を更に拡大しようと計画を立てている。さらなる既成事実を作ることによって、和平交渉での譲歩を少なくしようとしているのは明らかだ。

完全なる「外国人」扱い

本書8章にもあるが、1948年にイスラエル領となった場所に住むパレスチナ人、少なくともイスラエルとアラブ5カ国の間の第1次中東戦争終戦にその住みかにいたパレスチナ人は、イスラエル国籍を持っている。さまざまな意味で差別を受け、ユダヤ人と比較して人権がかなり蹂躙されている48年パレスチナ人だが、少なくともイスラエル国籍を持っているという意味では、少しはマシな状況だ。それに比較して東エルサレムの住民はイスラエル国籍を持っていない。従前のままヨルダンの国籍を持っている人が多いが、完全に無国籍だという人も決して少なくない。

東エルサレムの住民はイスラエル国籍が持てないかと言えば、そうではない。やろうと思えばイスラエルの当局に申請して、普通の手続きを経て国籍を取得することは基本的に可能だ。イスラエルはその事実を使って、東エルサレムの住民が差別を受けていないと強調する。しかし、東エルサレムの住民にとって、ヘブライ語の検定試験を受けて、イスラエルに忠誠を誓ってイスラエルのパスポートをとるという行為は、極めて屈辱的なものだ。占領者の味方になるのはやはり裏切り行為と見なされてコミュニティーに村八分される可能性もあるし、何よりも、イスラエル人になりたいと思う人はあまりいない。

そしてイスラエルのその主張はそもそも、不法に一方的に併合したという事実を正当化しようとするものなので、受け入れられるものでないだろう。生活を少しでも楽にするためにイスラエル国籍を取得するパレスチナ人はもちろん責

められるべきではないが、そういう人がいるという事実はイスラエルの占領政策の正当化にはならない。

　パレスチナ人としての誇りを抜きにしても、イスラエル国籍を取得したことで東エルサレムの住民の受ける利点がどこまであるか、意見の分かれるところだ。48年パレスチナ人の状況を見ると、イスラエル国籍があっても「アラブ人」として国家に敵視され、個人レベルでもあらゆる場所で猜疑心の目で見られ、容易に仕事に就けない。イスラエルの大臣が48年パレスチナ人のことを露骨に敵視し、パレスチナと和平合意があれば48年パレスチナ人を皆パレスチナに追放するべきだと宣言することも決して少なくない。要するにイスラエル国籍を取ったからと言って、ユダヤ人と同等の権利が認められることは事実上、今のイスラエルではありえないのだ。

　イスラエル国籍を取る大きな利点は、少なくともそう簡単には追放されないだろう、ということのように思うが、雲行きは極めて怪しい。2015年3月現在、イスラエルの外相はアビグドール・リーバマンという右派の政治家だが、彼は「パレスチナ人と和平を結べば、イスラエルにいるアラブ人を皆パレスチナ側に追放する」と吹聴している。同じように考えているイスラエル人はかなり多いと思うが、むろん一方的にそのようなことをすれば人権侵害だというのは言うまでもない。しかし、そのリーバマンの案は実現するかどうかはまだわからない。それに対して東エルサレムの住民は、常に民族浄化の危険と背中合わせに生活しなければならない。

　歴史的背景が異なるので簡単に比較するつもりはないが、例えば日本の在日コリアンの待遇を見ると、歴史的経緯を考慮して、永住資格に準ずるものが与えられている。このようになったのは比較的最近のことなので、日本も感心したものではないが、とにかく在日コリアンが日本に在住する歴史的背景を考えると、他の外国人とまったく一緒に扱うのは人権という観点ではよくない、という当然の発想だ。

　東エルサレムの住民には、その「歴史的経緯を考慮した特別扱い」がなく、イスラエルの一般の入国管理法のもとの定住者となる。すなわち、イスラエルに働きに来て何となく住みついた人と一緒にされているのだ。医療などの公的サービスを受ける資格はあるが「イスラエルに住む権利」はなく、「要件を満たしてさえいる限りはイスラエルに住む許可」しかない。そして入管法というのは憲法でも何でもないので容易に変更することができ、極端に言えばイスラ

政府のさじ加減次第で、いつでも国外追放できるのだ。

在留資格が奪われることも

　その点で近年にわかに注目を浴びるようになって来たのが、東エルサレム住民の在留資格剥奪問題だ。イスラエルの入管法には、「7年間続けて海外に在留した場合、イスラエルに戻る意思がないものと見なされ、在留資格が消滅する」という規定がある。7年間というと長いようだが、例えば海外に留学し、少し働いたりすればあっという間に経つ期間だろう。ハモケッドというイスラエルの人権団体が調べたところ、この規定によって在留資格が剥奪されてしまったパレスチナ人は1967年から2013年末まで合計で1万4,000人以上にものぼる。年によってもちろん違うが、例えば近年で一番多かった2008年には、4,500人以上がこの規定の下で事実上追放されている。

　上の数字は東エルサレム住民だけでなく一般の外国人定住者も含む。都合が悪いからだろう、イスラエル政府は「出身国別の統計を取っていない」と（かなり怪しげなことを）いう。しかしほぼ100パーセントが東エルサレム住民で占められるものと思われているし、実際イスラエル政府もそのように認めている。そしてそもそも論として、東エルサレムの住民を一般の外国人と同じように扱うこと自体おかしいのだ。明らかに、パレスチナ人を標的にした民族浄化のツールとしか言いようがない。

　そして当然のことだが、そうやって在留資格がいったん剥奪された人が再度入国して資格を取得できる可能性はゼロだ。例えば欧米人が「またイスラエルで仕事が決まったので」と言えば手続きはスイスイ進むに決まっているが、パレスチナ人となると、占領国イスラエルがすべての国境を管理している以上、再びパレスチナの地を踏むことはない。アメリカなどの外国の国籍を取得して、観光客としてパレスチナに入ろうとしても入国拒否にあうパレスチナ人が後を断たないほどだ。ましてや家を取り返す気だと少しでも疑いを持たれたら、イスラエルが入国を許可する可能性はない。パレスチナに住んだこともなく、例えば外国で生まれ、外国の国籍しか持っていないパレスチナ人でも、観光客として入ろうとしてもイスラエルに入国拒否されるのも日常茶飯事だ。

エルサレム市による「事実上の追放」

　なおイスラエル政府が行う正式な在留資格剥奪以外にも、エルサレム市による事実上の追放も多々あると言われている。そして、これは露骨にパレスチナ人だけをターゲットとしたものだ。

　「事実上の追放」とは、つまり以下のようなことだ。東エルサレム住民には公的サービスを受ける資格があると書いたが、それにはエルサレムが「生活の中心」であることを立証しなくてはならない。住民税を払っているというのが主な要件だが曖昧な部分が多く、パレスチナ人となると規定が極めて恣意的に運用されることが多い。

　東エルサレムの産業などは壊滅状態で、仕事にありつくのは極めて難しい。また、学校が惨憺たる状況だというのは先に述べたとおりで、例えば大学になると東エルサレムにはアラビア語の大学はないので、もっと問題だ。イスラエルの他の大学に入学することは理屈では可能だが、日常的に直面するだろう個人的レベルでの差別を抜きにしても、授業は全部ヘブライ語になる。

　このような事情で、例えば仕事や子どもの学校はエルサレムの隣町のラマッラ、大学は西岸、という人が多く出てくる。毎日検問所を通過して通学もしくは通勤するには相当な覚悟が必要で、本来なら車で20分程度の距離が3時間も4時間もかかることが珍しくない。しかし、東エルサレムでは十分な教育や仕事の機会がない以上、どうしようもないのだ。

　ところがそのようにしていることがエルサレム市の役人に発覚すると、「生活の中心が西岸に移った」と、公的サービスを受ける資格が剥奪されることがあるのだ。1年やそこらだとそうなる可能性は低いが、例えば2年や3年、「生活の中心」がエルサレムの外だと断定されると、すぐにそうなってしまう。そして場合によっては、「国外に生活の中心がある」ということで、7年も経っていなくてもそれが在留資格自体の停止にも繋がるのだ。

　上記のように通勤するのがあまりにも大変なので、ラマッラでアパートを借りながら東エルサレムの家を維持する人も多い。エルサレムの（一般的な所得水準と照らしてもかなり高額な）住民税や固定資産税を払いながらラマッラで賃借しているのだから、相当な支出だ。しかし、民族浄化に屈しないために頑張る人が多い。

　そのようにして、東エルサレム住民で、例えばラマッラに働きながらもイスラ

エルの在留資格を維持しようと必死な人が多い。それにはパレスチナよりイスラエルの方が公的サービスがいいという事情もあるが、何よりも「エルサレムから追放されない」「イスラエルの民族浄化の犠牲にならない」という強い気概が根底にあることが多い。東エルサレムの家を手放すと、当然のことながらユダヤ人がそれを買い占める。そしてエルサレムのユダヤ化が進み、ますます民族浄化が進展するのだ。

　当然のことだが、イスラエルのこれらの行為はすべて国際法違反であり、重大な戦争犯罪だ。勝手にエルサレムを「イスラエル領」として併合したのは違法で、どの国にも認められていない。そして占領地である東エルサレムの住民をいかなる手段でも追放するのは違法であり、断じて許されてはならないことなのだ。

エルサレムの重要性

　エルサレムに関してはかなり短い記述になってしまったが、それは問題が小さい、重要でないからでは決してない。本書の目的は一義的に人権状況やそれに対する国際社会の取り組みを解説するものなので、いくつかの意味では、東エルサレムの人権状況は西岸の他の場所と類似しているというのが現状なのだ。特徴だけを書くと短くなったというだけの話で、エルサレムのことは決して重大でないことでない。それどころか、エルサレムはパレスチナ問題の一つの鍵であり、エルサレム問題を解決しない限りパレスチナ全体の解決はありえないとさえ言えるほど、エルサレムは重要なものなのだ。

　エルサレムに対するユダヤ人の執着心は並大抵のものでないことは上に述べたが、同じく宗教的な価値もあって、それはパレスチナ人、そしてアラブ人一般でも一緒だ。エルサレム（少なくとも東エルサレム）が首都でないパレスチナ国家はパレスチナ人にとってはありえない話であり、絶対に譲ることのできない線だ。そして国連をはじめとする国際社会もその主張の正当性を認めており、東エルサレムがパレスチナの首都となるべきだというのが（もちろんイスラエル一国を除いた）国際的コンセンサスだ。

　イスラム教徒にとってメッカは第一の聖地で、可能な限り一生に一度は巡礼に訪れなければならない町だが、ムハンマドが昇天したとされるエルサレムは、それに準ずる重要な聖地だ。そして昇天したとされる場所に建てられてある、

金ぴかドームで有名なアルハムアシャリーフを外国の侵略者が支配しているのは、このうえなく屈辱的なことだ。

このように、宗教的信条と政治的な感情が複雑に絡み合っているというのがパレスチナであり、エルサレムだ。あえて強調するが、私は何も宗教的な感情が純粋なるもので政治的なものが世俗的で汚れた感情だというつもりはない。日本人は「政治的」と聞くとすぐに退く傾向があるが、人間が社会的動物である以上、社会との関わりである「政治」は不可欠であり、必要だ。私が言わんとしているのは、エルサレムがパレスチナ人やアラブ人にとって宗教的な意義があるのと同じぐらい、政治的な象徴でもあるということだ。

シリアのアサド大統領と戦っている「シリア解放軍」という武装集団があるが、これは実は一つの集団というよりはいくつもの武装グループの連合体だ。そしてその一派の行進の写真を見たことがあるが、そのグループの旗である、コーランの言葉が書かれてある黒い旗の隣に、戦旗に何とアルハムアシャリーフの絵があるのだ。シリアでシーア派のイスラム教徒を殺害してもエルサレムとはあまり関係ないと外国人の我々は思ってしまうが、アラブ人の友人には、ピンと来た人は決して少なくない。アルハムアシャリーフは聖地であるだけでなく、欧米人（及びシオニスト）に一方的にやられて来た苦い近代史のシンボルであり、エルサレムを奪回するというのは、その苦い歴史を乗り越えてアラブ社会を復活させることへの訴えなのだ。そこには純粋なるものへの憧れや、古き良き時代への懐古心も含まれているが、原理主義者でも何でもなく、「イスラム国」の人権侵害に対して極めて批判的なアラブ人でも、この訴えが強く心に強く響く人が多いのは、何ら無理もないことだろう。

オサマ・ビンラディン氏も世界貿易センター襲撃テロの理由を聞かれた時、まず先に口から出て来たのがパレスチナの占領だ。アラブ諸国における人気を狙ったポーズなのかもしれないが、効果的なポーズであるには違いない。

パレスチナに行く前から私にエジプトの外交官の友人がいた。その彼がヨルダン人と結婚したためヨルダンの高級ホテルで結婚式を挙げ、ちょうどパレスチナに駐在していた私は陸路でヨルダンに渡って式に出席した。決して熱心な信者でもない彼だが、死海のヨルダン側から対岸のエルサレムの明かりを初めて目にした時の感動を、彼は長々と述べた。着任したてで勝手が今ひとつわかっていなかった私はエジプトがイスラエルと外交関係があることを踏まえ、「君は外交官なんだから、エルサレムは行こうと思えば行けるのでは」と言った。

すると彼は逆上して、「奴らにビザを申請してたまるか！　これは原則論の問題だ！」とまくし立てた。「イスラエル」という言葉を口にせず、あえて「奴ら」としたところでも、そのことに関する彼の感情の強さが現れていた。その後もそうやって、パレスチナ、そしてエルサレムに対する一般的なアラブ人の感情の強さを実感することはいくらでもあった。

4章
ガザ——定期的に行われる侵攻

ガザ
360平方キロほどで、東京23区の60パーセント程度。人口180万人ほどのうち120万人ほどが1948年戦争に現イスラエル領から追放された難民で、国連などの人道支援を受けている。地理的に西岸と離れているが、パレスチナの一部。
1948年戦争後にエジプトが統治、1967年よりイスラエルが占領。2005年にイスラエルは入植地や軍隊駐屯地を撤収して一方的に「占領終結」を宣言したが、国際社会は占領が継続中と認定。
2006年のパレスチナ総選挙で武装抵抗を放棄しないハマスが勝利すると、パレスチナ当局はガザから撤退して西岸に移転。その後、ハマスによる実効支配が続く。イスラエル及び欧米諸国の多くは選挙結果を認めず、イスラエルはガザを経済封鎖。
2006年より合計3回、ほぼ2年おきにイスラエルが大規模な軍事侵攻。多くの民間人の死傷者を出し、多数の戦争犯罪の疑いが非常に濃厚。その大規模な侵攻以外にも無数の空爆や暗殺を行っている。ハマスやガザ内の他の武装集団も、時々イスラエルに向けて自家製ロケット弾を撃ち込む。
経済封鎖や度重なる軍事侵攻の結果、2014年夏のイスラエル軍事侵攻の前の時点で、貧困生活をしているのが住民の39パーセント、失業率が41パーセントとされていた。現在は、事態がそれよりはるかに深刻と思われる。

2014年7月、ガザ空爆

■ガザ空爆は「芝刈り」

2014年7月に行われたガザ大規模空爆及び侵攻の際、イスラエル軍の高級将校は、攻撃のことを「芝刈り」と表現した。一戸建ての庭の草や雑草が増えたから、たまには刈って、余計なものを切り取ってさっぱりしたい、というような意味だろう。パレスチナ人を人間と思わず、除草する雑草としか考えていない心理が露で、欧米メディアにはほとんど報道されなかったその発言はソーシャルメディアなどでかなり出回って、見る人を震撼させた。

その発言に関する非難はその人権意識のなさ、というよりパレスチナ人をそもそも人間と見ていない意識に集まったし、そういう観点でも言語道断の発言と言えるだろう。しかし、「芝刈り」という発想からは、実は人権意識の低さだけでなく、イスラエルのガザ攻撃を語る時に重要なポイントとなる、他の側面も

汲み取ることができる。それは、私なりに言葉を当てはめると、「定期性」と「無差別性」だ。

しかし、その前に少し背景を書かねばならない。パレスチナ情勢を複雑にしている一つの点は、西岸とガザという地理的分断だけでなく、政治的にも分裂しているということだ。西岸を統治しているのは国際的に認められたパレスチナ当局で、その指導的立場を占めているのは「ファタハ」という、ヤセル・アラファト議長から受け継がれた政党だ。他方でガザを統治しているのは「ハマス」という政党で、ハマスとファタハは反目し合っており、迫害などの対象になっている。そして、武装抵抗を放棄してイスラエルと和平交渉に臨むパレスチナ当局に対して、ハマスは武装抵抗を続けている。そのためハマスは国際的に「テロ組織」という烙印を押され、そのガザ統治も認められていない。

本書8章に詳しく書いたが、2006年にパレスチナで選挙が行われた。アメリカやイスラエル、欧州各国は、ファタハが圧勝して、パレスチナ当局はイスラエルとの協力を続けるものと決め込んでいた。しかし実際はハマスが勝利して第一党という選挙結果だった。イスラエルと協力を続ける当局が多くのパレスチナ人の目には「占領者の犬」と映った（今でも映る）ことも大きな原因だと考えられる。ところが逆上したイスラエルに次いでアメリカ、そして欧州各国も「イスラエルを承認しないハマスがいるパレスチナ当局は、正当な政府として認めない」と発表した。

2007年にファタハ率いるパレスチナ当局は追い出されるようにして西岸に逃げ込み、そのままハマスはガザを事実上の政府として運営している。すぐにイスラエルはガザを封鎖し、「敵地」と断定した。そして現在に至るまでガザの統治者のハマスを相手に、2008年末及び2009年の始めの「キャスト・レッド」作戦、2012年の秋の「ピラー・クラウド」作戦、そして最近では2014年の夏に「ディフェンシブ・エッジ」作戦という、3回の大規模軍事侵攻を繰り返している。ハマスは負けじと時々ロケット弾をイスラエルに撃ち込むこともあるが、所詮は自家製の原始的なものであることが多く、被害はほとんどない。最新鋭の武器を持っている有数の軍事大国であるイスラエルに適いようがなく、イスラエルが一方的に叩くだけで終わる。

■定期的にしなければならない「芝刈り」

「芝刈り」の話に戻ろう。一戸建てを持つ人ならおわかりだが、庭の芝刈りと

いうのは、例えば年に1度やればすむというようなものではない。草は生き物なので自然に伸び、定期的に芝刈りをしないと、長くなり過ぎて手に負えない状態になる。要するに、定期的にしなければならない作業なのだ。

　イスラエルのガザ攻撃も、上記のように大体2年おきと、定期的に行われている。強調するが、それはあくまで大規模なものを並べたに過ぎず、例えば数カ所を空爆したとか、無人攻撃機でハマスの工作員を暗殺したとかいった行為はずっと続いている。しかし、イスラエルによるそのような日々の攻撃はメディアなどに取り上げられることがほとんどない。メディアに出るのは、イスラエルの停戦無視に対するハマスの報復と、大規模軍事作戦を進める時の「自衛戦争だ」とうそぶくイスラエル政府の主張なのだ。

　大規模なものでも小規模なものでも一緒だが、イスラエルは決まってそれらの軍事作戦の発端を「ハマスがイスラエルに向かってロケットを撃ち込むから」と言う。欧米の主要メディアはイスラエルの宣伝を鵜呑みにして、「ハマスに応戦するイスラエル」「自衛する平和国家イスラエル」などと書くし、日本のマスコミも欧米ほどでないにしても、主にイスラエルの言い分を反映させることが多い。

　しかし、公開されている情報を見ればすぐにわかるが、この「ロケット弾の脅威にさらされるイスラエル」という正当化には真実性はかなり乏しい。ハマスが時々ロケット弾を撃つことは事実だし、また、実はガザにもハマスと対立している武装集団などもいるので、そのようなグループがロケット弾をイスラエルに撃ち込むこともある。しかし停戦合意が結ばれるとハマスは大方それを守り、ガザ内の他の武装集団を基本的に押さえつけもする。実は最初に武力を使うのはほとんどの場合イスラエルで、ハマスがその挑発に乗りロケット弾をイスラエルに撃つ。そしてイスラエルは「自衛のための戦争」と言ってガザを本格的に攻撃する。このようなパターンが2008年、2012年、そして2014年にも繰り返されている。事実関係のデータが証明しているのは、停戦合意を破っているのはハマスではなくむしろイスラエルだということなのだ。少なくとも、「攻撃して来るテロ集団にやむをえず応戦するイスラエル」という構図は、ほぼ事実無根だと言える。

　2014年のディフェンシブ・エッジは極めて露骨なものだったと言える。2012年のピラー・クラウドの停戦合意後、イスラエルは合意を無視して封鎖を続け、国境沿いの住民に向けて発砲を続けて、合計6人を殺害した。ハマスに対抗する他のグループは時にロケット弾をイスラエルに撃ち込んだが、ハマスの努

力の甲斐あって数は非常に少なく、2014年3月に、ネタニヤフ・イスラエル首相も「ガザからのロケット弾は10年振りの低水準」と自画自賛したほどだった。

したがってイスラエルは自らの攻撃について、ロケット弾が撃ち込まれたといういつもの正当化事由を使えなかった。かわりに、まず大義名分としたのが、6月に3人のイスラエル入植者青年がハマスに誘拐されて後に殺されたから報復としてハマスを叩く、ということだった。3人の失踪が明らかになると、ネタニヤフ首相は即座に「ハマスがやった」と発表したが、そのような証拠が一切ないことがすぐにイスラエルの報道でも明らかになった。すると「ロケット弾からイスラエル人を守るため」「ハマスの地下トンネルを潰すため」などなどと、侵攻の理由が二転三転した。最初に攻撃ありきで、大義名分は後からこじつけようとしているというのが歴然としていた。

■2014年侵攻の目的は連立政権つぶし

イスラエルによる2014年の侵攻の本当の目的は、パレスチナ連立政権の打倒だということが大方の分析だ。

2014年の始めにケリー米国務長官が仲介する和平交渉があえなく頓挫すると、パレスチナ当局の主流を占めるファタハはいよいよ国際社会にプレッシャーを強めようと、ハマスと和解をし、連立政権を作った。それまでの数年にもそういう発表は何度もあったが、ファタハとハマスとの間の溝は埋め難く、結局お流れになるというのが常だった。ハマスと手を組むのを阻止しようと、アメリカやイスラエルがパレスチナ当局に強大なプレッシャーを与えたこともある。しかし、2014年の和解は本物で、パレスチナ人が団結して国家統一に向かっていることが国際的に示された。

これは当然のことながら、イスラエルにとって非常に都合の悪い話だ。ハマスを「テロ集団」と断定し、また欧米社会もその見方に従わせたイスラエルにとって、パレスチナ人同士の分裂は利用価値が絶大だ。テロリストであるハマスと交渉しないという姿勢をイスラエルが持ち、国際社会もそれを支持していれば、実際問題として和平は進みようがない。パレスチナ当局側として、ハマスが支配するガザを抜きにしての和平などありえないからだ。しかしハマスを交渉枠組みに入れるとイスラエルは交渉に応じないし、国際社会から見放されてしまう。ではハマスを入れないとなると、今度はパレスチナ国民が納得しない。パレスチナ当局にとっては、行くも地獄、退くも地獄なのだ。そのような状況な

ので、現状を維持したいイスラエルにとって、ハマスは永久の外敵でい続ける必要がある。その敵対関係は、イスラエルが「アラブ人のテロで苦しむ可哀想なイスラエル」という構図を国際的に宣伝し続けるためにも好都合だ。

ところが2014年の連立政権構想は、パレスチナが一枚上手だった。ハマスは「政権入りするにあたり、今までのイスラエルとの合意事項を遵守する」と宣言したのだ。イスラエルを国家として承認して武装抵抗をやめると明言したとは言えないが、実質的に平和的に交渉し、イスラエルと和平を結ぶ意思を表明したものだ。実はこのような宣言は今回が初めてではなく、ハマスは以前からそのような宣言をしながら国際社会にずっと無視され続けてきたわけだが、今回は抜き打ちでファタハが率いるパレスチナ当局と一緒に会見して発表したため、瞬時に世界中に知られることになった。

それまでファタハが率いるパレスチナ当局がハマスと交渉する際、パレスチナ当局は常にアメリカなどのお墨付きをもらうようにしていた。言うまでもなくイスラエルの代弁者であるアメリカはなかなか首を縦に振らず、「イスラエルと対抗するハマスと手を組むと許さない」と圧力を与えるので、連立がなかなか実現できなかった。しかし2014年は当局とハマスの間の交渉は完全に秘密裏に進められ、そのような圧力がかからないところで合意までこぎつけた。アメリカが支援するクーデターで政権をとったエジプト軍部が、ハマスに対して前にも増して厳しい態度をとるようになったので、ハマスはかなりの窮地に立たされており、譲歩をしてでも早くファタハと手を組みたかったという事情もあった。

■**国際政治の状況変化**

そして、これも後述するが、何よりも従来と違っていたのは、パレスチナをめぐる国際政治の状況だ。パレスチナ連立政権構想が発表されると、イスラエルは即座に「テロリストと交渉しない」と発表した。ハマスが「イスラエルとの合意を尊重する」と公言しても、「信用に値しない」と一蹴し、ハマスが参加しているというただ一点で、パレスチナ連立政権との交渉を打ち切ると発表した。イスラエルはあらかじめ根回しをせずとも、欧米諸国は今までのように当然追従して来るものと考えていたようだが、それがとんだ読み違いとなった。ヨーロッパはさることながら、アメリカさえも「とりあえず様子見だ」との発表をし、ハマスが入ったパレスチナ連立政権を事実上認める姿勢を見せた。欧米諸国は必ず味方をしてくれるものとの思い込みで動いていたイスラエルにしてみると、寝

耳に水だった。

　このコンテクスト抜きに、2014年の侵攻を見ることはできない。3人の入植者青年が殺されたのは事実だし、その前にパレスチナ人が殺されたのも事実だ。その前にも後にもたくさんのパレスチナ人が殺され暴行を受け、人権侵害を受けているのも事実だ。しかしイスラエル政府にとってはそれらは所詮些末な出来事で、ビッグピクチャーを見ると、パレスチナの連立を崩壊させ、国際社会を味方につけることが至上命題なのだ。

　このように、イスラエルにとっては、ガザで戦闘を巻き起こし、自国が被害者であるかのように見せかけ、ハマス・イコール・テロリストという図式を再び国際社会に植えつける必要があった。国際社会においてパレスチナ連立政権に対する支持が撤回され、パレスチナ当局に対する圧力を通じて、ハマスを連立から追い出す。そしてイスラエルにとって何よりも都合がいい「現状維持」という状態に戻す。イスラエルがそう考えて戦闘を起こしたとしても、不思議でない。しかし戦闘の結果を見ると、イスラエルのその試みは見事に頓挫する。

■無差別である「芝刈り」

　もう一つ重要なのは、「芝刈り」というものから連想されるイメージとは何か、ということだ。

　日本の「庭掃除」「草取り」というのは、通常しゃがんで、手で草をむしり取るものだ。最近は日本でも機械式の芝刈り機があるが、少なくとも、伝統的には手作業だ。しゃがんで、雑草を目認して、ピンポイントでむしり取る。それが日本での「草取り」だ。

　しかし、欧米における「芝刈り」というのは、根本的に違うものだ。特にアメリカなど一戸建ての庭が広いところでは、機械式の芝刈り機を使って、庭全面を網羅して芝を刈る。少しでも見落としの部分があるとみっともないので、すべてをくまなくやる必要がある。日本で言えば、例えば野球のグラウンドの芝刈りを連想してもらえればよく、要するに切り返してすべてをカバーする、ある意味では非常に機械的な作業だ。

　注目してもらいたいのは、欧米の「芝刈り」が、決してピンポイント作業でないということだ。雑草だけを標的にした日本の「草取り」と違って、そもそも雑草だけを取るのが目的でなく、芝生をすべて均等に刈って、綺麗にするのが目的なのだ。特にアメリカでは、一軒でも庭の芝生がみっともなく伸びている家が

攻撃でトラウマを受けたガザの子どもが描いた絵（日本国際ボランティアセンター〔JVC〕パレスチナ事業提供）

あると、「その界隈の人はちゃんと家を管理しない」と思われ、一体全部の地価が下がることがある。したがって芝刈りは定期的に、こまめにすることが重要（家を購入する際の契約事項）だし、何よりも見栄えが重視されているので、雑草であろうと芝生であろうと、とにかくあまり深く考えずに、一面全部を一気に刈るのだ。

　ガザ攻撃を「芝刈り」と同じように見るイスラエル人の心理の背景には、そういうイメージがある。幼児の頃から「アラブ人は皆敵」と叩き込まれているイスラエル人には、ピンポイント作業をして、例えばハマスの戦闘員だけを殺害しようという心理は基本的にない。戦闘員だろうと民間人だろうと、アラブ人は皆敵なので、民間人の犠牲をものともせず、無差別に爆撃する。あえて民間人の犠牲を最小限に抑えようとするのは、国際的に非難されることを恐れている時だけだと言っていい。ディフェンシブ・エッジのようにたがが緩むと、イスラエル軍は凶暴な殺人鬼になる、と言っても過言でない。

　その事実を端的に表しているのが、前述した、ディフェンシブ・エッジでの犠牲者の統計だ。パレスチナ側の死者が2,100人以上。国連の推計でも、その70パーセントが民間人。そもそも2,100人のうちの570人以上が子ども。民間人が大勢避難している国連運営施設をイスラエル軍が爆撃する事件が何度も起きている。民間人の犠牲を抑える気など毛頭ないと思われて、当然だろう。

前述したが、パレスチナ人を皆「蛇」と言い、蛇を生む女性を殺し、蛇が育つ家もすべて破壊しなければならないと虐殺を呼びかけるイスラエルの議員もいたほどだ。その発言をした議員は当然右派だが、だからと言って一部の極端な意見と思ってはならない。程度の差こそあれ、イスラエル人の主流の見方と言っていい。

■国際人道法──戦争遂行のルール

今までも述べたが、国際法には戦争の遂行を規制する国際人道法という法体系がある。「人道」という言葉は（日本語でも、英語でも）「人を助けるいいこと」という意味なので少し紛らわしく、あえて「戦争法」と呼ぶ人もいるが、本書では基本的に「人道法」という正式な名称を使うことにする。

誤解する人も決して少なくないが、国際人道法は残念ながら決して「戦争してはいけない」という法律ではない。国家がどのような場合に戦争をしていいかなどという国際法の決まりは他にあるが、そのような要件さえ当てはまれば、戦争は依然として国家の正当な行為というのが今の国際法での現状だ。「戦争は政治の手段に過ぎない」と書いた、カール・フォン・クラウゼヴィッツという有名な学者がいたが、幸か不幸か、現在でもそのままだと言える。

しかし、戦争が起きれば何でもありで、軍隊は手段を選ばないで何をしてもいいかというと、そうではない。戦争は「法のない状態」という人もいるが、少なくとも理屈ではそうではない。戦争になればなったで、戦争の遂行のルールがある。それが国際人道法だ。もちろんそれが必ずいかなる場合でも実際に守られているわけではないが、それはどのような法律でも一緒で、要するに国際社会の皆が集まって、皆で遵守すべき規定を作ったということがここでは重要だ。

もとはと言うと、国際人道法の一番の始まりは、使っていい武器の規制なのだ。例えば化学兵器などはあまりにも残虐で、兵士の犠牲があまりにも大きい。こっちが使えば効果は絶大だが、そうなると当然相手も使う。「お互いさまだから、どっちも使うのをよそうではないか」というのが、国際人道法の発想なのだ。また、捕虜の保護なども同じで、どっちも投降しなければならないことがあるから、皆が守るべきルールを作ることによって虐待などがないようにしようという考えに基づいている。

このように見るとわかるが、「戦争をできないようにする法律」というより、「戦争を遂行するにあたっての最低限のルール」というのが国際人道法だ。実際、

国際人道法の会議などに行くと、各国の代表団に軍服を着た「制服組」が決して少なくない。皆が守れるルールで自分や自分の部下が助かるので、「現場にいる者」として意見を求められるのだ。
　したがって、「兵士を守るルール」としての国際人道法があるのだが、他方で「民間人を守るルール」という側面もある。そして、特に第２次大戦が終わってから人権の大切さが国際社会で認識されるようになって、民間人を守るものとしての国際人道法がかなり発展してきたと言っていい。
　繰り返して言うが、人道法は「戦闘を遂行するにあたってのルール」なので、残念ながらいかなる場合でも民間人の犠牲を出してはならない、という決まりはない。戦争というのはある程度の民間人の犠牲が避けられないという前提が出発点で、それをいかにして最小限に抑えることができるか、というのが国際人道法の発想なのだ。民間人の一切の被害を禁止、という国際法の規定ができて、なおかつそれがきちんと守られればどれだけ素晴らしいかと私は思うし、いつかはそういう日も訪れるかもしれないが、少なくとも現時点では国際社会はそこまで進歩していない。

■民間人・施設を攻撃してはならない
　しかし、各国が戦争をする際に、絶対に守らなければならない民間人保護の原則はいくつかある。その第一は、「民間人及び民間施設を軍事目標として攻撃してはならない」というのがある。戦争というのはあくまで軍隊が軍隊を相手に戦うもので、軍隊が民間人を相手に殺戮を行うべきでない、ということだ。当然のことながら、例えば第２次大戦で見られた、都市部の絨毯爆撃は言語道断で、今、東京大空襲のようなものが起きればあからさまな戦争犯罪だ（実は、当時もそうだったと言えるのではあるが）。
　なお、民間「人」だけでなく、民間「施設」も攻撃してはいけないとされているところに注目が必要だ。民間人とは戦闘員でない者、民間施設とは要するに軍事施設以外のあらゆるもので、民家や学校などはわかりやすい例だが、例えば相手国政府の官庁も民間施設だ。防衛省となると軍事施設という議論が成り立つと思うが、中央官庁でも例えば教育を担当している省庁なども、町役場などはすべて民間施設で、攻撃してはならない。なお警察署は武器があるから軍事施設と同じだと思う人もいるが、警官は軍人と違って戦闘に参加する人間ではないので、警官も民間人、警察署も民間施設だ。

民間施設が軍事利用されていれば、その間だけ軍事標的になることもある。例えば軍隊が民家を徴用して、武器を置いたりして、基地にしたりすることがよくあるが、そうなると攻撃の対象になる。ただし、それは現に軍事利用されている間だけのことで、例えば「前は武器を置いていたから、また置くかもしれない」や「これから武器を置くかも知れない」などといった憶測で攻撃してはならない。100パーセント確実でなければ、民間施設と考えなければならないというのが大原則だ。なお民間人も敵の軍隊が責めてきた時に武装蜂起することもあって、そうなると戦闘員として殺していいことになるが、ヨルダン川西岸のように事態が沈静化すればその枠を押しはめることができず、民間人で例えば占領軍に対するサボタージュをする人が出て来ても、戦闘員にはならない。裁判にかけることはできても、いきなり殺すことは許されないのだ。

■民間人の被害を最小限にとどめなくてはならない

　もう一つ、国際人道法における民間人保護の大原則として、「民間人の被害を最小限にとどめなくてはならない」というのがある。残念ながらこれは「民間人の被害をいかなる場合でも出してはならない」ということではないが、少なくとも上記の第一の原則と一緒に、民間人保護の役割を果たしている。すなわち、攻撃する時にまずそれが軍事目標である必要があり、そのうえ軍事目標であっても、民間人の被害を最小限に抑えなければならない。軍事目標でないものを攻撃するのはどのようなことがあってもダメで、仮に正当な軍事目標であっても、最小限を超える民間人の被害が出ることが予想されたら、やはり攻撃はダメだということだ。何が「最小限の民間人の被害」かに関してはガイドラインが存在するわけではなく、白黒をはっきりと判断する機関があるわけではないので、結局はケース・バイ・ケースの判断にならざるをえない。

　イスラエルはもちろんあらゆる詭弁を使って、自分の軍事行為を正当化しようとする。モスクには武器が置いてあったから軍事目標だった、民間人が近くにいるという情報はなかった、などと攻撃を正当化しようとする。一つ一つの事件に関して重箱の隅を突くような理論を使い、「木」ばかり挙げて惑わせて、「森」が見えないように煙に巻くというのがイスラエルの常套手段だ。言うまでもなくこの場合の「森」とは、犠牲者のうち民間人が70パーセント以上という割合なのだ。どう贔屓目に見ても、イスラエルが民間人の犠牲を最小限に抑える努力をしなかったのは明らかだ。

ガザの「殉国烈士」などのポスター

　それどころかイスラエルは、露骨に民間人を目的にして、攻撃する。しかしネットとスマホの時代では、人権侵害を隠すのはほぼ不可能だ。民間人を目的とした、あからさまな大規模殺戮が、ウェブ上でもかなり報告されている。イスラエル軍が民間人を理由もなく殺している場面がリアルタイムでユーチューブに掲載され、世界中に出回ることが多々あった。ペンは剣より強く、ビデオカメラは機関銃より強い。
　そのような映像があまりにも多く出るので、ディフェンシブ・エッジの最中に、イスラエル軍はガザの発電所を爆撃して破壊した。その目的は明らかで、電気の供給を止めることによってガザから外界への情報の流れをストップして、自国に不利な映像などを止めようというものだ。ガザはそもそも封鎖で停電が多いため自宅に発電機を持っている人が結構いるが、さすがに戦闘中となると軽油などが届かず、2、3日で情報が途絶えがちになった。よかったことに事態が悪化する前に停戦交渉が本格化したが、あれで攻撃が長期化した場合どうなったか、ガザ内の情報を一体どうやって世界が入手できるかと非常に懸念された。

■「自衛」は戦争犯罪の正当化にはならない
　上記の民間人保護の諸原則は、どの国が戦争を始めたかとか、どの国が自

衛だったかなどとは一切関係なく、各国は守らなければならない。すなわち、「奴らが一方的に責めて来たから、こっちはお返しに何をしてもいい」ということにはならない。どっちが戦争を始めたかというのは結局後世の歴史家に委ねなければならない判断だし、そもそも戦争の遂行自体とは関係がない。だからこの2つを切り離して考えなければならない。

　したがって、イスラエルはことあるごとに「こっちは自衛戦争だ」と繰り返すが、それはこの際一切関係ないのだ。自衛戦争かもしれないしそうでないかもしれないが、いずれにしても人道法は守らなければならず、「自衛だ」というのは戦争犯罪の正当化にならない。イスラエルの宣伝部門には高度な法的知識を持った人も在籍しているので、さすがに「イスラエルは自衛戦争だからどのような戦争犯罪を犯しても許されるべきだ」とはっきりは言わないが、戦争犯罪が糾弾されると必ず出てくる「自衛だ」という主張には、当然そのニュアンスが込められている。しかし、この主張の正当性はゼロだ。

　ちなみに、そもそも論として「自衛戦争」になりえないのには、もう一つ理由がある。上記のようにガザは今でも占領地だということだ。イスラエルが事実上掌握しているガザを相手に「自衛戦争」するなどナンセンスで、その事実を見誤ってはならない。

　上と密接に繋がっているのは、「イスラエルという民主国家とハマスというテロ集団と同一に扱うのはおかしい」という主張だ。これも、戦争犯罪が非難されると必ず出てくるイスラエルの主張だが、これも法的に言うと正当性ゼロだ。一国の政府と武装集団を一緒にするのは政治的には問題があるかもしれないが、いずれにしても武装紛争となれば、人道法の決まりは守らなければならない。法律というのは当然、平等に適用されるのだ。

　もう一つ注意しなければならないのは、人道法には「相手が違反したからと言って、こっちの違反が許されるものではない」という原則があるということだ。それも当たり前で、相手が悪いことをしたからと言ってこっちがお返しで悪いことをしていいということにはならない。戦争犯罪が非難されると、イスラエルは「ハマスはロケット弾をイスラエルの民間人に向けて撃っている」と返す。決してバカではないので「ハマスがロケット弾を撃ち込むのでこっちも民間人を大勢殺してやった」とはっきりは言わないが、「ハマスが悪いことをしているからこっちの行動に目をつぶるのは当然だ」という意味合いがあるのが明白だ。しかし、その主張には正当性はまったくない。ハマスが民間人に向けて攻撃をしている

のは事実で、それはもちろん戦争犯罪として糾弾されるべきだ。しかし、だからといって、イスラエルの横暴が許されていいはずはない。

■イスラエルとハマスの圧倒的な差

　さらに「ハマスが悪いことをしているから」というイスラエルの主張に正当性がないもう一つの理由、法律的というより政治的、実際問題としての理由がある。それは、イスラエルとハマスはあまりにも持てる資源が違うということだ。ロケット弾にしても自家製のもので、日本の玩具店で買える打ち上げ花火に毛の生えた程度のものがほとんどだ。それに対してイスラエルは先進工業国で、最新鋭の武器を備えた正規軍があり、アメリカというスーパーパワーからふんだんに武器の供給を受けて、ハマスのロケット弾をかなりの割合で撃ち落とす世界最先端のミサイル防衛システムも機能している。

　要するに、あまりにもレベルが違い過ぎ、衝突があってもあまりにも一方的なものなのだ。その圧倒的に強い方が「相手が悪いことをしたから」と主張するのは、あまりにも説得力がないではないか。むしろ強い方に少しばかりの自制心を持ってほしいというのが、一般的な意見だろう。なのに圧倒的強者であるイスラエルの方が「やり返しているだけ」と主張するのは、蟻に刺されて痒いという象が蟻の山を完全に踏みつぶすようなものだ。

　そうであるからこそ、ガザで戦闘が起きた場合、「戦争」という言葉を使ってはならないというのが私の意見だ。法的にも占領地を相手に占領国が「戦争」することはありえないのだが、それ以前の問題として、「戦争」という言葉は「力が大方拮抗した二方が戦う」というイメージをもたらすもの、と言える。欧米の主要マスコミは決まって「戦争」という言葉を使うが、そうすることによって、「強者を敵に自衛のための戦いを強いられているイスラエル」という、イスラエルに都合がいい構図を読者などに植えつけていると言わざるをえない。

■人間の盾

　「一方が悪いことをしてももう一方の犯罪は正当化されない」という人道法の原則は、「ハマスが民間人を盾にしている」とイスラエルがことあるごとに展開する主張にも当てはまる。イスラエルがあまりにもこの主張を繰り返してきたために、それはほぼ反論の余地のない事実として認識された感があるが、実はその証拠はどこにも存在しない。なるほど世界一人口密度が高いガザでハマ

スが民家などの近くに迫撃砲などを置いているのは確かで、そのようにして故意に攻撃を免れようとしているかどうかは不明としても、事実上人道法に違反する行為と言える。ハマスもこの点は糾弾されてしかるべきだ。

しかし、上に述べたように、軍事目標があるからと言って、民間人に不相応な犠牲が出ると予想されるのなら、攻撃してはならないのだ。その迫撃砲がどこまで重要かはケース・バイ・ケースの判断になるが、民家の近くにそれを置いたのはハマスの責任だから、と自動的にイスラエルの責任が問われないということにはならない。

ちなみに、ハマスが民間人を「人間の盾」にしている証拠はないが、イスラエルがそうしているという証拠はたくさんある。実際、イスラエル軍がパレスチナの村に侵入する際はまず少年などの若者を捕らえ、兵士の前を歩かせ、例えば近隣の民家に捜査に入る時は若者に扉を開かせたり先に家に入らせるなりする、という明らかに「人間の盾」手法は普通に使われていた。2005年にイスラエル最高裁判所の命令によってその手法は禁止されたが、2008年のキャスト・レッドでも、2014年のディフェンシブ・エッジでも「人間の盾」となることを強要されたというパレスチナ人の報告が決して少なくない。後述するようにキャスト・レッドの時に「人間の盾」を用いたイスラエル兵が後に処分を受けるのだが、その「処分」は明らかに不十分なもので、イスラエル軍に到底本気で取り締まる気がないということを明らかにするものだった。

なお「国際人道法はもう時代遅れだ」と主張する学者もいる。人道法は国家の正規軍同士の戦争を想定しており、軍服も着ないで民間人のふりをする卑劣なテロ集団に応戦しなければならない今の時代に適していない、という論理だ。100パーセント完全に的外れな議論とは言えないが、そのように主張しているのはほとんどがアメリカやイスラエルの政府御用学者なので信憑性がなく、要は好き放題したい国がお墨付きをもらいたいだけと思われて当然だ。いずれにしてもガザではハマスの戦闘員は大方軍服を着ているので、当てはまらない。

「不処罰」はガザでも

■処罰を受ける可能性はない

本書2章で、西岸においては「不処罰」が非常に深刻な問題だということを述べた。入植者にしてもイスラエル兵にしても、パレスチナ人の人権をあからさ

まに侵害しても、責任を問われるということはまずない。稀に捜査されることはあっても無罪放免がほぼ間違いなしだ。そのような状態だから、人権侵害がまったく止まない。それどころか、ならず者はのさばるばかりだ。

　ガザに関してもまったく同じことが言える。ガザにユダヤ人入植者はいないが、イスラエル軍が攻撃したり、またイスラエルとの国境沿いの警備においてもパレスチナ人の人権を侵害する。普段でさえそういう事件が絶えないのだから、2014年の夏のような大規模な戦闘状態の際には目を見張る酷さだ。しかしそのようにしても、兵士が責任を問われることはほぼゼロだ。ましてや、人権侵害に見合った処罰を受ける可能性は、今のところ完全にゼロと断言していいだろう。

　先述したように、西岸では2010年初頭に第2次インティファーダ以前の方針に戻り、「交戦中でない」場合のパレスチナ人の殺害は自動的に憲兵隊に回され、捜査されることになった。それでも何一つ効果はなかったが、少なくとも手続きが存在するだけマシとも言えるかもしれない。しかし、ガザに関しては「交戦状態」が継続されているということなので、その手続きさえない。したがってパレスチナ人の殺害があっても、作戦後のブリーフィングを受けた上官が憲兵隊に報告しない限り、捜査さえもされない。それでは実際どれだけの数の事案が憲兵隊に知らされるかは闇に包まれたままだが、少数であるに決まっているだろう。そして忘れてはならないのは、西岸で証明されてきたように、憲兵隊に回されて捜査があったとしても、同じ軍人に対して厳しく臨むことは期待できない。要するに形だけの捜査をして、打ち切られるのが関の山なのだ。

■ゴールドストーン調査

　2008年のキャスト・レッドでの空爆や地上侵攻でパレスチナ人が1,400人以上殺され、その半分ほどが民間人とされている（他方、イスラエル側の被害は13人）。その時も民間人殺害など大規模な戦争犯罪が絶えず報告され、2009年に国連人権理事会が調査団を送ることを決定した。3人からなる調査団の団長がリチャード・ゴールドストーン判事という人権の大物だったので、それは俗に「ゴールドストーン調査」と呼ばれ、でき上がった700ページ以上の膨大な報告書も「ゴールドストーン報告書」と呼ばれることが多い。パレスチナにおけるイスラエルの人権侵害を公的に、それもある軍事作戦中のこととはいえ総合的に調査するという初の試みだったので、国際的にも注目された。これ

に関しては後に詳しく述べるが、いつものことながらイスラエルは協力を拒んだので、ゴールドストーンほか調査団員、そしてその事務局となった国連の役人はイスラエル政府と何の話し合いもできなかったが、少なくともエジプトからガザに入って、現地調査することはできた。

　2009年の9月に発表された報告書の内容は予想以上にイスラエルに厳しいものとなった。広範囲に戦争犯罪が起きたことを糾弾し、独立した機関による迅速な捜査を求めた。しかし、何よりも手厳しかったのは、「民間人を故意に攻撃する方針が政府レベルであったのではないか」との疑いを表明したことだ。ハマスの軍事組織を攻撃するにあたって充分に気をつけなかった、民間人の犠牲を最小限にとどめなかった、というだけではなく、意図的に民間人を攻撃した、それも特定された事件でなく、政府首脳部などの発表などを見ても、民間人を攻撃する方針が政府レベルであった疑いさえある、と指摘したのだ。

　パレスチナでの組織的な人権侵害を見てきた人にしてみるともっともな分析だが、自国を欧米先進民主主義国の一つと位置づけしているイスラエル人は、政府から一般市民まで、逆上した。国連に代表される「国際社会」の敵視や、「我々は敵に囲まれている」というイスラエルの国家レベルの被害妄想は以前から顕著だったが、その傾向に拍車がかかったのは確かだ。そして、さらに酷かったのがその調査団員、特にゴールドストーンに対する個人攻撃だ。

■ゴールドストーン氏に対する個人攻撃

　「主張に対して反論できないようなら、主張の主を攻撃しろ」という英語の格言があるが、イスラエルを少しでも非難する人を「反ユダヤ主義のレイシストだ」と、根拠もなく攻撃するのはイスラエルの常套手段だ。国連の高官からアメリカの政治家や学者などの著名人まで、その攻撃にあった人は数多く、イスラエル政府やイスラエル・ロビーはそのようにして、イスラエルを非難できない「恐怖の支配」と言ってもいいような空気を作り上げてきた。

　そのような背景もあるので、国連などでは実は、イスラエルに攻撃されることが必至であるポストに、逆にユダヤ系、すなわちユダヤ人でありながらイスラエル人でない人をつけることが少なくない。もちろん人権や国際関係など、その分野の専門知識がずば抜けていることは前提条件だが、そうでありながらも本人がユダヤ系であれば、さすがに「反ユダヤ主義のレイシスト」と非難しにくいだろう、という計算があるのだ。

ゴールドストーン氏もその例に漏れず、ユダヤ系だ。南アフリカの判事だった彼は長いキャリアを持つ著名な人権活動家で、人権の専門家としてはもちろん申し分ない。そのうえ敬虔なユダヤ教徒で、南アフリカのユダヤ人コミュニティーのリーダーの一人。親戚でイスラエルに住んでいる人もおり、そういった意味での中立性の点でも、イスラエルは一蹴できない。最高の調査団長に思えたし、ゴールドストーン氏自身も、ユダヤ人の自分がイスラエルに苦言を呈すれば聞き入れてくれるはずだと信じていたようだ。

　ところが、この予想はやはり甘かった。どのグループにとっても、外敵よりも輪をかけて憎いのは、外敵に協力する仲間、裏切り者だ。ゴールドストーン氏もその「裏切り者」という烙印を押され、イスラエル政府やマスコミに連日個人攻撃された。なるほどユダヤ人だが、「ユダヤ人である自分を憎む、屈折した心理」があると騒がれ、例えば南アフリカで判事をしていた時の判例など、それまでの経歴もしらみつぶしに調べられ、些細な出来事が針小棒大に騒がれ、人格をことごとく非難された。

　私はその頃すでにパレスチナに着任していたが、国家を挙げての狂ったような復讐行動に驚きを禁じえなかった。タブロイド紙は毎日のようにゴールドストーンの顔写真に悪魔の角を被せたり、「ユダヤ人裏切り者」と書かれてあるナチスの軍服などを着せたりした。子ども騙しとしか言いようがないと思ったが、イスラエル人は大真面目だった。

　ゴールドストーン氏はこの個人攻撃に心底から驚き、衝撃を受けていたと聞く。完全に予想外だったようだ。地元のユダヤ人コミュニティーでも村八分にされ、シナゴーグ（ユダヤ教の礼拝堂）は入場禁止、祭日などの礼拝には一切近寄るなと言われたらしい。ユダヤ人としてのアイデンティティーが非常に強いゴールドストーン氏は、かなり深い鬱に陥ったようだ。

　ゴールドストーン氏はもちろん私より年齢も上で、私のような若輩者などよりはるかにレベルの高い仕事をしてきた、人権の大物だ。あらゆる意味で私より目上の存在なので、そのような人に意見を言うのは誠に畏れ多いことだが、そもそも人権の仕事をして、皆の人気者でいられると思うのが少し甘いような気がする。人権というのは強いものに厳しい指摘をして、相手が面白くないと思うことを暴露する仕事だ。相手が喜ばないことが多いのは、言うまでもない。

　ましてや相手はイスラエルで、それまでもイスラエルを批判した人（ユダヤ人も含む）が個人攻撃されてきたのを、ゴールドストーン氏は見てきたはずだ。

それなのに自分が言えば「あははは、ゴールドストーン君、君の意見は厳しいね」で済むとでも思っていたのだろうか。徹底的に個人攻撃をされ、まわりの皆に背を向けられ、コミュニティーからつまはじきにされる。それが「人権野郎」の宿命で、それに耐えられないというのなら、別の分野で仕事を見つけるべきではないかと思う。

そうは言っても、イスラエルの復讐が壮絶なものだったのは確かだ。1回や2回とかいったものでなく、何カ月も個人攻撃が続いた。そうしていたら2011年4月、突如としてゴールドストーン氏が折れてしまったのだ。ワシントン・ポスト紙に書簡を書いて、「報告書の作成段階ではイスラエル政府の協力が得られなかったからあのように書いた、しかし現在新しい情報が入り、自分が間違っていたことを知った」と、反省の弁を延々と述べたのだ。具体的にどのような新しい情報が入ったかに関しては何一つ記述がなく、そもそも報告書発表後にイスラエル政府とやりとりがあったとは考えられないのだから、まったく理解に苦しむ書簡だった。

ゴールドストーン調査団の報告書が行き過ぎだったとは私は思わないが、仮にそうだったとしても、もとはイスラエル政府が調査団に協力しなかったのがいけなかった事実には変わりはない。そしてゴールドストーン氏が「反省している」と書いたのは基本的に「民間人を攻撃する方針があった」という箇所に関してであり、イスラエル軍が必要以上に民間人の犠牲を多数出して、大規模な人権侵害を行っているには違いない。

しかしもちろんイスラエル政府はゴールドストーン氏の謝罪に飛びつき、「あの報告書には信憑性がない」「もはやあの報告書を真面目に受け取る人はいない」とこてんぱんに叩いた。一方で他の調査団員は報告書がゴールドストーン氏だけの個人的なものでなく共同作業だったと指摘し、訂正の必要はないと発表した。報告書は当然人権理事会に採択されたわけなので訂正などという話にはならず結局そのままになっているが、イスラエル政府に少しでも弾丸を与えたのは確実だ。

実状は、やはりゴールドストーン氏が南アフリカのユダヤ人コミュニティーに閉め出しをくらい、深い鬱状態に陥っていたことに起因すると聞く。ユダヤ教には13歳になる時に「大人になった」という成人式、元服式のようなものがあるのだが、シナゴーグが親族にその儀式を行うのを拒否したというのが直接の原因だったようだ。ここまで家族が苦しむのならいっそのこと謝罪してすべてが

なかったことにしたい、という心理になったようだ。

　この例に言及したのは、それだけイスラエルの個人攻撃が強烈だということを強調したかったからだ。イスラエルを批判しているとイスラエルのマスコミに叩かれて、家族までもがあおりをくらう。そして、これに関しては後に詳しく述べるが、特にアメリカでは強力なイスラエル・ロビーが復讐に出て、キャリアが危ぶまれることだっていくらでもある。

　ゴールドストーン氏については、ワシントン・ポストへの投稿で人権業界での信頼性が完全に地に落ちたのは言うまでもない。あの人にお呼びがかかることは、もう二度とあるまい。それでいてイスラエル側に再度受け入れられるようになったかというと、もちろん答えはノーだ。親族の元服式がどうなったのか私にはわからないが、彼本人は依然としてイスラエルのマスコミなどで「悪」「裏切り者」としての烙印を押され続けている。それどころか、ずっとイスラエルを批判し続けたのならまだしも、それだけの根性がなく、村に戻って頭を下げて「また受け入れてくれ」と頼んで来たのだから、裏切り者であるばかりか、イスラエル人が何よりも嫌う「弱虫」なのだ。

　根性がある相手ならイスラエル人は憎んでもそれなりに尊重する。しかし相手が根性なしとなると、尊重の対象にすらならない。典型的ないじめっ子の心理だが、それがイスラエル社会であり、いじめられてめそめそ泣くゴールドストーン氏は、残念ながら最も軽視され、最も忌み嫌われる存在になった。

「処分」されるイスラエル兵

■不処罰に対応しようとしたゴールドストーン報告書

　ゴールドストーン報告書がイスラエルに衝撃を与えたのは、「民間人を意図的に攻撃した」という結論だけでなく、「戦争犯罪を即刻に捜査し、半年以内に安全保障理事会に報告するべき」と勧告したことだ。半年以内にそれがなされない場合は、安全保障理事会は強制力のある措置を検討するべき、とあり、国際刑事裁判所による捜査を案として提示している。後に述べるように、この案件が安全保障理事会まで行ったとしても果たして強制力のある措置がとられるかどうかは不明なのだが、大きなステップになったには違いがない。要するに、本書2章でも触れた「人権侵害の責任が問われない、不処罰問題」に対応するべきだとしたのだ。

当然のことながらイスラエルはこれに猛反発した。そして、常にイスラエルの代弁者となるアメリカも反発し、勧告が実施されるかどうか最初からかなり強い疑問があった。

調査団の報告書が発表されたのは2010年9月で、すぐ後に開会された人権理事会に提出された。本来なら、人権理事会がその報告書を受け止め、「勧告が実施されるべきだ」という決議を採択するのが普通だ。後で詳しく述べるように、人権理事会が決議を出したからと言って必ずそのとおりにならないというのが現実だが、理事会が任命した調査団なので、まず理事会が報告書を受諾するというのが最初のステップだ。したがって、理事会が最初の合戦の場となった。

その理事会で報告書に反対していたアメリカの繰り広げた外交戦線は、人権理事会ではかつてなかった大規模なものだった。各国の外交団を回って反対するように「説得」し、そしてパレスチナ当局には強大なプレッシャーを与えた。イスラエルをいつも擁護しつつもパレスチナ当局の一大ドナーであるアメリカは、パレスチナに「カネを止める」と、脅迫としか言いようのない行動に出たのだ。外交の場に於けるアメリカの手腕がそのような乱暴なものだというのは珍しくないが、ことが重大な戦争犯罪に関するものだけに、看過し難いものだろう。

そしてパレスチナはついに圧力に屈し、「報告書に関する討議を先延ばしにしてほしい」と理事会に申し出た。もちろんパレスチナ抜きでも決議の採択は可能だが、人権侵害を受けている当事国が「やめてくれ」というのだから、他国が推し進めるのは難しい。報告書を推す動きは空気の抜けた風船のようにしぼみ、10月のはじめに討議は延期、事実上の打ち切りになった。

そこでお蔵入りかと思われた調査団の報告書だが、延期申し込みを決めたパレスチナのアッバス大統領に対して、パレスチナ内で猛烈な抗議行動が起きた。ガザはもとより西岸でも連日デモが起き、大統領は失脚するのではないかと思われたほどだった。東エルサレムの人権状況が悪化したこともあり、10月末に大統領は民意は無視できないと決め、人権理事会の特別会議を要請した。そしてそこで人権理事会は調査団報告書を採択して、報告書は国連総会に送られた。その後、総会で採択されて今度は安保理に送付されたのだが、案の定アメリカの強大なプレッシャーで人権理事会に差し戻され、結局具体的な行動に至らなかった。

国連機関のこういった政治性、そして政治的な動きに関しては、後に詳しく

述べる。ここで重要なのは、ゴールドストーン報告書をめぐる悶着で、兵士の戦争犯罪を見逃し、決して処罰しようとしないイスラエルの姿勢が国際的にクローズアップされたということだ。騒動の間じゅうもイスラエルは「犯罪の疑いがある場合はきちんと捜査している」と言い続けていたが、もちろん実際には甚だ不十分だ。

■処分されたイスラエル兵はたったの4人

　キャスト・レッドで処分されたイスラエル兵は皆無かと言えば、そうではない。
　3週間にわたった空爆及び地上侵攻で、パレスチナ人の被害者は1,400人以上にのぼり、国連の調査では、その少なくとも半分が民間人とのことだ。イスラエルは白燐弾という禁じられた化学兵器を使い、国連の施設も空爆した。国際人道法上は「民間」に該当するハマスの省庁、例えば通常の警察署なども意図的に攻撃した。人権蹂躙の限りを尽くしたとは言いたくないが、かなり大規模にやり遂げた。
　国際的な非難が轟々と鳴り響き、イスラエル政府は「捜査する」とごまかした。しかし、公になっている限りでは、処分された兵士は、3件でたったの4人。その処分内容は以下のとおりだ。
　①9歳の少年を1人捕らえ、「人間の盾」となることを強要した兵士が2人。兵士たちはその少年を連行して、暴行を加えた後、仕掛け爆弾が入っていると思われていたいくつかの鞄などを開けさせた。この2人は有罪になり、懲役3カ月及び降格という処罰を受けた。
　②「敵と認定されなかった」人を殺害した容疑で起訴されたが、結局は武器の違法使用という比較的軽い罪で有罪になった。処罰は懲役45日間（ただし6カ月の執行猶予付き）及び降格というものだった。
　③兵士がパレスチナ人のキャッシュ・カードを盗み、ATMでお金を引き出そうとした。彼は15カ月間の懲役（執行猶予つき）、及び降格に処された。
　以上のうち①と②で目を引くのは、その処分の軽さだろう。国際人権法、というよりどのような法律にも、処分は罪の重さに適合していなければならないという大原則がある。軽すぎてもよくないし、重すぎてもよくない。特に、少年を不法に捕らえ「人間の盾」となることを強要した①は、民間人保護という大原則に露骨に反する行為で、重大な人権侵害、戦争犯罪だ。それに対する処罰が執行猶予付きというのが軽すぎるのは、論をまたないだろう。普通の大人の感覚

で、明らかにおかしいのがわかる。詳細は公開されていないのでわからないが、一体どのような考えでこのような軽い処分にしたのか。

③の処分が軽すぎるかどうかは議論の余地があるかもしれないが、注目に値するのは、①の2人との差だろう。少年の命を危険にさらして、重大な戦争犯罪を犯した2人には3カ月。それに対して、カードを取って金を盗んだ兵士には執行猶予付きとはいえ15カ月だ。要するに、金を盗んだ方が、パレスチナ人の命を危険にさらした方より重いのだ。それだけイスラエル人にとってパレスチナ人の命がとるに足らないものかということが、端的に現れているのではないか。

しかもどの兵士も、不名誉除隊、すなわち軍隊をクビになっていない。重罪を犯した兵士というのは通常、軍人として適格でないということで、懲役が終了した時点で強制的に除隊となり、一般社会でも冷たい待遇が待ち受けている。しかしこれら4人のイスラエル兵にはそれがなく、処分期間が終わった後はそれまでと同じように軍人として務め、銃を持ってパレスチナに行く。犯罪の抑止というのが刑法の大きな役割だが、これでは到底それに繋がらないだろう。

キャスト・レッドで処分を受けた兵士は以上のとおりだ。民間人や民間施設を攻撃した兵士、その攻撃を命令した将校が捜査すら受けた形跡はない。2012年のピラー・クラウドで処分された兵士も、イスラエルが公開した情報ではゼロだ。そして2014年のディフェンシブ・エッジの後は、盛り上がる国際的非難に対して、イスラエルは「多数の捜査を開始した」と発表しているが、今までの経緯を見れば、イスラエルに人権侵害を犯した犯罪者を処罰し、戦争犯罪を予防しようという意思が毛頭ないことは明らかだ。

■イスラエルには処罰の意思がない

この、「イスラエルにその意思がない」ということは、極めて重要だ。国際刑事司法が動き出すには、当該国に犯罪者を罰する意思がないという条件があるからだ。

国際刑事司法、特に国際刑事裁判所は、いかなる場合でも発動できるものではない。人権侵害があった場合、まずその当該国で悪者を捕まえて公正な裁判にかけることが原則だ。その国にそれができない、もしくはその意思がないという時に初めて国際刑事司法が動き始めることができる。法的には国家が大前提の国際体制であり、実際問題としても、あらゆる人権侵害に国際刑事裁判

所が関わったら、パンクしてしまう。したがって、極めて重大な人権侵害があり、なおかつ当該国にきちんと対応することができない、もしくは対応する気がない時にだけ、活動ができる。

　今まで国際刑事裁判所が取り組んだ事例というのはそもそもそれほど多くないが、明らかに当該国に悪者を裁く余力がない、あるいは開き直って「絶対に裁かないぞ」と宣言している例ばかりだった。非常にわかりやすい例と言える。しかしイスラエルは先進工業国で、当然能力の点では申し分ない。また、民主主義国という建前を維持しているため、それが実態であっても開き直って「ユダヤ人は裁かない」などと決して言わない。「念入りに捜査している」「手続きの公正性を保つために時間がかかる」などとごまかして、国際的な非難を煙に巻こうとする。ある意味では、もっとわかりにくいのだ。

　しかし、イスラエルに本気で戦犯を裁く気がないのは、実績で明らかだ。そしてその実績（というより、実績のないこと）が国連の人権機関や人権団体などにより段々と世界に知られるようになり、イスラエルのその言い逃れが段々と通用しなくなってきているのだ。そして後にも述べるが、イスラエルにとって何よりも恐ろしいのは、イスラエル人が外国で逮捕され、戦犯として裁かれることだ。悪者にとって、責任を追及され、裁かれることが何よりも怖い。そしてイスラエルにとって、その日が段々と近くなってきているのは、否定し難いように思う。

ヒトとモノの封鎖──「屋根のない監獄」

■停戦をしても普通の生活などありえない

　ほぼ2年おきにイスラエルがガザを空爆し、地上侵攻などの軍事作戦を展開する。その時はさすがに世界のマスコミに連日大きく出るようになり、パレスチナ問題がクローズアップされるが、停戦が合意されると、マスコミは他の問題に移る。それで停戦したということでガザの人々が普通の生活に戻り、落ち着いた毎日に戻ると思い込んでいる人が多いのだが、それはとんでもない間違いだ。ガザの人々にとって、「普通」の生活などありえない。

　地図で見ればわかるように（vi頁地図参照）、西岸とガザは地理的に少し離れている。しかし1967年にイスラエルに占領されたそれらの土地は同じパレスチナであり、国際法の観点では同じ国であり、同じくイスラエルに占領された土地だ。そして2007年にハマスがガザを統治するようになるまで、基本的にそ

のように運営されていた。もちろん西岸と同じように、第2次インティファーダ後は移動が完全に自由だったことはないが、それでもガザの住民がイスラエルに許可証をもらって西岸の親戚に会いに行く、西岸の大学で勉強するなどは場合によっては可能だった。多くのパレスチナ人が毎日ガザから越境して、イスラエルで働いていた。商品などもガザと西岸の間ではそれなりに自由に行き来し、ガザの製品が海外に輸出されることもそれほど珍しいことではなかった。そもそもそれほど産業がある場所ではないが、農産物や魚などは、それなりに自由に輸出されていた。

　ところが2007年にハマスが統治を始めると、イスラエルはガザを「敵地」と断定して、封鎖を敷いた。モノがほとんどガザに入らない。ヒトがガザから出ることがほとんどできない。ガザの住民は、封鎖の下での生活を強いられるようになったのだ。そしてその毎日は、過酷を極めるものになった。

　封鎖のために、ガザの経済は完全に壊滅状態だ。失業率が40パーセントで、人口の80パーセント近くが国連の食糧配給に頼っている。小規模な農業や漁業が存在していたと書いたが、これらはイスラエルの横暴でほぼ完全に破壊されている。

■「後退」する、ガザの暮らし

　イスラエルはまず、国境に巨大な壁（一見西岸の分離壁と似ているが、土地の収奪や併合を目論んだものではないという意味では、目的が少し違う）を建設し、「ガザ側から近寄るものは攻撃するつもりと見做す」と一方的に宣言した。そして実際に近寄ろうとするものは、壁の上などから容赦なく実弾で撃つ。マスコミに出ることは少ないが、例えば2012年には10人が殺され、200人近くが負傷している。おまけに、「入ってはならない」とイスラエルが勝手に決めた範囲が、極めて不明瞭だ。公的には壁から300メートルとされているが、実際は1キロ以内に入るとパレスチナ人が撃たれることが多い。そのようにして、ガザの壁近くの土地は事実上アクセス不可能になっているのだ。

　壁の近くにあった土地の多くは農地だったので、その土地にアクセスできず、農業が成り立たない。ガザの農地の実に30パーセントがイスラエルの一方的な措置によって、使用不能になっている。しかも2014年の戦闘後にイスラエルは「壁の3キロ以内は入域禁止」と一方的に宣言した。ガザの土地の実に44パーセントが、パレスチナ人が入れない土地になっているのだ。

水も問題だ。ガザには水の処理施設が1カ所あるが、イスラエルの空爆で大方破壊され、封鎖のために修理出来ずにいる。したがって、飲料用にも農業用にも、使える水が極端に少ないのだ。飲料水に関していえば、ガザの水はほぼ海水そのままで、世界保健機関（WHO）によって「飲料不可」とされている。

　漁業も同じだ。オスロ合意で、ガザの漁民は20海里まで出て漁業が許されるとされた。しかし、ハマスが統治を始めると、イスラエルは勝手に「安全保障上の理由で3海里に制限する」と宣言、それを越えた漁船などを軍艦で砲撃したり、拿捕したりしている。国際的な約束事をイスラエルが一方的に反古にすることは決して珍しくなく、これも然りだ。2014年の停戦合意で制限が3から6海里に伸びたと報道されているが、イスラエル海軍は依然として、3海里を超えた漁船を砲撃している。

　停電もすごい。発電所が前述のようにイスラエルに爆撃され、封鎖で修理のための物資を輸入することができない。1日8時間以上の停電などざらで、ディフェンシブ・エッジの後はもっと酷いと聞く。停電と言うと「テレビが見られないだけではないか」とナイーブにいう日本人がいるが、電気が流れないと、水が汲めない。下水道も流せない。冷蔵庫が使えないから、ガザのように暑くて湿気の多い気候では、すぐに食べ物が腐る。生活ができないのだ。世界銀行でも発表しているが、ガザの経済は開発が遅れているというより、もはや「de-development」、すなわち逆に後退しているのだ。

　2012年に国連はガザのインフラの後退や生態系の破壊などを分析した報告書を発表し、2020年には生活するのが不可能な地になっているおそれがあると宣言した。2014年の侵攻後は更に状況が酷くなっており、もはや2020年というより、今から数年後にはそうなっている可能性があるのではないか。

　それでいて、ガザの住民は逃げ場がない。ガザは45平方キロに人口が180万人ほどで、人口密度が世界で一番高い地域だ。特にガザ市には大勢の人がひしめき合っている。環境が日に日に劣悪になるのだが、外国はおろか、同じ国であるはずの西岸に逃げ込むこともできない。イスラエルは空爆する前に警告のチラシを落とすこともあるが、逃げる場所がない。そもそも、2014年の侵攻で証明されたように、安全であるはずの国連の施設に逃げ込んでもイスラエルに爆撃されるのだから、安全な逃げ場などどこにもないのだ。

■経済封鎖は「屋根のない監獄」

　それだけに、ガザはよく「open air prison」、すなわち屋根のない監獄と言われる。狭い場所にぶち込まれて、虐待され、苦しめられる。しかし、逃げようにも逃げられない。それがガザという監獄なのだ。ガザを見る時、2年おきのイスラエルの侵攻などに限ってみるべきではない。住民の日常生活を完全に破壊している、この経済封鎖をしっかりと認識しなくてはならない。ハマスが要求の第一に「経済封鎖の解除」を挙げているのはこのためだ。2014年の夏の戦闘中に、ハマスと関係のない住民や人権活動家さえも、「封鎖の生活に戻るぐらいなら死んだ方がマシだ」と話しているのが多く報道されたのは、頷ける。

　イスラエルはそのようにガザの住民を苦しめ続けていれば、彼らがハマスに対して蜂起して転覆させるものと期待しているようだ。これは私の勝手な思い込みでも何でもなく、イスラエルが公然と認める政策目標なのだ。もしもそれを本気で信じているのだとすれば、阿呆としか言いようがない。パレスチナ人がたったの一度もそのように素直にイスラエルの言いなりになったことはないし、そもそも歴史をひも解いても、外国の侵略者の意にそうやすやすと屈服した民族はいない。余計に結束して立ち向かうだけだ。一寸の虫にも五分の魂という日本の言葉があるが、ガザによく当てはまる。人を追い込めば、逃げ場がなくなった相手は狂ったように抵抗することになる。

　実は、ハマスもそれがわかっているから、そう簡単に武装抵抗をやめない面がある。イスラエルに侵攻される度に、パレスチナ人の中でのハマスの人気は急上昇する。統治者に徹しているとパレスチナ人の顰蹙を買うことが多いハマスでも、占領軍に対して成果を上げるとさすがに皆の英雄になる。戦闘状態は、実はハマスにとっても有利なのだ。

■経済封鎖ではなく、危険物の入域制限？

　ところでにわかに信じ難いことだが、イスラエルは「経済封鎖はない」と言い張る。「ガザへのモノの輸入は自由で、危険物を入域制限しているだけ」というのがイスラエルの主張だ。すなわちハマスなど武装集団がイスラエルに向かってロケット弾を撃ち込む以上、ロケット弾などの軍事品に使えるものの輸入を阻止しているだけ、ということだ。

　一見するともっともな主張に見えるが、その（公開されていない）軍事転用可能物品のリストがあまりにも恣意的で、明らかにその目的をはるかに逸脱して

いる。「軍事施設の建築に使えるから」と、セメントや建築機材は一切禁止。「ロケット弾が作れるから」と鋼鉄類や化学品も禁止。要するに、「最初に禁止ありき」という発想が明らかだ。

　有名なのが、パスタの話だ。ある米系の人道団体が食糧を輸入しようとしたら、イスラエル軍からストップがかかった。何カ月もやりとりを続けているうちに、パスタが問題だとわかった（上記のように禁止物品のリストは公開されていないので、一体何がいけないのかを調べるのに何カ月もかかることが多い）。「納得が行かない」「ダメだ」と押し問答が続き、後に国務長官となるケリー米上院議員がついに出て来て、イスラエル政府と交渉することになった。さすがに結局そのパスタは認められたが、パスタが一体どうやって軍事転用されうるのか、なぜ禁止されているのかという問いに対する答えは結局なかったようだ（その頃は「禁止物品」のリストでなく、「輸入可能物品」のリストしか存在せず、パスタがその「輸入可能」とされていなかったことに問題があったと聞いたこともあるが、いずれにしても闇に包まれたままだし、それは根本的問題ではない）。

■住民全体の「必要カロリー数」を計算していたイスラエル

　封鎖しても、イスラエルから少量の食糧は、いつだってガザに輸入されていた。主に国連や人道団体が輸入していたものだが、それでもイスラエルは厳しく制限し、輸入は自由ではなかった。2012年にイスラエルのNGO「Gisha」が起こした情報公開訴訟で明るみに出たことだが、イスラエル軍はなんと、ガザの住民の数で割り出した「必要カロリー数」を計算していたのだ。「危機的状況に陥って餓死が発生しないようにしていた」とイスラエル政府はいうが、その計算が上限となって、それ以上の食糧の輸入を禁止していた疑いが強い。要するに、生かさず殺さずの状態を維持し、国際的非難が爆発しないレベルで適当に管理していた、ということだ。これほど人権を無視した措置を想像するのは難しい。

　なお食糧にしても建築物資にしても、国連なら問題なく輸入できるだろうと思われがちだが、そのようなことはない。もちろん普通の会社などが輸入するよりは可能性はあるが、国連の申請でもイスラエル政府が何年も棚上げにし、結局承認しないことなどざらだ。2014年の侵攻で実に7万人近くが家を失ったとされ、大規模な建築事業が必要とされているが、後に言及するように、早速さまざまな問題点が指摘されており、再建が遅滞している。

イスラエルが結局折れて建築物資の輸入を認めるには、必要条件がある。それは、その物資がイスラエル製であるということだ。書面で明記された方針ではないが、最近、欧州連合の官僚が暴露した。そして、ガザの物資輸入に関わった人なら、誰でもこの話は知っている。イスラエルがガザを攻撃して、建築物を数多く破壊する。それらを再建するのにイスラエルは一銭も出さず、すべて国連など「国際社会」、すなわち血税によって私や読者の皆さんが負担する。おまけに、その再建で潤うのがイスラエルの会社となると、あまりにも公正さに欠ける話ではないか。

■もはや占領でない？

　封鎖を続け、時には口実を見つけては爆撃して、ガザを苦しめ続けるイスラエル。人道的に考えて明らかに問題だが、法的にも言語道断の行動だ。本書２章でも触れたが、国際法では、占領国は占領地の住民を保護する責任を負う。彼らの人権を保護し、福祉を保障する義務があるのだ。普段はその国の政府がその責任を負うのだが、外国が侵入してその土地を占領している場合は、その外国が自国政府の代わりを務めるという発想だ。しかし西岸やガザではイスラエルはその責任を完全に無視して、ガザを「敵国」と決めつけ、横暴の限りを尽くしていると言ってもいい。

　前にも少し触れたが、ガザはもう占領地ではないというのがイスラエルの主張なのだ。（もともと違法だった）入植地を撤去して、イスラエル軍も引き上げた。ガザにはイスラエル人は一人もいないので、もう占領状態ではない、したがってガザの住民に関する責任は何一つない、その責任はすべてハマスが負うものだという議論をイスラエルが展開している。

　しかし、「占領」というのは、何も占領国の国民がそこにいるというだけではない。ましてや、法的にそもそも建設してはならない入植地がないから占領地と言えない、というのは暴論を超えている。「占領」というのは実効支配、実際問題としてその土地を掌握しているかどうかだ。そういう意味では、イスラエルは間違いなくガザを占領していると言えるだろう。

　境界をほぼ完全に管理し、ヒトやモノの出入りはイスラエルの許可がないと実現しない。海洋も完全にイスラエルが支配し、ガザからの漁船がイスラエルが一方的に許可した制限を越えると砲撃したり、拿捕したりする。上空もイスラエルが完全に独占している。ガザに行けば常にイスラエルの監視飛行船が上

を飛んでおり、無人監視機の耳鳴りのような音が聞こえることも決して珍しくない。あらゆる街角がイスラエルにカメラや盗聴器でリアルタイムで監視されている。電話も然りで、当然盗聴されているものという前提だ。

　そのような状態なので、ガザが「もう占領地でない」というイスラエルの主張を国連は受け入れていないし、国際社会でも認めている国はいない。実際問題としてハマスが統治していても、イスラエルの「我関せず」という主張があまりにも無責任であるのは明らかだからだ。

ガザでも資源略奪

■ガザ近海の天然ガス

　エルサレムはいうまでもなく、西岸にはヘブロンなど、聖書のゆかりの地がたくさんある。ユダヤ人にとって宗教的に極めて重要な場所がたくさんあり、そういう心情的な意味でも、イスラエルがなかなか容易に西岸を手放したくないという事情がある。

　ところがガザには、そのような場所は一切ない。ガザは聖書に現れないし、ユダヤ人にとって格別執着心を感じる場所ではない。それなのになぜガザにこれほどまでにイスラエルがこだわるのか。地図を見るとなるほど、ガザがシナイ半島への入り口にあるのは確かで、ガザがイスラエルの支配化に置かれないとアフリカへの道が険しくなるのは事実だ。しかし、それでもイスラエル領からシナイ半島に入るのは可能なのだから、完全に塞がれるわけではない。

　実は、西岸には水資源の問題があるのと同じように、ガザにも資源があり、イスラエルはその略奪に奔走しているのだ。正確に言うとガザの領土内というより、ガザの領海、近海に天然ガスのどでかいガス田が発見されている。パレスチナのもののはずだが、2008年のキャスト・レッドでイスラエルはそれを分捕り、現在に至っている。開発がうまく進めば、イスラエルは有数の天然ガスの供給国になりうるのだ。

　イスラエルは公社を設立して開発を急がせた。そして2014年の秋に、アメリカの仲介で、隣国のヨルダンがイスラエルより天然ガスを購入するという合意が発表されたのだ。その合意の規模はなんと150億ドル、1500億円に相当する。パレスチナの資源を略奪し、厚顔無恥にもイスラエルは大金を懐に納める。

　そして、ヨルダンはイスラエルと和平条約を結んでいるので国交はあるわけ

だが、パレスチナの資源である天然ガスを同じアラブの国が買うのは、あまりにも侮辱的と言えるのではないか。しかし、口先ではパレスチナ人のことを支持すると言っておきながらも、同胞であるはずのアラブの国、というよりアラブの独裁者がパレスチナを裏切るのは、決してこれが初めてではない。むしろ、それが常態なのだ。

■アラブの国の裏切り

その「アラブの国の裏切り」というのは、ことにガザに関して顕著に現れている。封鎖に関してイスラエルのことをかなり厳しく書いたが、実は隣国のエジプトにも少なからず責任がある。地図を見てもらえればわかるが、ガザはエジプトとも接しており、ラファという町にれっきとした国境の検問所があるのだ。すなわち、エジプトが国境を開放さえすれば封鎖はかなりの程度緩和され、ガザの住民の生活が楽になりうる。仮にそうしたとしても、イスラエルの責任は決して消えないが、「イスラエルばかり非難しないで、エジプトはどうなのだ」というイスラエルの反論は、完全に的外れではない。エジプトも事実上国境を閉鎖していることが多く、開けている時も人の流れが少しある程度で、物資が入ることは基本的にない。エジプトもガザの封鎖に加担しているのだ。

それでは、エジプトはなぜそのようにガザの人々に冷たいのか。まず、欧米諸国、特にアメリカのプレッシャーがかなり絶大だというのは言うまでもない。一般にはあまり知られていないことだが、イスラエルの次にアメリカの援助を受けているのは、エジプトなのだ。金額は半分程度なのだが、アメリカの援助先の１位がいつもイスラエルで、２位が長年大抵エジプトだった。近年はアメリカが侵攻したアフガンが２位の座についているが、エジプトはそれに次いで３位となっている。

その理由は簡単で、アメリカのお気に入りのイスラエルと仲良くしているからなのだ。1979年にエジプトとイスラエルが和平条約を結んで、そのご褒美としてエジプトはアメリカから莫大な援助がもらえるようになった。イスラエル同様その援助の内訳は軍事的なものに非常に偏っており、エジプトの一般市民がアメリカの援助で助かることはあまりないと言っていいのだが、いずれにしてもエジプト政府、そして特にエジプトの軍隊にとって、アメリカは一大後見役だ。

この構図は多くのアラブの国に見られるものだが、エジプトを長年支配していたのはホスニ・ムバラクという、軍隊（ひいてはアメリカ）と結託した独裁者

だ。アメリカのお気に入りのムバラクはイスラエルと決して戦争しようとせず、もっぱら国内の政敵や人権活動家、政府を批判するジャーナリストなどの抑圧に精を出し続けた。恣意的な逮捕や拷問などはお手の物で、アメリカの資金の下でエジプトの人権状況はかなり酷いものだった。そしてそのムバラクが誰よりも敵視していたのは、「ムスリム同胞団」という組織だ。

　中東のほとんどの国にある同胞団という組織はイスラム系のもので、宗教系の学校や福祉施設、モスクなどを運営したりしている。イスラム教の戒律に従った生活を広めるのが目的で、世界的なメンバーの数は正確にはわからないが、少なくともエジプトには２万人ほどはいる。大きい組織なので中には原理主義的な人もいるが、大方はそうではなく、「同胞団イコール過激派のテロ」という見方は決して正しくない。ただし、イスラム系の組織なので当然エルサレムにはこだわりがあり、イスラエルやアメリカには批判的だ。そして、イスラエルやアメリカに追随する自国政府も、口をきわめて非難する。その結果エジプトをはじめ多くの中東の国で「テロリスト」と決めつけられ、違法組織となっている。そのような状況だからこそ、正確なメンバーの数がつかみにくい。

　1987年にできたハマスだが、結成時は、実はエジプトのムスリム同胞団が母体だった。ハマスは一義的にはパレスチナの民族解放を目的とする団体なので同胞団の下部組織でも何でもないのだが、基本的に緊密な関係をずっと維持している。日本的に言えば、姉妹団体という雰囲気かもしれない。したがって、国内で同胞団が力をつけることを何よりも警戒し、同胞団をテロリストとして禁止するエジプトの軍事独裁者が、ハマスの構成員がエジプトに入れないようにし、ガザの封鎖に加担するのだ。言ってしまえば、ハマス打倒を（少なくとも口では）狙うイスラエルと、利益が一致している。

■地下トンネルが命綱

　それでも、エジプトからガザに生活物資が入ることを、エジプト政府は長年黙認していた。国境の検問所自体は小さく基本的に人が少数通ることしかできないが、それ以外に、エジプトとガザの間には無数の地下トンネルが掘られていた。地震国日本では容易に想像できないことだが最盛期には1200ほどのトンネルがあり、中にはトラックが通過できるほど大きく、頑丈なものもあった。そして長年にわたり、エジプトのトンネルを通って入って来る生活物資などが、ガザの住民にとっての命綱だったのだ。食糧や生活用品のみならず、建築資材

や燃料、自家用車等すべてがトンネルを通って来た。

　冗談のような話だが、一時期はケンタッキーフライドチキンの配達さえあった。正規の店舗はエジプトのシナイ半島にあるが、ガザにはない（西岸には数軒ある）。これに目を付けた賢い商売人が、トンネルを経由しての配達サービスを思いついたのだ。プレミアム付きでかなり高かったし、何と言ってもガザ市内まで配達に数時間もかかったが、ケンタが大好きな私も食べたことがある。一応本物だった。

　要するに、それだけトンネルは大っぴらなものだった。もちろん正規の輸入手続きを経ていないので、闇商売と言える。しかし、そもそも正規にモノを輸入できないのだから、生活のために仕方がないのだ。ある時期、ハマスがトンネルを管轄する省庁を作って、トンネルから入って来る物資に税金をかけ始めた。その時点である意味では、闇取引とは言えなくなったのであるが、それでもエジプトも黙認を続けていたのは、国境で警備に当たっている軍人などがトンネルの運営者に分け前をもらっていたからと言われている。

　しかし、生活物資も入れば武器も入る。トンネルが武器の輸入にも使われていたのは否めようのない事実で、イスラエルは時としてトンネルを空爆して破壊した。そして、軍事政権になってさらにハマスに対して厳しくなったエジプト政府は2013年に本格的にトンネルの破壊に取り組んだ。ほとんどのトンネルの場所をつかんでいたのでことは簡単で、巨大なポンプを使って浸水させ、使えなくした。もちろん100パーセントではないがかなりのトンネルを破壊し、その結果ガザの住民の生活が格段と厳しくなった。

　ちなみに、デフェンシブ・エッジの間に二転三転するイスラエルの侵攻の大義名分だが、「ガザからイスラエルに通るハマスのトンネルが発見され、その破壊が目的」とされたこともある。そのようなトンネルがあったのはどうやら事実のようだが、トンネルを使えなくするには何も兵士を送り込む必要はまったくなく、エジプトと同じように浸水すればよかったというのは明白だ。

ハマスによる人権侵害

■西岸ではファタハがハマスを、ガザではハマスがファタハを弾圧

　最後になったが、ガザの人権状況を公正に語るには、やはりハマスによる人権侵害も語らなくてはならないだろう。ガザの住民の人権を守るのは第一義的

には占領国イスラエルの責任だとはいえ、実質的に統治しているハマスにも、もちろん責任があるからだ。

　ファタハ率いるパレスチナ当局とハマスの間の分裂という大きな政治的背景の中、ハマスの工作員と目された人がパレスチナ当局が統治する西岸で当局に逮捕され、拷問を受けることが多いという話をした。それは逆にハマスが統治しているガザでも概ね同様で、ファタハに協力していると思われる人はそれだけの理由で逮捕され、やはり拷問を受ける可能性が高い。どっちの方がマシかと論じることにはさほど意味がなく、甲乙つけ難い、というより丙丁つけ難いというのが実状だ。

■一般刑事犯の扱いがよくないハマス

　しかし、上記のような政治犯でなく一般の犯罪容疑者の人権に関して言えば、ハマスの方が問題が多いのは確実だ。政治犯でなく普通の刑法に触れた人を逮捕するのは通常の警察になるが、西岸ではそれほど問題は多くない。一時期警察の尋問官が拷問することが増えたと問題にされたこともあったが、ちゃんと調べると報告で騒がれていたほどではなく、国連などが対応したことで事態が改善された。決して完璧ではなく、暴行事件も時々起きたりもするが、西岸の警察による扱いは、問題は比較的少ないと言える。

　それに対してハマスの下でのガザでは、逮捕された人は政治犯であろうと一般の刑事犯であろうと、拷問を受ける可能性がより高い。特に、例えば麻薬の密売と疑われた場合がそうだ。極限状態での生活が続いているので当然薬物の乱用もあり、例えば睡眠薬の乱用などがあったりするが、ハマスは取り締まりのために特別部隊を作り、容疑者を非常に手荒に扱う。麻薬はイスラム法で厳しく禁じられているからなのか、それともただ単にハマスが脅威を感じているからなのかは不明だが、不十分な証拠で逮捕されて、濡れ衣なのに拷問を受けることももちろんある。

　もう一つ問題なのは、非番の治安部隊員（と見られる人）による人権侵害だ。ハマスを非難すると「ファタハ」との烙印を押されて逮捕されることがあるが、それが例えば著名なジャーナリストやコミュニティーの有力者だったりすると逮捕が難しいことがある。そういう時にたまに見られるのは、不審者による連れ去りだ。夜中に、ナンバープレートをつけていないワンボックスカーが来る。マスクを被った男が数人降りて、銃を突きつけてその人を連れ去るのだ。連れて行

かれた先は公的な収容所でなく、孤立した家などで、拘禁されてひたすら拷問される。そして、数日間たっぷり「お仕置き」された後、解放される。

そういう時、大抵出てくるのが「声で、ハマスの治安部隊員をしている地元の若者だというのがわかった」「車に見覚えがある」などという証言だ。いかんせん隔離された極めて小さい社会なので秘密を維持するのは難しく、そういう証言にはかなり信憑性が高いと言える。ハマスの命令でそういった連れ去りが行われている可能性が高いのだ。たとえそうでなくても、きちんとした捜査が行われて連れ去り犯が逮捕されたという話は聞かない。贔屓目に見ても、ハマスが黙認しているのだろう。

■死刑

さらにガザには、死刑の問題がある。死刑廃止が世界の趨勢だというのは歴然としているが、死刑自体を人権問題とするかどうかに関しては日本など存続国の立場からは賛否両論あるだろう。しかし、いずれにしても、ガザでの死刑には公正な手続きという点で問題が多いのだ。究極の処罰を科するのだから、有罪であるという確証がそれこそ100パーセントでないとならない。死刑は取り返しがつかないのだから少しでも疑いがあればいけないもので、それだけ裁判をきちんとやり、被告人にも充分な弁護の機会を与えたりしなければならず、最高水準の公正な手続きが要求されるのだ（余談だが、日本の死刑が何よりも問題なのはこの点であり、代用監獄などで公正な手続きが保障されていないことだ）。

しかし、特に政治犯となると、ハマスの司法の下での手続きは、お世辞にも公正とは言えないものだ。弁護士にアクセスできない、取り調べの段階で拷問を受けるなどはいつものことで、裁判は最初から有罪が決まっているようなものだ。おまけに政治犯、特にイスラエルに情報を提供したとされる容疑者は軍事法廷にかけられることが多く、輪をかけて公正な手続きが保障されていない。

ビデオがソーシャルメディアなどで流れたので記憶されている人もいるかもしれないが、2014年のイスラエルによる攻撃の間に、「イスラエルとの密通者」として、18人がガザで公開処刑されるという事件があった。戦時に敵と密通した人を死刑にするのは、実は国際法でも問題は少ないのだが、軍事法廷どころか裁判と言えるようなものをその被告人が受けたという形跡はない。どのような状況で嫌疑をかけられ、どのような過程を経てそれが立証されたかは一切明

らかでない（というより、そのような手続きがなかったのはほぼ間違いないだろう）。

■**女性の人権**

　最後は、西岸でも触れた女性の権利だ。欧米はいざ知らず日本のマスコミにさえハマスは「原理主義団体」という烙印を押されているため、女性はさぞや抑圧されているだろうと思う人は多いが、これは必ずしも正確ではない。そもそもハマスを「原理主義」と一刀両断していいかどうかに関しては、かなり疑問がある。大きい団体なので、原理主義者もいれば柔軟な人もいる。例えば学校を運営したり、福祉施設を運営したりしているのは、普通の役人だったりする。

　そうは言っても、いろいろな意味で宗教色が、西岸よりハマスが統治するガザの方が強いのは否めない。そもそもパレスチナ社会の中でも、ガザの人間は西岸より保守的とされている。大多数が1948年に家を失った難民で、西岸と比較しても所得が少なく、さまざまな意味で隔離されて来たので、保守的で閉鎖的な社会を築いてきた。海に面しているのだからもっと開放的なはずだと思うところだが、ちゃんとした港がないものだから、海があっても人が行き来するわけではない。ヨルダンに接して、占領前は湾岸の避暑地とされていた西岸の方が、よっぽど外界と接触があるのだ。

　そんなガザにハマスが来た。というより、そういう土壌の上にハマスが統治するようになったものだから、特に女性が「閉塞的だ」「暮らしにくい」とこぼすことが多い。キリスト教徒に多いが、西岸では短めのスカートを穿いたり肩を出すドレスを着たりする女性がたまに見かけるのに、ガザにはそういう格好をする女性はまずいない。より控えめで肌を見せず、ヘッドスカーフを巻いている女性も西岸より多い。西岸のような格好をしたからと言って警官に殴られるなどという話を聞いたことがないし、そもそもそのような服装を着たいという女性がどれだけいるのかは私にはわかりようがないが、服装の面でもハマスの統治の前はもっと自由な雰囲気だったとこぼす女性は少なくない。

　実際、ハマスがたまに女性に対する規制に乗り出そうとすることもある。どの政党でもそうであるようにハマス内にも常に政争があり、原理主義的な派閥が優勢になると、いろいろな規制を導入しようとすることもある。例えば、原理主義者が法務大臣になった時と記憶しているが、女性の弁護士が出廷する際は必ずブルカを着用、すなわち頭のてっぺんからつま先まで黒を纏わなくてはな

らないと発表した。しかしすぐにガザ社会の各方面から非難が巻き上がって、規則の導入を断念した。

　その例が示すように、法律や規則などの明文化された規制は、あまりない。問題はそういった明文化されたものより、ハマスの原理主義派が女性の社会進出に関して社会にあるメッセージを送り、ガザ全体にある雰囲気を作ろうとしていることではないかと思う。

■「風紀」
　これは女性だけが影響を受けるわけではないが、ハマスが統治するようになって、いわゆる「風紀」にめっぽう厳しくなったのも事実だ。まず、これは明らかに宗教の戒律によるものだが、酒が飲めない。イスラム教国でも酒が完全に禁止されるところは少ない（西岸はレストランで普通に飲める場所がいくらでもある）が、ガザは厳禁で、完全に御法度だ。我々国連の役人は外交特権があったので普通に持ち込むことができ、国連の宿舎で集まって飲んだりしていたが、あまり大っぴらにやるとハマスから苦情が来るので、注意が必要だった。また、ガザ在住のパレスチナ人の友人などに頼まれて持って行くこともあったが、彼らは飲んだ後の瓶の処理に相当気をつけると聞く。ラベルをはがしてビリビリにして、瓶も粉々に割ってからでないと捨てることができなかったと聞く。

　踊りに関してもハマスは厳しい姿勢を見せる。男女が混じって踊る場所は禁止され、閉鎖に追い込まれた。結婚式だけは男女一緒に踊っているのを見たことがあるが、その辺は極めて曖昧で、あまり目立っていると取り締まりに来ることもあると聞く。

　中東に行ったことのない人はあまり知らないかもしれないが、アラブは完全に「踊る文化」だ。いわゆる「ベリーダンス」は外国人の観光客向けだったりするが、結婚式などの祝い事になると、小学生から老人まで皆で集まって、踊り続ける。体格的に太めで決して健康そうに見えなくても、それこそベリーダンス顔向けで、結婚式などは一晩中踊り狂うのだから相当な体力だ。酒は宗教的な戒律があるので賛否両論があるが、その庶民の楽しみである「踊り」を禁じたハマスは愚かとしか言いようがなく、自らの人気を落としている。ハマスが問題視しているのは踊ることそのものではなく男女が混じって踊ることだが、草の根レベルでも顰蹙を買う原因となっている。

■**それでもハマスは同朋**

　だからといって、封鎖や度重なる爆撃、地上侵攻について、ガザの市民が「ハマスが悪い」と考えているかというと、もちろん答えはノーだ。イスラエルの封鎖で生活ができなくなり、イスラエル軍の攻撃で子どもが殺される。「イスラエル軍がこのような仕打ちをするのはハマスが挑発するからで、ハマスの責任だ」と思うようなお人好しはいない。問題は多くても、パレスチナ人にとっては、どう転んでもハマスはパレスチナ国家のために戦っている同胞、イスラエル軍は残虐な侵略者だ。普段は家で隠れて密造酒を飲んでハマスを悪く言っている一般人でも、戦闘が起きるとハマスの旗を振って集会に出るのはこのためだ。キャスト・レッドでもピラー・クラウドでも、戦闘があるとハマスの人気は急上昇するのだ。

　しかし他方で、ハマスの無謀さが民間人の犠牲の増加に繋がり、2014年のディフェンシブ・エッジ後はさすがに風当たりが強いようだが、それでもイスラエルの言いなりになって、ハマスに反旗を起こしてイスラエルに都合のいい犠牲者を求めているかというと、もちろんそのようなことはない。

5章
国際社会の無力
——国連は何ができるのか

　イスラエルの横暴が長く続いてきたのをここまで解説してきたが、それを受けて国際社会、特に国連はなぜ何もしないのだ、なぜ効果的な手が打てないのか、と素朴な疑問を持った読者も多いと思う。また、新聞でも時々「人権理事会」や「人権高等弁務官」などがパレスチナでの人権侵害を世に訴えているのを見た読者も多いだろう。「国連の大物がそういうのだから、なぜそうならないのだ？」と、不思議に感じる人も決して少なくないはずだ。それらの問いに答えるには、まず国連というのはどういった生き物かを解説し、その限界を理解する必要があるだろう。

国連の立法府

■国家に似ている国連の機構

　国連の統治機構、すなわちガバナンスというのは、実は一国の統治に似ている。国家にはまず議会がある。民主的に選出された議員で構成されている議会は立法府とも呼ばれ、国の法律、要するに国のルールを作る。そしてその法律を忠実かつ中立的に実施するのは行政府、役人だ。さらに行政府や立法府で行き過ぎたことをして法律を破った疑いがある場合、判断するのは裁判所だ。

　国連も大方同じような構造だ。国連総会があって、国連安全保障理事会（安保理）があって、その他には人権理事会など多数の委員会があるが、これらは総体として、立法府に当たる。さまざまな決議などをすることによって、国際社会のルールを作る。そしてそれらのルールを実施して、皆が守るようにするのが国連事務局、すなわち国連の役人だ。「国際公務員」「国連職員」と言うと実に

聞こえは格好がいいのだが、要するに国連の役人で、各国の外交官にも「事務局」と呼ばれる。

そして国家の議会が政治家すなわち政治的アクターで構成されているのと同じように、国連の立法府も政治的アクターで構成されている。国連の各理事会や委員会に出席するのは各国の代表、通常は各国の外交官だ。もちろん、例えばテロ防止を議論する時は、日本なら法務省や警察庁などその問題を所轄する官庁から出席することもあるが、いずれにしても「国家の代表」、すなわちその国の政府の代表として出席しているということに変わりはない。欧米の国の代表団には民間企業やNGOの人がいることもあるし、日本もたまに大学の教授などが参加するが、それは政府が代表団に入れたからであって、政府以外の資格で正式に議論に参加して投票することはできない。すべて国家単位なのだ。

なぜそのような仕組みなのかと言えば、幸か不幸か、世界が依然として国家単位でできていて、国家中心で動いているからなのだ。勘違いする人が多いが、国連は世界中の国々に意を強要できる「世界政府」ではない。世の中が国家単位で構成されており、国連も国家の集まりとしてできている。国際法も原則的に国家単位の法体系だし、国家間の関係のルール作りが始まりだ。今は人権法の発展で国際法にも国家でなく一個人がアクターとして登場できる場が少しずつできているが、それはあくまで例外で、国際法は国家が単位で、国家が主役だ。

■自国の利益のために動く代表団

国連の委員会が国家の集まりである以上、例えば日本の外交官が国連の委員会に出席した場合、彼らの言動は日本政府、その時の政権を代弁したものだ。私が政治的アクターだと言ったのは、これが理由だ。国連というのは天使のような人間が集まって世界的視点で問題を討議して、世界中の人々のためにいろいろ決めていると思い込んでいる人は多いが、これは理想論だ。現実は、日本の代表は日本の利益を代弁しに行き、議論が日本にとって有利になるように仕掛ける。それはどの国だって一緒で、アメリカの代表団はアメリカの利益、イギリスの代表団はイギリスの利益のために動くのだ。

もちろん、自国だけでなく全世界の利益を考えて皆で話し合うというのが国連の大前提なのだから、そういう側面もあることは決して否定するつもりはない。短期的な自国の利益だけでなく、長期的視野を持てば、皆同じ地球に住んで

いるのだから皆で協力し合わなければならないのは明白だろう。自国の利益だけをごり押ししていると国連で顰蹙を買ったり、国としての評判を落とすことはたくさんあり、国連のなかには「できるだけ控えめにしよう」という雰囲気があるのは確実だ。

しかし、第一義的には、各国は自国の利益を最優先に考えるものだ。国連の委員会に行って、皆でお手手を繋いで「We Are The World」を歌うことはない。議論を通じて、また議会場の外でも、いかにして自国に都合のいい方向に持っていけるかと行動する。もちろん立食パーティなどでシャンパンを飲みながら実に上品に振る舞うのだが、国連などの国際会議というのは、いかにして自国の利益をうまく進めることが出来るか、国際政治の熾烈な戦いの場なのだ。実際に戦争するよりは話し合いで陰険に戦争してもらった方がよっぽどいいので、それだけでも国連には意義があると思うが、要するに性善説だけで国連を語ろうとするのは間違っている。

■時には脅迫まがいのことも

上品に振る舞うと書いたが、それは表向きの話で、脅迫まがいのことが起きることは日常茶飯事だ。パレスチナのことが討議される時などそうなったりするが、例えばアメリカがアフリカ諸国を別室に呼び出して、「今度の決議は我々は反対するし、君たちも反対しろ。でないと、来年から開発援助は難しいぞ」とはっきり言うのは、決して珍しいことではない。もう少し言い方はやんわりしていることが多いが、他の先進国も同じような手段を使うことは決して少なくない。それが国際政治という「戦場」の現実だ。

そしてこの例からもわかるように、国連では決してすべての国が平等ではない。安保理に関しては後に言及するが、すべての加盟国が集まって一国一票という平等主義が建前の国連総会でも、実質的には平等というわけではない。上記のようにカネを武器にできるのは、結局カネのある先進国であり、加盟国の数で見るとごく限られた一部の国だけだからだ。もちろん先進国がいつも必ずこのような脅迫に及ぶわけではなく、当該議題がその国にとってどこまで重要であるかによって、その態度は変わる。が、いずれにしても、国によって言動の重みが違うのは確かだ。貧しい小国の発言が日本やアメリカの発言と同一扱いされるほど、世の中は甘くない。

■決議には法的拘束力はない

　なお国連の「立法府」と書いたが、国連総会や人権理事会などが採択した決議には、基本的には法的拘束力がない。法律を決めれば全国民が否応なしに拘束される国家の議会とは決定的に違うことだ。総会や人権理事会の採択する決議というのはあくまで呼びかけであり、国際社会、すなわち各国への訴えに過ぎない。もちろん皆で決めたことなので完全に無視するのはいかがなものかという雰囲気もあるし、そもそもそうやって皆で決めたルールに従う意思があるからこそ国連に入っているはずだともいえる。しかし、究極的なところでは、ある国が決議を無視しても、何かしら実のある罰則があるわけではない。

　それでは人権というのはすべて拘束力のない空文かというと、そうではない。総会や人権理事会の決議などは拘束力のないものだが、国際法には条約があり、それはれっきとした拘束力のあるもの、すなわち国家が絶対に従わなければならないものなのだ。「ソフトロー（soft law）」と言われる総会などの決議に対して、条約の条項こそが国際法の「ハードロー（hard law）」であり、「肉」なのだ。

　人権などのルールは例えば国連の委員会で議論されて、皆が大体納得すれば条約が作られる。そして各国は自由意思に基づいてそれを締約して、初めてその条約に拘束される、という構図だ。日本を含むほとんどの先進工業国同様、イスラエルはほとんどの人権条約に加盟しているので、人権の国際的ルールを守ると公約している。それにもかかわらずまったくと言っていいほど無視している国はもちろんイスラエルだけではないが、そのような態度が条約違反であることには違いはない。

■人権条約の適用を監視する仕組み

　それぞれの人権条約については、その適用を監視する委員会がある。加盟国が数年に一度その委員会に報告書を提出して、公開の場で議論がなされる。拘束力のあるハードローの条約だからその委員会にはさぞや権限があるものと思いたいところだが、そのようなことはない。各国を審査する際に最後に「こういうところをもっと頑張らないといけない」という指摘をまとめるのだが、それも全部「勧告」で、受け入れるかどうかはあくまで加盟国次第だ。

　もちろん、完全に無視していいかと言えば、そうではない。人権条約を解釈する権威のある委員会が指摘するのだから、「拘束力がないから」と一蹴するよ

うでは、国際社会の一員としての姿勢が問われても仕方がない。実は日本政府は慰安婦問題などに関していろいろ指摘を受けながらも「拘束力がない」と答弁して無視しているので、人権の世界では顰蹙が高まっている。しかし、法的拘束力がないというのは厳密に言えば正しいので、勧告を押しつけることはできない。最終的には、国家の判断に任せられているのだ。

■人権条約は占領地には不適用というイスラエル

　日本の例を引き合いに出したが、人権条約適用の審査において、世界で類を見ない顰蹙ものと言えばイスラエルにほかならない。イスラエルは人権諸条約に加盟こそしているが、「人権条約はイスラエル国内のみに適用され、占領地には適用されない」というのが国家としてのスタンスだ。この立場の根拠としては国際人権法と国際人道法の関係が絡む難しい議論があるのだが、ここでは言及しない。と言うのは、その議論の正当性はどの国にも、また人権や国際法を討議するどのような委員会にも認められておらず、国際司法裁判所でさえも不当だとしているので、詳しく解説する意味があまりないのだ。純粋な法的議論としては詭弁の部分が多いし、実際問題としてイスラエルがそのような議論をするのは占領地で好き放題なことをしたいという意図があるのは歴然としているので、あらゆる意味で受け入れ難いのだ。しかし当の加盟国のイスラエルがそうなのだから、やっかいなことではある。

　委員会の審査は、審査される加盟国が提出する実施状況報告書がもとになる。しかし、イスラエルに限らず政府がまとめる報告書は基本的にいいことしか書いていないのが普通なので、それに加えてNGOがそれぞれ報告書を提出する。委員がNGOの情報をもとに加盟国代表団に問題点を指摘して、やりとりがあって、最後に勧告が発行される。

　ところがイスラエルは上記のように「占領地には人権条約は適用されない」とのスタンスなので、提出する報告書にはパレスチナのことが一切書かれておらず、イスラエル国内の人権問題、及びそれに取り組む政府の試みなどしか記載されていない。48年パレスチナ人に対する差別をはじめとして、イスラエル国内にもさまざまな人権問題があるのは事実だが、国内の状況は、民間人大量虐殺のあるガザや大規模な政治的投獄のある西岸の比でないのは歴然としている。当然のことながらNGOの報告も読んでいる委員の指摘はパレスチナに集中するが、イスラエル代表団は口頭でこそとりあっても、真面目に対応しよう

としない。はっきり言って、茶番劇に近い。当然のことながら、最後に出される勧告のほとんどはパレスチナに関するものだ。そしてイスラエルは「今回も我々の正当な主張が反イスラエルの国連に無視された」と大々的に吹聴する。

■**委員の「中立性」**

こういった委員会の委員は国家代表でなく、中立的な立場で審査に携わる。加盟国が候補者を出して国家が票を投じる選挙で選出されるのだが、いったん委員になると、自国の代表としてでなく、一エキスパートとして務めなくてはならない。どこまで本当に中立的かはその出身国やその委員個人にもよるが、大方ちゃんと中立的にやっていると言っていい。

ところが「中立的」と言っても、それはあくまで「自国政府（もしくは他のどの政府）からも指示を受けていない」ということだ。どの人間でもそうだが、ある国で育ち、生活をすると、当然その国の考え方や価値観に影響を受ける。明確な指示を受けていなくても、そのようなものは委員を務める際の姿勢に当然影響を及ぼす。おまけに政府が候補者を出すので、政府は当然、委員になった後の姿勢を考えるのが普通だ。日本を例にすれば、マルクス主義系の学者や長年日本政府を批判してきた人権活動家が候補者として出される可能性は、ゼロだ。時々政府にやんわりと苦言を呈しても、基本的に政府と仲良くやってきた人が選ばれる。要するに、保守的な傾向がある人が委員になるシステムになっているのだ。

私はパレスチナ駐在時、イスラエル政府が主催したある夕食会で、女性差別撤廃委員会（女性差別撤廃条約を監視する委員会）のイスラエル人委員（イスラエルでユダヤ教原理主義系及び右派として有名な大学の教員）と同席したことがあった。イスラエルがまさにその委員会で審査されたばかりで、当然のことながら委員会の指摘はパレスチナに集中して、イスラエルはこっぴどく言われたところだった。その委員（自国の審査には委員は基本的に関わらない）は、「審査は偏っていた」とイスラエル政府の主張をおうむ返しするように不満をたらたらとこぼしていた。

彼女は学者をやる傍ら、イスラエルでDVの問題を扱っている人権団体の理事もやっていた。その団体が扱うのはユダヤ人が被害者になった時だけで、48年パレスチナ人は蚊帳の外なのでそこからしてかなり眉唾物だと思うが、特にユダヤ教原理主義者の間での女性の扱いは壮絶を極めるものなので、も

ちろん人権問題には違いがない。そしてその団体はそれに関する報告書を委員会に提出したが、ユダヤ人同士のDVの問題は結局委員会にほとんど扱われず、委員はもっぱらパレスチナでのイスラエルの女性に対する人権侵害を指摘していたとのことだ。

その委員は泣きべそをかきながら「あたしにはまるで、ユダヤ人よりパレスチナ人の人権の方が大事だと言われているみたいで、すごくいやだったんです」と延々とこぼした。被害者にとってユダヤ人同士のDVが重大な問題だというのは否定しないが、ビッグピクチャーで見ると、パレスチナでのイスラエルの横暴が数百倍に大問題だというのは歴然としている。それが理解できず、というよりあえて理解しようとせずに、さも「ユダヤ人が受ける扱いの方が大事」と言わんばかりに振る舞う彼女には、私や一緒に出席していた国連の役人は呆れざるをえなかった。

他の委員会にも実はイスラエル人の委員がおり、その人は人権の原理原則に従って行動しているようなので、何もイスラエル人委員がいつも問題があるというわけではない。ただ、この泣きべそ委員のことは、イスラエル人、ユダヤ人の心理を端的に表している逸話として私の記憶に残っている。

人権理事会

■加盟国政府を動かし、国連を動かす──しかし、アメリカは……

条約の監視機関に少し触れたが、上記のようにその委員は自国の代表でなく、あくまで中立的な立場で人権を議論する。それだけにイスラエルはパレスチナのこととなると分が悪く、かなり批判されることが常だ。「人権条約はパレスチナとは関係ない」という態度の悪さも、その一因かもしれない。しかし、条約監視委員会の勧告文というのは各国のNGOのアドボカシーにとっては大切でも、やはり人権の花形でない面がある。国連を動かすにはやはり立法府としての国連機関を動かさなければならない。そして、それらの機関がすべて加盟国政府の代表から成り立っている以上、加盟国を動かさなければならない。したがってパレスチナの人権状況をそのような機関に訴え、加盟国の外交団などを回ってロビー活動をし、人権状況の改善に向けて少しでもイスラエルにプレッシャーをかけるように説得する必要があるのだ。

それがなぜ今までなかなか功を奏しなかったかといえば、「アメリカ」の一言

に尽きる。アメリカがイスラエルを庇い、イスラエルを死守し、イスラエル批判を可能な限り封印する。あらゆる場でイスラエルの代弁者となり、イスラエルの肩を持つ。イスラエルを徹底的に可愛がるその姿勢はもはや尋常でなく、他国の失笑や顰蹙の原因となっているばかりか、特に中東でアメリカが敵視される原因の一つとなっている。

■人権理事会設立の経緯

　本書に関連が深い、立法府としての国連の機関と言えば、人権理事会だ。人権理事会は名前の示すとおり人権問題を討議する場所で、場合によっては調査団を送ったり定期的に報告する報告者を任命したり、それをもとに決議を採択する。当然のことながら、その決議には拘束力はない。

　実は国連が作られたとき、人権問題を議論する場として人権委員会が作られ、NGO、人権団体が構成員となることが想定されていた。しかし、その案がすぐにボツになり、結局他の委員会同様、加盟国政府による代表の議論の場になった。加盟国政府の代表でなくNGOで人権委員会が構成されれば歴史は変わったかもしれないと思うが、国際政治の現実は、当然それを許さなかった。

　2006年に人権委員会は廃止され、人権理事会に格上げされたが、それにはさまざまな背景がある。国連では「理事会」より「委員会」の方が格下なので、人権保護が国連という組織の主要目的の一つである以上、理事会に格上げした方がふさわしい、というのが表向きの理由であり、（それなりに）純粋にそのように信じて理事会設立に向けて努力した国もいないわけではない。しかし、それよりも人権委員会での議論が完全に政治的なものとなり、もはや空洞化したからという方が大きい。

　人権委員会の委員の選出も次第に問題視されるようになった。委員は53カ国あったが、国連のほとんどの委員会がそうであるように、事実上地域によって割当が決まっていた。アフリカが15席、アジアが12席などといった具合だが、地域の候補としてどの国を出すかはそれぞれの地域内で話し合うことになり、実際は順番で担当するといったことが多い。実質的な議論があるとしても地域内のことであり、いったん地域がコンセンサスを得て候補を出せば、他の地域の国は基本的にケチをつけないものなのだ。

　ところが、世界の人権問題を討議する委員に、大きな人権問題を抱えている中国やサウジアラビア、リビアなどが選ばれるとなるとやはり格好がつかず、特

にアメリカがプロセスに文句をつけるようになった。もちろんアメリカも国内に人権問題を山のように抱えており、そのうえ他国でも人権問題を起こすので、どっちもどっちだ。実際アメリカの逆上は2001年に、人権委員会が設立されて以来初めて選挙に負け、委員の座から引きずり下ろされたことに起因するところが大きい（諸国家が他地域の候補にケチをつけた、極めて例外的な事件だった）。

　しかしそうはいっても、ダルフールでスーダンがジェノサイドを起こしている最中の2004年に、スーダンが人権委員会の委員に選出されてしまうと、アメリカの意図に猜疑心を持つ人権NGOさえも、さすがに人権委員の選出方法に問題があることを認めざるをえなかった。政治的思惑がさまざまだったとはいえ、改革の必要性があるという点では誰もが合意していた。

　数年にわたる議論の末、人権委員会が廃止され、人権理事会が作られた。ただし、理事会に格上げされたことで官僚機構の中に占める位置がランクアップしたとはいえ、実は上記の問題点、すなわち議論が政治的なものに左右されてしまうことや、委員（今は理事）の選出が眉唾ものであるということに関しては、完全に解決されたとは言い難い。そのような問題点は何も人権に限ったことではなく、国連のほぼあらゆる議論の場に関して言えることなのだ。人権委員会の格上げをしたところで、国連のシステム自体の根本的問題点が改善されるわけではない。

■人権理事会に非協力的なイスラエル

　イスラエルは国連加盟国として必ず人権理事会に招待されるが、理事会が作られた当初から懐疑的だった。「人権理事会にしても国連総会にしても、国連にはイスラエルに対する差別的偏見が内在されており、イスラエル・バッシングの場以外のなんでもない」というのが、イスラエルの立場だ。したがって出席こそするが、例えばパレスチナでのイスラエルの人権侵害が糾弾されたりするとなると、協力を拒む。具体的には、例えば上記のゴールドストーン調査団のような調査団が結成されても、イスラエルはほぼ100パーセントの確率で協力しないと表明する。調査団の人と話をしない、情報を提供しない、そして何よりも重要なことに、パレスチナに入国することを許さないのだ。パレスチナの国境は（エジプトと接するガザの国境以外は）イスラエルが支配しているので、イスラエルの許可がないと入国できず、現地調査ができない。そしてイスラエルにとって不利な報告書が発表されると、「イスラエルに対する差別だ」と騒ぐ。

都合のいい時は国連を利用しようとし、形勢が悪くなったら「遊んであげない」というのがイスラエルの基本姿勢だ。

　もっとも人権理事会に限って言えば、イスラエルが面白く思わない理由がないわけではない。理事に選出される国にはイスラエルに対して批判的な国が多いのは事実で、何よりも理事会の議題には「パレスチナ問題」が常設議題として含まれているのだ。すなわち何があろうと、人権理事会が開催されると、パレスチナ問題が必ず討議され、必然的にイスラエルに対して批判的な決議が採択されるのだ。国際社会がそれだけパレスチナ問題を憂慮しているのだというのが公式答弁になるが、数多くある世界の人権問題の中で、パレスチナだけがこのように特別視されるのは、いくぶん公平性に欠けるのは反論できない。したがって、イスラエルの反応も個人的には理解できなくもない。

　しかし、「気に入らなかったら無視する」というイスラエルの姿勢は、何も人権理事会の設立に始まったことではないのだ。人権委員会の任命した特別報告者に対してもイスラエルは協力せず、パレスチナへの入国を拒否したし、条約の監視委員会に対する事実上の非協力も上記のとおり、昔から続いていることだ。したがって、「イスラエル・バッシングだから」というイスラエルの主張には、あまり説得力はない。いずれにしても国際社会の一員で、「西洋型民主主義国家」を標榜しているイスラエルが「言っていることが気に入らないから」と国連に協力しないのは、筋が通る話ではない。

■イスラエルを庇うアメリカ

　それでもイスラエルがやっていけるのは、やはりアメリカのサポートのおかげだと言える。事あるごとにアメリカはイスラエルを庇い、イスラエルと協働してイスラエルに不利な動きを封じ込めようとする。ただし、上記のように人権理事会にはイスラエルに批判的な国が多いこともあって、その試みは必ずしも成功率が高くない。そしてそもそも、アメリカが人権理事会でそれほど本気で動こうとしないという事実もあるのだ。自分が可愛がっているイスラエルがいじめられる人権理事会にまともに付き合うのは時間の無駄だと考えている節があり、本気で自分の意向を反映させようとしないことが多い。

　もう一つは、人権理事会でイスラエルが批判されることによって、ガス抜きができるという計算も実はあるのではないかと思える。人権理事会で法的拘束力のない決議がいくら採択されても、イスラエルにとって実害はあまりない。しか

し、（そもそも本気でパレスチナに関して何かをしようという気が薄い）アラブ諸国などの政府はそれをもって、「人権理事会でイスラエルを批判した」と「外交上の大勝利」を自国民に宣伝できる。アメリカにしてみるとそれを許すことによって、逆にそれ以上のことに発展しないようにしているという戦略の存在も、大いにありうると私は思う。

しかしイスラエルに実害が及ぶ可能性があるとなれば、話は別だ。それが顕著になったのは、ゴールドストーン報告書（本書113頁参照）の時だ。前にも記したように、その報告書はイスラエルを民間人攻撃という重大な戦争犯罪で糾弾し、6カ月経っても効果的な捜査が行われなければ安全保障理事会に諮るべきだと書いた。これからも見るように、安全保障理事会は国連の最高決定機関ではあるが、イスラエル糾弾をアメリカ一国が止めることは可能である。だが、機運が高まるのを阻止できればそれに越したことはない。

したがって、ゴールドストーン報告書が人権理事会で討議された時のアメリカの動きようは、本格的だった。多くの人員を投入して途上国などを脅迫し、何よりもパレスチナ当局に対して「資金を止める」と脅迫をした。そのプレッシャーにパレスチナ当局は屈し、ゴールドストーン報告書の討議をいったんは引き下げるのだ。それでも前記のように結局再討議されて採択されるのだが、再討議の時はアメリカも本気で阻止しようとせず、安保理でストップをかけるという手に出る。

■話し合いにも参加しないイスラエル

しかし、アメリカ国内の風向きが変わり、人権理事会の場でアメリカが反射的と言えるほど必ずイスラエルを支持するという構図は、少しずつ変わってきた。それが明らかになったのは、人権理事会に対する非協力の姿勢が極まって、イスラエルが事実上「こんなまずい飯食えるか」とテーブルをひっくり返して部屋を出て行った時だ。

2012年3月に、人権理事会が入植活動に起因する人権侵害の調査団結成を決定すると、イスラエル政府は「人権理事会との一切の協力を停止する。人権高等弁務官の電話にはもう出ないよう、ジュネーブ駐在の外交官に指示した」と発表した。「電話に出ないことにした」というのはなかなかわかりやすくて笑える話だが、要するにイスラエルは調査団に対する協力のみならず、人権理事会にはもう出席しない、話し合いに参加しないということだった。そして、人権

理事会の事務局である、私が所属する人権高等弁務官事務所との話し合いにも一切応じないとのことだ。

国連の加盟国として、そこまで極端な手に出るのは前代未聞だった。国連というのは「世界中が参加する」場であり、ある意味では参加すること自体に意義がある場所なのだ。気に入らないことがあっても、自国だけが名指しで標的になることがあっても、とにかく出席をして自分の意見を言う。その時はそれが受け入れられなくても皆お互い様なので、とにかく話し合いを続けるというのが国連の建前であり、各国に求められている基本だ。一つの理事会とはいえ、「気に入らないのでもう一切参加しない」と宣言するようでは、加盟国として、国際社会の一員としての基本姿勢が疑われても仕方がない。したがって各国は、イスラエルが意図していたのと違った意味で衝撃を受けたものだ。

もちろんイスラエルが泣きべそをかいてやって来ないからと言って、理事会での話し合いが止まるわけではなく、理事会ごとにパレスチナ問題が議論され、イスラエルの人権侵害を糾弾する決議が採択され続けた。そしてその度にイスラエル政府が声明を出すのだが、これがまたすごいものばかりだった。例えば2013年8月に出したプレスリリースの題名は「子羊たちの沈黙」だ。人権高等弁務官がシリアに全力を集中せずにイスラエルを糾弾していると決めつけ、高等弁務官を「不甲斐なく、見当違いだ」と断罪する。9月のもなかなか面白く、高等弁務官の演説を「不条理な茶番劇」とこき下ろした。

詩的で私はなかなか気に入った（実際、小役人の上官の説明を無視して、私はそれらを額縁に入れてオフィスで飾っていた）のだが、一国の政府が使う言葉でないのは歴然としているだろう。それを次から次へと発表するのだから、各国はイスラエル政府の幼稚さに唖然呆然とせざるをえなかった。

■ **普遍的定期審査**

ところが、そのうち一つの大きな問題に差し掛かった。人権理事会設立の際に加盟国同士が人権状況を審査する、「普遍的定期審査（Universal Periodic Review: UPR）」という手続きが作られている。上記のように条約の監視委員会は加盟国の代表でなく一応中立した委員が審査に携わるので、国家の方の言い分が通らないことがしばしばある。人権委員会、理事会などが任命する報告者も同様で、個人の資格で任命されるので、国家がいくら圧力をかけようとしても容易にできず、不利な報告書が発表されることがしばしばだ。これに不

満が鬱積した加盟国は、人権理事会を作るのに際して、加盟国同士が仲良くお互いの人権状況を審査するという手続きを作ったのだ。人権侵害はお互い様だからお互いに厳しい指摘をしない「お仲良し茶会」となるのではないかと人権NGOの方は当然恐れたが、結局2006年の理事会発足と同時にUPRが始まった。各加盟国がアルファベット順で公開審査され、最後に勧告文が採択される。

　効果にかなりの疑問を呈されていたUPRだが、蓋を開けてみるとNGOが恐れていたほどの茶番劇にならず、それなりに実質的な議論も見られた。加盟国同士なのでやんわりとした外交的な言い方が目立ち、指摘の厳しさの度合いがやはり低いことも決して少なくないが、公開の場であることもあり、明らかに問題がある時にそれをあえて指摘しないわけにはいかないということが大方の加盟国に理解されていると言えるかもしれない。そして、条約の批准国しか審査されない条約の監視委員会などと違って、すべての国連加盟国が審査されるので、すべての国が網羅されるという意味では実は結構有意義なのだ。結論から言うと、期待値が低かったせいもあって、評価は上々なのだ。

　アルファベット順で一巡するのに大体4年ほどかかる。イスラエルも2008年にこのUPRを受けたが、「イスラエルバッシングに徹する他の人権手続きと違ってこれは公正で、評価できる」と後に言った。イスラエルが気に入る人権審査というのはそれだけでかなり眉唾物ともいえるが、要するにイスラエルさえも正当性を認めざるをえないものだということだ。

　ところがイスラエルが人権理事会ともう協力しないとなると、UPRに参加しないということだ。2013年の1月にイスラエルの審査順番に当たるはずだが、問題が解決されないと、イスラエルが審査に来ないということになりかねない。こうなると一大事だということで、特にジュネーブに駐在する各国の外交団が奔走し始めた。世界広しと言えども、UPRに参加しなかった国は、それまで一国もなかった。中国もスーダンもシリアも北朝鮮も、人権侵害オンパレードと言われる国々はどれもきちんとUPRに参加して、会合に来て議論をした。それがどこまで実質的な効果をもたらしたかは疑問だが、要するに対話の姿勢を見せ、国際社会を相手にする態度を見せたという点ではまだマシだ。ところが、イスラエルがそれさえ見せないとなると、UPR自体が崩壊しかねないという危機感が外交団の中にあった。イスラエルが人権理事会に再度参加するよう、特に欧米各国の働きかけが強く、例えばヨーロッパのいくつかの国家元首がイスラ

エルに訪問する際にこの問題を取り上げるほどだった。

　後にも言及するが、この時、イスラエルが以前に比べてはるかに国際的に孤立していることが露呈したと言えるだろう。人権理事会に戻ることを求める欧米各国に対して、イスラエルは当然のことながらさまざまな譲歩点を主張した。以前なら、アメリカはイスラエルの横柄を庇い、イスラエルの代弁者となってその譲歩を引き出すために共同戦線を働いたものだ。しかし、今回は違い、イスラエルはことごとく敗北を喫するのだった。

■イスラエルが求めるもの

　ここら辺はジュネーブの裏話だが、イスラエルが何よりも強硬に求めたのが、パレスチナに関する常設の議題の廃止だった。上記のように、人権理事会は開催される度にパレスチナ問題を議論し、イスラエルの人権侵害を糾弾していた。そのようにパレスチナ問題だけが常にフォーカスの対象となることが不公平だと主張するイスラエルは、その議題が取り外されることを、自分が議論の場に戻ることの条件として求めたのだ。

　それに対するアメリカをはじめとする欧米各国の返答は、「いい加減にしろ」というものだった。「クラスの皆に悪さを注意されて、勝手に教室を飛び出す。それで、教室に戻ってやる代償として注意するのをやめろというのは、筋が通らない」と、そのような言葉が使われたかはわからないが、要するに欧米各国はイスラエルの主張を一蹴した。当然のことだろう。そのうえ、欧米各国は高等弁務官事務所に対するイスラエルの横柄な振る舞いにも不快感を示し、「高等弁務官と協力しない限り我々はイスラエルなど何一つ支持しない」と伝えた。イスラエルにとって、非常に厳しい状況になったのだ。

■人権理事会に復帰

　2013年10月、イスラエルはついに人権理事会に戻り、UPRに参加すると発表した。唯一引き出すことができた「譲歩」は、欧米の地域グループに入ることを欧米各国が「前向きに検討する」というものだった。上記のように国連の諸委員会はほぼすべて地域グループ単位で動くのだが、イスラエルは人権理事会ではどの地域グループにも属しなかった。欧米グループに入れるかもしれないというのはイスラエル政府もイスラエルのマスコミも一所懸命「大勝利」と報じたが、地域グループの会合に参加できるからといって人権侵害の糾弾が阻

止できるわけではなく、実際問題として大事ではない。政府もマスコミも「反イスラエル勢力と果敢に戦い、大収穫」と懸命に騒ぎ立てたが、特にイスラエルが求めていたことと比較すると、ほぼ無条件降伏と言っていい。それを国民に正確に伝えようとしないイスラエルのマスコミには相変わらず呆れたが、いずれにしてもイスラエルはぼろ負けした格好で人権理事会に戻ることになり、現在に至っている。

安全保障理事会

■国家に命令することができる唯一の機関、安全保障理事会

　このようにイスラエルが人権理事会を飛び出した時は、アメリカのいつもの強固な支持がなかったため、結局赤っ恥をかいたと言っていい。しかし、それはまだまだ例外で、基本的にアメリカのイスラエル支持は揺らぎなく、国際的に異常とも言えるほどだ。それを何よりも象徴しているのは、安全保障理事会(安保理)だ。

　立法府の決議に法的拘束力がないという原則に一つだけ例外がある。それは、安保理だ。安保理が国連憲章の第7章に基づいて採択する決議には、すべての国連加盟国が否応なしに従わなければならない。「あの国に対して経済制裁をする」「あの国に対して、軍事力で武力介入する」「あの組織はテロリストと断定して制裁する」と安保理が決めれば、すべての国(少なくとも国連に加盟しているすべての国)に従う義務がある。安保理決議のすべてがこのように拘束力があるわけではなく、第7章に基づいて討議して採択された場合にだけそうなのだが、強大な権限であることに違いはない。

　国連が発表する組織図では少し曖昧になっているが、間違ってはならない。安保理は、国連のあらゆるものに君臨する、泣く子も黙る、権力の最高意思決定機関なのだ。安保理と言えども国際法に拘束される、国際法に違反する決定は無効だと主張する学者などもいるが、安保理に座っている理事国には、そのようなきれいごとは通じない。堂々と国際法を真っ向から無視するようなことは政治的に問題だから避けようという雰囲気はあるが、安保理が決めれば加盟国が従わなければならないというのが国連のルールだ。国連の予算を決めるのは安保理でなく総会なので、総会にもそれなりに強い面はあるが、総会は国家に命令することはできない。それが許されているのは、安保理だけなのだ。

■構成──絶大な権力を持つ常任理事国

　安保理には10カ国の非常任理事国と、5カ国の常任理事国がある。任期が2年で、日本も選ばれることが結構多い非常任理事国は、非公開会議にも出席し情報を収集できる、議案を提案できるという意味ではそれなりに権限はある。しかし周知のとおり、その権限は常任理事国、すなわち永久に理事の席がある5カ国の比ではない。

　常任理事国の5つの国にはそれぞれ決議の拒否権がある。いかに国際平和を脅かす事態で、いかに早急の措置が必要とされていても、常任理事国のたったの一国でも反対すればその決議は通らず、国際社会は無力だ。国連の人道機関が（当該国の許可を得て）入って人道援助を配ることなどは安保理の決議を必要としないが、例えば国家に対する経済制裁や、軍事力を使った排除などは、完全に安保理の案件だ。そういう時に常任理事国のたったの一国でもうんと言わないと決議は通らず、その案はボツになる。国際社会全体の動きにストップをかける絶大な権力を、常任理事国は持っているのだ。

　この絶大な権力を手中に収めている5カ国は周知のとおり、アメリカ、イギリス、フランス、ロシア、そして中国だ。このどれか1カ国でも首を横に振ると、国際社会は強制力を持った、強硬な手段がとれない。国連総会が議会なら、安保理のこの5カ国が内閣と言いたいところだが、内閣には一応議会に対する民主主義的アカウンタビリティーがある。安保理の常任理事国にはそれは一切なく、完全に独裁状態だ。そのような非民主的な国連が世界中で民主主義の大切さを説き回っているのだから誠に片腹痛い話だが、それが国際社会の実状だ。

　この5カ国のこの絶大な権限をよしとする人は、（この5カ国の政府関係者以外に）皆無だ。問題は、その構成を変えることが実質的に不可能だということだ。常任理事国の制度（及びその権限）は国連憲章で明記されており、憲章の変更には安保理の承認が必要とされている。要するに、常任理事国が絶大な権限を手放すということに、まさしくその当事国の常任理事国5カ国がすべて賛成票を投じなければならないのだ。そのようなお人好しな国は少なくとも現状ではいないので、安保理を改革するといっても、なかなか動かない。安保理改革の機運が高まった時期もあり、実は日本が常任理事国入りの一歩手前まで行ったことはあるのだが、結局頓挫した。

　ちなみに日本が2016年に非常任理事国になることがほぼ決定したようで、

日本が安保理改革の話を持ち出すつもりだと報道されている。しかし、日本の現政権が理解しているかどうか非常に疑わしいが、日本が国際的に評判が高く、以前に常任理事国入りの可能性が出たのも、「決して戦争をせず、武器も売らない、平和を愛する国」という評判があるからにほかならない。海外で、特に開発や人権の仕事に携わった日本人なら誰でも経験したことがあるはずだが、欧米人でなく日本人だというと、相手国の人の顔が必ず和むものも、そのためだ。ところが慰安婦問題を否定し続け、海外に武器を売る死の商人となり、原発の輸出にも力を入れていると、そのような評判が霧散するのは時間の問題だ。

このように常任理事国として絶大な権限を手中に収めている5カ国だが、特記に値するのは、実際に拒否権を行使しなくても、安保理以外の場においても政治力が増すということだ。国連のいかなる場でも、常任理事国の発言力、影響力はやはり大きい。実際問題として国連が本当に動くとなった場合、その議論にストップをかけることができるのがその5カ国のみだから、当然だろう。国連の至るところで別格で、そうだからこそその5カ国がその特権を手放すとは考えにくい。

■イスラエルのために拒否権を行使するアメリカ

安保理で拒否権を行使した回数の多い国を見ると、冷戦初期、1970年辺りまではソ連がトップだが、70年にアメリカがパレスチナ問題でイスラエルを非難する決議案に拒否権を行使して以来、拒否権行使の断トツ1位はアメリカで、他国を寄せつけない。そして、拒否権を行使した圧倒的大部分（32回）がパレスチナに関するもので、イスラエルを庇ったものだ。仮に軍事及び経済制裁を伴わない、強制力のない決議であったとしても、アメリカは猛烈に反対する。問題は、アメリカのその姿勢があらかじめわかっているものだから、最初からパレスチナ問題を取り上げないようにするあきらめムードが広がったりするということだ。

2014年の夏にも同じことが繰り広げられた。明らかに民間人大量虐殺に走るイスラエルのディフェンシブ・エッジに対して、安保理が何も言わないことで非難の嵐が轟々と吹いていた。しかしアメリカがうんと言わず、交渉がずっと難航した。ついに7月28日、本格的空爆が始まってから3週間ほどで出たのが、安保理議長声明だった。日本のマスコミにも取り上げられたので記憶している読者もいると思うが、「安保理の議長声明とは大事だ」と思った人が多かった

のではないか。それはとんでもない間違い（その間違った印象を正さない日本のマスコミにも責任がある）で、議長声明というのは決議がどうしてもまとまらないから出す、非常に弱いものなのだ。しかも、内容を見るとイスラエルの責任はまったくと言っていいほど糾弾されておらず、それどころか「イスラエル」の国名さえ出てこない。両側に停戦を呼びかけるというだけの極めて弱々しいもので、イスラエルのあからさまな戦争犯罪を追及する姿勢がまったく見られない。

　アメリカがこのような姿勢なので、安保理で強制力を伴う措置が決定できないばかりか、イスラエルの人権侵害を糾弾する決議さえ、安保理は採択できない。断っておくが、人権理事会や国連総会などでは、イスラエルを非難して戦争犯罪の停止を訴えるような決議は、ごまんと採択されている。これらの決議案が出る度に基本的にアメリカは阻止に奔走するが、安保理以外には「拒否権」はなく、結局一国一票で、アメリカには独占的な権限はない。完全に阻止するのは不可能だし、安保理以外の決議にはそもそも「実害」もあまりないので、アメリカもそれほど必死にやらないことが多いというのが実状だ。それだけ、アメリカには国連を軽視する考えが根強いとも言えるだろうが、安保理以外でアメリカが本気で乗り出してくるのは、例えば前述のゴールドストーン報告書など、イスラエルの戦争犯罪の責任を問うものである場合が多い。早い話が、「これは本当にやばいことになるかもしれない」という時に出てくるのだ。

　アメリカは自国のみならず、例えば国連全体がイスラエルの責任を追及するのを阻止しようとする。国連というのは所詮役所で加盟国に頭が上がらない面が強いが、例えばパレスチナ問題に関する事務総長の発言を見ても、常に慎重だというのが明らかだ。人権高等弁務官は原則論に基づいて発言するが、事務総長はあくまで政治のトップなので、加盟国の「調整」、要するにご機嫌取りに必死になる必要がある。

　ディフェンシブ・エッジでイスラエルが3回も国連の施設を爆撃して民間人を多数殺害した時には、さすがの事務総長も逆上し、「この責任は問われなければならない」と発言したが、発言内容を見ると、イスラエルがその攻撃をやったとは言っていない。イスラエルがやったのは一目瞭然なのだが、イスラエルは「我々ではない、きっとハマスが自分でやったのだ」とあからさまにうそぶいたため、アメリカの圧力を受けて事務総長は尻込みした。実は、米国の情報機関の活動について告発したエドワード・スノーデンが暴露したアメリカの外電の中に、ゴールドストーン報告書が作成された時に事務総長がアメリカに言われ

て報告書の内容を前もってイスラエルに見せ、要望に答えていたことが明るみに出ている。それだけ国連が自由に動けず、びくびくしていなければならないのだ。

■**パレスチナの国際刑事裁判所加盟**

そして2014年末に、またパレスチナ問題に関して安保理で決議案が提出され、アメリカの姿勢が問われることになった。今まで主にアメリカが取り持った「和平交渉」に進展がなかったことを踏まえ、1年以内に最終決着し、2017年までにイスラエル軍のパレスチナからの全面撤退を命じた決議案がヨルダンによって提出されたのだ。東エルサレムをパレスチナ国家の首都と規定するところからもそれまでの総会決議などを土台とした正当なものだったと言えるが、アメリカが非常任理事国のいくつもの途上国に強大なプレッシャーをかけたため、結局1票の差で反対多数で否決され、アメリカが拒否権を行使するところまで行かずに葬られてしまった。賛成票を投じると見られていたナイジェリアが土壇場で態度を変えて反対したことが決定打となった。

2014年末は例のごとくアメリカの圧力でイスラエルが守られた格好になったが、よくよく各国の投票行動を見ると、必ずしもパレスチナの完敗とは言えない。まず、大抵アメリカと行動を共にするイギリスだが、今回は反対でなく棄権に回った。アメリカに負けず劣らずイスラエル贔屓のことが多いイギリスだが、態度の変化が垣間見られる。そして、何よりもフランスが賛成票を投じたのだ。以前からマスコミなどで態度を表明していたのでそれは予想されていることではあったが、欧米諸国が基本的に味方をしてくれることに甘んじてきたイスラエルにとっては、それは大きな衝撃だった。イスラエル政府もフランスを批判する声明を出し、批判の応酬があった。そのようにしてイスラエル政府はますます自国の孤立を深めていると言っていい。

そして2014年末の安保理での決議案否決の何よりの成果は、パレスチナがそのすぐ後に国際刑事裁判所に加盟したことではないか。中立的とは到底言えないアメリカが取り持つ「和平交渉」に長年振り回されて、イスラエルにいいように人権を蹂躙されて入植地が拡大するのを黙って見ているしかなかったパレスチナは、国際法を使って占領者に抵抗する最後の手段についに出たと言っていい。これに関しては後述するが、まさしくすべての構図が変わる可能性が高い。安保理での敗北は、もはや国際刑事司法に訴えるしかないという認識を

パレスチナに持たせたことで、決して無駄ではなかったのではないか。

■国連の手足を縛るアメリカ、中東カルテット

　アメリカは、安保理などでの活動以外にもいくつもの手を使って、国連が効果的にパレスチナに関与できないようにしている。例えば、国連には「中東和平プロセスに関する事務総長特別代表」という、政治的任命の大物がいる。彼はエルサレムに事務所を構え、20人ほどの役人を指揮して、中東和平を進めるのが役目だが、アメリカの圧力で効果的なことが何一つできないのは公然の秘密だ。2007年に当時の特別代表がうんざりして事務総長に突きつけた辞表がインターネットに流れてイギリスのマスコミに報道されたが、それでいかにアメリカに強力なプレッシャーを受けていたかが綴ってある。

　何と言っても、シリアに行くことが許されなかったというのだ。イスラエルと敵対を続け、当時はハマスの後ろ盾にもなり、中東政治力学の大きなプレイヤーであるシリアの意向を無視した中東和平プロセスなどナンセンスだというのは歴然としている。しかし、自国の影響力が及ばないところで国連が話を進めるのが気に入らなかったイスラエルはエルサレムでのミーティングでそれに反対し、その直後にニューヨークでアメリカがこの「問題」を事務総長に持ち出した。結局事務総長の指示で特別代表はシリア行きを断念せざるをえなかったが、自由に動くことができず、いかに手が縛られているかを端的に示す話だ。

　しかし何よりも国連に足枷をはめているのは、中東カルテットだ。2002年に作られたカルテットは中東和平プロセスを促進するのが目的で、メンバーはアメリカ、欧州連合、ロシア、そして国連だ。四者の外交力を合わせて和平を仲介しようということだが、実際はアメリカがイスラエルの代弁者となり、イスラエルにとって有利な政策を推し進める場と化している。国連がメンバーになっているためにカルテットの立場に拘束されることがあり、極めて大きな足枷になっている。

　一番問題なのは、カルテットがイスラエルの言いなりになって「ガザにおけるハマスというテロ組織の実効支配を認めず、一切の交渉もしない」という姿勢でいることだ。国連もそれに拘束されるため、ガザにおいてハマスとの交渉はおろか、日常的な折衝さえできない状態だ。前にも述べたが、世界広しと言えども、中立的でいることが大前提の国連が、このように制限されることは他には例がない。

そして、国連の活動そのものに支障が来されるだけでなく、パレスチナ人から見た国連の中立性そのものが危うくなる。不偏不党で中立的なアクターとして認められるからこそ、国連には意義があるのだ。上記のように加盟国で構成されている以上完全に中立的ではありえないが、それでも国際原則に基づいて活動していると現場で認められて、初めて紛争地で効果的に活動できる。ところが「ハマスと折衝しない」というのはイスラエルの立場をそのまま踏襲しているに過ぎず、紛争の片方の肩を持っているように見られても文句が言えない。

ちなみに今、カルテットを政治レベルで取り仕切っているのはトニー・ブレア氏、言わずとしれた元英首相だ。落胆することに彼は完全にイスラエルの代弁者として中東を走り回り、イスラエルにとって都合のいいように「和平」を持って行こうとしていると言われても仕方がない。日本ではあまり知られていないが、ブレア氏は退任後は国家相手のコンサルタント会社を設立し、中東や中央アジアの軍事独裁者を大勢顧客に持ち、石油などの資源の利権漁りに協力して、大金を稼いでいる。首相になった時は若く理想主義者にも見えたが、がっかりとしか言いようがない。あれでは、首相を務めたのもぼろ儲けへのステップに過ぎなかったと非難されても仕方がないだろう。

2014年のディフェンシブ・エッジの際もブレア氏はイスラエルの代弁者として暗躍した。7月中旬にエジプトによる停戦合意案が発表され、イスラエルがそれを受け入れたのにハマスが拒否して戦闘が続いた、ということを記憶している読者が多いと思う。その時のメディアの取り上げ方は「平和を愛するイスラエル、戦争を続けたいハマス」という構図をひたすら強化するものだったように思うが、その時の停戦案はアメリカ及びイスラエルの犬であるエジプト軍事政権と、これもまたアメリカ及びイスラエルの犬であるブレア氏がイスラエルと根回しをして決めて、ハマスに何一つ相談もなく一方的に発表したものだ。内容を見てもただ「撃ち方止め」とあるだけで、封鎖の解除などハマスの要求するものには何一つ言及していなかった。それこそマスコミの報道を見て初めてその合意案の存在を知ったハマスが、受け入れるはずもない。

国連のカネの話

■カネを通したプレッシャー

プレッシャーは上記のような政治的なものだけではない。もちろん政治的プレッ

シャーと繋がっているのだが、アメリカは国連のかなりの部分の財布の紐を握っており、カネの面でも圧力をかけてくる。

　国連のカネというのは、ほぼ100パーセント、各国政府から来ている。すなわち各国の国民の血税だということで、世界の一般市民も「国連に拠出しているのは我々の税金」という意識がもう少し高くてもいいと思う。それはともかくとして、各加盟国が世界のGDPにおける比率に合わせて、分担金として国連に出している、ということを知識として知っている人は多いと思う。国連加盟の会費のようなもので、強制的なものだ。複雑な方程式があって単純に「世界のGDP割」というのではないが、限りなくそれに近く、現在はアメリカが国連予算の22パーセント、日本が11パーセント弱を分担していることになる。なおアメリカ以外の安保理常任理事国4カ国を合計しても日本が出している金額に長年満たなかったので、常任理事国入り出来ないことで日本が不満を持っているのは、頷ける点が多い。

　オバマ政権になってからはなくなったが、アメリカがたまに国連で決められることが気に入らなくて、「分担金を出さない」という脅迫手段に出ることがあることを知っている人は多いだろう。国連の予算はドルベースなので、換算レートが有利になるまで支払いを先延ばしするという国は日本も含めて実は結構多いのだが、さすがにアメリカのように「自分の言うとおりにならないのならカネは出さない」という国はあまりいない（こういう幼稚な態度は、実はイスラエルと共通する部分がなくはない）。ところが、実は「分担金」が最も重要な問題ではない。

■分担金以外のカネ——自主拠出金

　分担金は国連の総予算でも何でもなく、一部に過ぎないことを理解する必要がある。まず、分担金は基本的に国連事務局、すなわち国連本部という役所（私が勤めていた人権高等弁務官事務所も、国連本部の一機関）にしか行かない。ユニセフ（国連児童基金：UNICEF）や世界食糧計画（WFP）などという専門機関の類いは、実は国連機関ではあっても別の役所で、独自に加盟国がいる。そして独自に予算を組んでいて、それぞれの分担金があったりする。聞いて驚く読者も多いと思うが、例えば国連本部に加盟していてもある専門機関の加盟国ではない、もしくは逆のこともいくらでもある。大抵の国はすべてに加盟するが、一応それぞれ別の役所で、国連総会や国連事務総長に統括されているとはい

え、方針なども微妙に違ったりする。

　そして、本部の分担金にしてもそれぞれの専門機関の分担金にしても、実は総予算のほんの一部なのだ。具体的に何パーセントかとなると、正確に計算するのは非常に難しく、国連本部とそれ以外の専門機関の予算をすべて合わせた総額というのは、簡単に出ない。全機関がバラバラで予算を編成して消化しているので、すべてを調べ尽くして合計するのは膨大な作業になる。そして、機関によっては分担金で予算の半分以上賄っているところもあれば、3割そこそこ、もしくはそれ以下というところもある。確信を持って言えるのは、総体で見ると分担金で賄われるのはほんのわずかだということだ。

　実は、国連のカネは圧倒的に「自主拠出金」と言われているもので賄われる。国連もしくは専門機関に加盟している以上は必ず払わなければならない分担金と違って、自主拠出金というのは、加盟国が自主的に国連に提供するカネだ。国連に余分な資金が入るから、世のため人のためにもっと仕事ができる。加盟国政府も、「これだけいいことにカネを出しました」と宣伝できる。一見、いいこと尽くめだ。

　しかし問題は、それがもはや「余分な資金」でなく、「普通に事業をするのに必要不可欠な資金」だということだ。加盟国はことあるごとに国連の活動を増やし、仕事量を増やしている。しかし、そのために分担金を増やすことは、例えば各国にとって所得税を増やすようなものなので、どの国もよしとしない。したがって、「この事業は自主拠出金で賄うように」と指示するわけだ。

■自主拠出金の問題点

　このような事態が特に80年代からずっと続いているため、国連は自主拠出金に大きく頼らざるをえなくなっている。しかし、その名前の示すとおり加盟国が自主的に出すものなので、経済の状態が悪くなると出さなくなることだってある。選挙があって国連に友好的でない政権ができると、やはり出さなくなることだってある。要するに、国連の財政基盤は極めて不安定なのだ。

　しかし、私にしてみるとそれよりも問題なのは、自主拠出金の多くがイヤーマーキング、すなわち使途が指定されているということなのだ。新しい事業を立ち上げる時（というより、加盟国に任務を委託された時）、国連機関はその事業への自主拠出金を募る。そうなると、その金を出した加盟国は事実上その事業のスポンサーとなる。その国が引き上げると、その事業はお流れになる。したがっ

て、事業内容を何が何でもスポンサーに気に入られるようにする必要が生じる。早い話が、その国がその事業に関して、絶大な力を持つことになるのだ。

　国連の事業はすべて「国際社会の決めた国際法の原則に従って、公正中立」というのが大前提だ。しかし、政治学を勉強したことのある人ならわかると思うが、政治というものと隔離された社会活動というのはほぼ存在しない。ましてや加盟国の集まりに指示を受けた国連の事業には、仮にそれがもとは意図されないものであっても、いつだって何かしら政治性があるのだ。その政治的行為である国連の事業に特定の国がスポンサーとして力を及ぼすのは、明らかに問題だろう。

　自主拠出金の仕組みに、もう一つ重大な問題がある。もうお気づきの読者もいると思うが、国連の新しい事業にカネが出せるだけの余裕のある国というのは、当然限られているということだ。国連が緊急に援助をしなければならなかったり、新しい事業を立ち上げたりする際、「お金をください」とお願いに行くのは、当然バングラデシュやコートジボワールではない。途上国に行っても、そもそも国連にくれるお金などあるはずがないからだ。国連がお願いに行くのはアメリカや日本、欧州各国など、お馴染みのドナー国だ。最近はBRICS（ブラジル・ロシア・インド・中国）などもドナーとして開拓中だし、中国も場合によっては資金を提供してもらえるようになるかも知れないが、そのような話はまだ先のことだ。今はごく一部の先進工業国だけが、自主拠出金のほとんどを出しており、その結果、実質的に大きな発言権を持っている。金持ちの意見が通り、貧しい者が泣きを見る。簡単に言うと、世の中のほとんどどこでも見られる構図が、国連でもやはり見られるということなのだ。

■イスラエル贔屓を法制化したアメリカ

　少し説明が長くなったが、アメリカは国連本部及びそれぞれの専門機関の分担金をたくさん出しているだけでなく、当然、自主拠出金を多く出す主要ドナーの一つだ。どのような国でも開発の分野で仕事をしていれば、ドナーとしてのアメリカの転がすカネの桁違いなことには、いつだってびっくりする。それだけに、アメリカに「ファンディングをカットするぞ」と言われると打撃は大きいのだ。そしてアメリカはイスラエルを庇うために、その手段に出ることもある。

　何と言ってもアメリカには、イスラエルの言いなりになった、強権を発動しなければならないという法律があるのだ。90年代の2つの法律だが、国連もしく

は国連の専門機関がパレスチナ国家を加盟国として承認した場合に、アメリカが資金を提供してはならないという内容のものだ。通常、外交というのは行政府、アメリカの場合は大統領が行うのだが、後述のイスラエル・ロビーが議会における絶大な影響力を発揮した結果、議会がそのような法律を採択して行政府の手を縛っている。イスラエルをかばうというのはアメリカの外交の柱の一つだけでなく、連邦議会によって決められたれっきとした法律なのだから、アメリカのイスラエル贔屓は徹底している。

　そして、この法律が実際に使われようとしたこともあるのだ。以前にもパレスチナが世界保健機関（WHO）などいくつかの国連機関に国家としての加盟を申し込もうとした場合、アメリカはこの法律をチラつかせて、その動きをストップしたことがある。パレスチナを思いとどまらせたというより、国連の方に「資金が止まるぞ」と脅迫して、むしろ国連がパレスチナに頭を下げて「どうか正式な申請はしないでください」とお願いしなければならなくなる状況を作るのだ。パレスチナの申請が正当なものだというのは歴然としているのだが、それによってその国連機関の諸事業、それどころか存続そのものが危ぶまれることになりかねない。

　ところが2011年にパレスチナがユネスコ（国連教育科学文化機関：UNESCO）に加盟を申請して、それが認められた。動きがあまり注目されていなかったので電撃加盟というところだったが、アメリカは自国の法律に基づいて、瞬時に資金提供を中止した。ユネスコの予算の2割以上をアメリカが負担していたのでユネスコは破綻の危機にさらされ、事業縮小及びスタッフの大幅カットを余儀なくされた。何とか維持できているようだが、パレスチナのみならず世界的にユネスコの事業で助かっていた人々がとばっちりを食っているのは、言うまでもない。

　しかもこのような行動でアメリカ自身が損するのだから、こういった強硬手段のバカバカしさはかなりのものだ。分担金を含む金を出さなくなったので、アメリカは当然ユネスコでの議決権を失い、今となってはユネスコの事業に関する発言権はゼロに近い。ホロコーストのことや原理主義に対抗する必要性を盛り込んだ人権教育のプログラムなど、実はアメリカが先頭を切っていたユネスコの事業も少なくなかったのだが、当然それらはすべてカット。イスラエルを盲目的に庇いたいがために、というより議員がイスラエル・ロビーからの献金が欲しいがために、アメリカの外交が実害を受ける。後に解説するようにこの構図は、

今やアメリカ国民にも指摘されるようになり、アメリカ国内でも非難されるようになっている。

国連事務局

■行政府にあたる事務局

　最後に少し触れておきたいのが、国連事務局、役所としての国連の役割だ。一国の議会が法律や方針を決めると、それを忠実に、中立的に実施するのがその国の行政府、すなわち役所だ。それと同じように、例えば総会や人権理事会が決議を採択して方針を決めると、国連事務局、すなわち役所がそれを実施するのだ。国家の統治、ガバナンスと同じ構図が国連にあるわけで、役人は人権理事会や総会などの指示を受けて動くので、最終的なところでは、決定権者ではない。諸委員会の加盟国という政治的マスターがいて、彼らの命令を忠実に実行するというのが国連のしがない役人の宿命なのだ。議会という政治的アクターがヘッドで、官僚はおとなしく命令に従う。それが国家の統治機構の基本的な構図で、国連でも一緒なのだ。

■初代事務総長の影響を受けた「裏方」カルチャー

　国連が最初に作られた時、初代事務総長の最終候補として、イギリス人とフランス人の２人が残った。結局はイギリス人になったのだが、その事実が国連という官僚機構のカルチャーに多大な影響を及ぼしたのではないのかと指摘する学者もいる。イギリスの役人というのは常に裏方に徹することを心掛けるべきだというカルチャーが強く、決して大臣などの政治的アクターより目立たないようにする気遣いが求められる。選択肢を公正に提示するまでが役人の仕事で、決定するのは政治家、役人は決して出しゃばってはならない、という考えが強い。イギリス人が初代事務総長になったことで国連事務局にもこういうカルチャーが根づき、「決めるのは加盟国で、役所は指示に従って動くだけ」という考えがやはり根強い。

　それに対してフランスの役人はまったく違い、むしろ表立って政治家を主導するのが仕事だと認識していると聞く。政策の議論であからさまに主導権を握ろうとするのを決して厭わず、むしろ政治家を啓蒙してやる姿勢で議論に臨むと聞く。実は、初代事務総長がフランス人だった国際労働機関（ILO）にはこ

ういうカルチャーが強く、国連事務局と違って役人がかなり指導的立場に立つことが多い。「加盟国が決めたことだから」と諦め顔になることも少ないというのが私の印象だ。国連事務局もそうなっていれば今の世界は違ったものになっていたかもしれないが、それは所詮憶測に過ぎない。

■ガザ侵攻の際の人権高等弁務官の頑張り

　国連の役人は国連が非難される時、まず真っ先に加盟国が上に立つ組織図を指す。そして、「決めるのが加盟国で、我々は指示に忠実に従っているだけだ」と弁解することが圧倒的に多い。しかし、もちろん組織図で綺麗になっている構図がそのまま現実になるわけでないのは、読者もわかると思う。日本の役人にしても組織図では似たようなものだが、政治家を翻弄することで有名だ。どの国でも高級官僚が大臣にブリーフする場合、選択肢をいかにして提示するかで政治家の決定を誘導することがいくらでもある。それがいいことである場合も悪いことである場合もあるが、要するに国連事務局にも意思があり、政治的アクターの加盟国を説得することができるのではないか、と思うのが自然だ。このように国連の役所と諸委員会の主従関係は組織図ほど綺麗なものではなく、もちろん場合によっては事務局が議論を誘導することだってある。良くも悪くも、役所と議会の緊張関係というのはそういうものなのだ。

　良くも悪くもと書いたが、それが良い方に動くことだってあることは強調に値するだろう。その一例が、2008年末のガザの地上侵攻、キャスト・レッドの際の人権理事会だ。前述のように、その時理事会は「(人権機関のトップである)人権高等弁務官の現地事務所を強化し、今後は人権侵害に関する報告書を定期的に人権理事会に提出するように」との決議を採択し、高等弁務官に指示した。ところが、その時の決議は占領国、すなわちイスラエルによる人権侵害に関する報告だけを求めるものだった。パレスチナ当局にしてもハマスにしても、パレスチナによる人権侵害はノータッチのはずだった。

　しかし、その明らかに中立的でない指示を、人権高等弁務官は一蹴した。「紛争地に送るのに際して片方だけの人権侵害を調査するのはスタッフの安全に支障を来すし、そもそも中立的であるべき人権の原則にもとる」と言い、「イスラエルだけでなくパレスチナ側の人権侵害をも調査報告する」と宣言したのだ。加盟国はその明らかに正当な主張にはグーの音も出ず、結局そのまま通ったのだが、このように、むしろ役所の方が原理原則を通した見方ができることもな

くはない。

■人権高等弁務官事務所とは

　先の話に出たが、私が所属していた人権高等弁務官事務所も国連事務局の一部で、国連では人権問題を担当する役所、「人権省」のようなところだ。と言っても「省」でなく国連事務局、国連本部の一部なので、日本の役所の「庁」の方に近いかもしれない。トップが人権高等弁務官、国家なら「人権大臣」というところで、世界中の人権問題を扱い、人権侵害があった時は懸念の声を上げる、国際社会の「人権の声」ということになっている。なお国連の役人さえも難民高等弁務官事務所と混同することもあるが、国連には難民と人権の2人の「高等弁務官」がおり、私が勤務していたのは人権の方だ。

　国連の主要目的の一つである人権保護を扱う省庁なのだからさぞや大きいところだろうと思われがちだが、スタッフが1,100人で、予算の規模も220億円ほどと、国連の中でも決して大きい省庁ではない。もちろん人道援助の救援物資などを扱うわけではないが、それでも例えば国連開発計画（UNDP）の5,000億円、ユニセフの500億円などに比べると小規模なものだ（なお、言うまでもなく国連の予算はすべてドルなのだが、日本の読者にわかりやすいように1ドル100円のレートで簡単に換算している）。

　もとは、国連が作られた時に「人権センター」という、今の「事務所」より格下の部局がジュネーブで作られたが、その非力なことは長年人権NGOなどの懸念の的だった。人権センターはいつだって予算がなく、政治的圧力が多く、まともな仕事がなかなかできない弱小機関で有名だった。

　1993年にウィーンで世界人権会議が開かれ、高等弁務官を任命すること、そして人権センターを「高等弁務官事務所」に格上げして予算を大幅に増加することが決定された。それでも長年自転車操業が続き、例えば10年以上も3カ月雇用契約の繰り返しだというスタッフが多いなどという問題点が指摘された。2006年に予算がさらに増額されてから少しずつ体制が整えられ、ついに省庁として軌道に乗ったと言えるが、まだまだ小さい機関の部類だ。

■かつてはコピー用紙を盗んで歩いた

　私も1995年の夏に、センターから格上げされたばかりの高等弁務官事務所にインターンとして勤務したが、驚愕するような状態だった。何と言っても、コピー

用紙がない。コピーをしようにも機械が空なのだ。機関の方で紙を充分に購入する金がないので、なんと役人が自腹を切って文具店で紙を買っていた。当然のことながらコピー用紙は貴重品と化し、役人はそれぞれ自分の机に入れて鍵をかけていた。私は「天下の国連」というナイーブな幻想は抱いていなかったが、さすがに紙がないという状態には驚いた。

指導官に言うと、「信じられないよな。君はインターンでただ働きだから、もちろん紙を買ってこいとは言わない。でも、どこかで見つけて来ても、僕は文句は言わないよ」と言われた。そのようにして、私は夏の3カ月のインターン期間の半分程度は、ジュネーブの国連本部の広い構内を歩き回り、他の機関から紙を盗むことで過ごした。人権センターよりはるかにお金がある（少なくともコピー用紙を買うだけのお金はある）機関を見つけ、無防備にコピー機に紙が差し込んだままになっていると、隙を見て盗む。一事が万事、それが人権センターの惨めな実態だった。

紙だけでなく、必要な備品はすべて同じだった。インターンはもとより、スタッフだって着任しても机さえない、それどころかオフィスも決まっていないことだってざらにあった。とにかく空いているオフィスを自分で見つけて荷物を置くという、イスラエルの入植活動なみの「既成事実」を作るしかない。私も当然の如く机がなかったので、インターンの仲間を連れて、他の機関で使っていそうにないものを見つけ、運んで来た。それによって別の機関の役人が仕事ができず、開発援助が届かなかった途上国もあったのかもしれないが、役所は弱肉強食なのだ。

パソコンも同様だった。1990年代半ばなのですでに1人につき1台が支給される時代に入っていたが、人権センターではもちろんそのようなことはなかった。私の指導官は半年も部長を説得していたが、結局返って来た答えは「パソコンはどうしても予算がつかない。しかし、秘書を雇うことはできる」というものだった。パソコンなら一度数千ドルを支出することで済むのに、秘書を雇うとなればそれを超える金額を毎月支出することになる。しかも、「秘書にはこの子を」と渡された履歴書は何ということもない、ジュネーブ駐在のある大使の娘だった。

■国際社会の「優先事項」

このような惨状の人権センターでインターンした時に何よりも実感したのが、「国際社会の優先事項はどこにあるのか」ということだった。先に述べたカネ

の大部分が自主拠出金で賄われる以上、国連の加盟国が重要だとする活動に携わる機関にはいくらでもカネがあり、潤う仕組みになっている。道路を挟んだ向かい（別のビル）に知的所有権を扱う国連機関があり、その屋上の食堂で昼を食べることがあったが、なんとエレベーターの絨毯に曜日が書いてあった。別の曜日に行くと、ちゃんと正しい曜日がある、別の絨毯になっている。スタッフに聞くと、本当に毎日取り替えて、しかも洗濯している。コピー用紙がなく、そもそもエレベーターに絨毯などない機関には想像もつかないことだった。知的所有権は欧米の多国籍企業や政府にとっては、最優先事項。それに対して、人権は二の次三の次なのだろう。要するに国際社会が「人権は大切」と言っていても、口だけだというのが大きいということの証左だろう、と思わずにいられなかった。

■「我々のボス」

　インターン時代の話が長くなったが、最後に、国連という生き物を端的に表す、その頃の逸話がもう一つある。インターンシップを開始した当初のある日、指導官とエレベーターに乗っていると、東南アジア人と思われるある男性が一緒に乗った。その男性は高級な背広を着て、立ち居振る舞いからして上流階級で、どこか普通の国連の役人でなかった。その彼は私の指導官と知り合いのようで、「ジョン、久し振りだね、いろいろ話もあるのでぜひ今度昼を一緒に食べようではないか」と話しかけて来た。指導官は「ぜひお願いします。明日にでもお電話します」と答え、その簡単なやりとりの後にその男性がエレベーターを降り、私たちと別れた。

　エレベーターの扉が閉まり、私は「今の人は？」と指導官に聞いた。そしてあっさりと「ビルマ代表部の外交官だ」と言われると、私は腰を抜かしそうに仰天した。それまではアムネスティ・インターナショナルという国際人権NGOの世界しか知らなかった私にとってのビルマと言えば、一大人権侵害国で、その国の政府は宿敵だった。その悪者のビルマ政府の役人が自由に国連の人権機関に入り、同行者もなく廊下を当たり前のように歩き回ることができるなどとは一体どういうことか！　驚愕した私がそのようなことを指導官に言うと、彼は笑い、「髙橋君、彼らは我々のボスだよ」と言い退けた。「加盟国政府が人権委員会に出席して、国連の人権活動の方針を決める。その方針を実行するのが我々事務局の仕事だ。我々はNGOではない。各国政府が構成する国際社会に言

われたようにやるのだ。それをちゃんと理解してもらわないとね」という、その時の指導官の言葉は、国連という生き物の真実を端的に表している。

パレスチナの現場で働く国連の役人

■国連がパレスチナでしていること

　常任理事国であるアメリカの後ろ盾を依然としてイスラエルが得ている中で、国連はパレスチナ問題には政治レベルで効果的なことができていない。本書8章にも詳しくあるが、「オスロ合意」など諸々の和平プロセスに関して、国連は完全に傍観者だ。他にちゃんとやってくれる国などがいれば国連が傍観者でもまったく構わないのだが、パレスチナに関してはそうではないので、国連がこのように成果が上げられずにいるのは重大な問題だ。

　それでは、国連はパレスチナで何一つしていないかというと、もちろんそうではない。国連の多数の機関がパレスチナで事務所を運営して、事業を展開している。私が勤務していた人権高等弁務官事務所はもちろん人権状況の調査報告をしていたが、他の諸機関は基本的に人道援助、開発援助が主だった。パレスチナ当局の法案作成のお手伝いをしたり、人材育成をしたりと、キャパビルが一番の仕事だ。パレスチナ当局だけでなく市民社会、主にNGOの強化などのお手伝いもする。また、占領のために食糧危機に陥っているパレスチナ人もいるので、それらに対する人道援助もする。

■「援助」が仕事の、国連パレスチナ難民救済事業機関

　パレスチナの国連で断トツで一番大きいのは、「国連パレスチナ難民救済事業機関（UNRWA）」だ。1949年にできたこの機関はパレスチナ難民の支援が目的で、パレスチナのみならずシリアやレバノンなど、パレスチナ難民が大勢いる地域内の国で活動している。パレスチナでは例えばキャンプを運営したり、学校や福祉施設、医療施設なども運営しているし、食糧配給もしている。万単位の一大雇用主で、ゴミ収集車の運転手や学校の先生などもUNRWAのスタッフであることがあり、特に難民キャンプにおいては事実上一つの代替政府という側面もなくはない。2013年の年間予算は675億円と、国連の基準でいうと小さい機関ではない。

　難民を助ける機関なので、緒方貞子氏がいた難民高等弁務官事務所

（UNHCR）とどう違うのかと聞かれることが多い。UNRWAが担当するのは地域内のパレスチナ難民で、UNHCRはそれ以外の難民というのが最も簡単な答えだが、実はそれ以外にも大きな違いがある。

　UNHCRは難民を「保護」するのが第一の目的で、人道支援を提供するのが一番の目的ではない。キャンプを建てて運営したり、人道援助が支給されるように調整はするが、それが仕事の根幹ではない。行く先々で難民の人権が侵害されず、紛争地などに送還されないようにすること、すなわち難民の人権保護が組織の目的である。UNHCRは「難民支援」というより、「難民保護」の機関なのだ。それだけに働いている人の中には「人権野郎」も多く、人権業界ではUNHCRは実は雇用主として最大手の一つだ。

　それに対して、UNRWAには「保護」という役割はなく、「援助」という規定しかない。この違いは実はかなり大きいのだ。「保護」というのは人権保護のことなので、権利を侵害している不届き者の政府がいればそれと交渉し、場合によっては公的に糾弾する。しかし、「援助する」にはこのような考えがなく、とりあえず食糧に困らないようにする、学校に行けるようにする、などというものなのだ。人権を侵害されている人を守るのではなく、ましてや人権を侵害する政府（パレスチナでは言うまでもなくイスラエルのことだ）を非難するという考えはない。その他大勢の難民と違ってパレスチナ人には特殊な専門機関があるから恵まれていると言われることが結構多く、実はイスラエルも機会あるごとにそのような「パレスチナ人の特別扱い」を非難する。しかし、保護ではなく援助の対象にしか過ぎないパレスチナ難民は、ある意味では、他の難民と比較して極めて不利な立場にいるのだ。

■イスラエル政府からの批判の嘘

　イスラエル政府のUNRWA非難に触れたが、言うまでもなく不当なことが多く、単なる嘘っぱちであることも決して少なくない。例えば、「UNRWAの学校でパレスチナ人がユダヤ人を憎むように教育され、テロリストの養成校と化している」とイスラエルはしばしば言い出す。イスラエル政府の息がかかった怪しげな「シンクタンク」などが「調査」したとされるが、根拠など何一つ示されない。しかしその主張があまりにも繰り返されるため、いつの間にか当然の事実として受け入れられるようになり、アメリカの政治家やマスコミなども揃って「イスラエルのやっていることには問題点もあるけど、パレスチナの学校の状況は問題

だ」と公言する。私も人権教育の観点からUNRWAのカリキュラムを見たことがいくらでもあるが、イスラエルの言い分は事実無根もいいところだ。それどころか、UNRWAはしつこいほどホロコーストのことなどを学生に教え、むしろイスラエル寄りの教育という指摘さえあるほどだ。

　また、イスラエル政府もマスコミ関係者も、ことあるごとにパレスチナ難民の「特別扱い」を糾弾する。専門機関があって国際社会がテロリスト養成にカネをドブに捨てているというのだ。よく聞かれるのは、「パレスチナ難民が年々増えることをUNRWA及び国際社会は促している」という主張だ。曰く、世界の他の国で出身国から逃げた人は難民だが、その子どもは難民にならない、難民の子孫までもが難民として法的に認められ、支援がもらえるのは世界広しといえどもパレスチナ難民だけだ、ということだ。この理屈は「世界が我々ユダヤ人だけを敵視して、我々の抹殺を試みるアラブ人を支援している」ということと、「パレスチナ人の人口が増えると我々ユダヤ人より多くなり、ユダヤ人国家としてのイスラエルが消滅してしまう」ということの、いわば2つの被害妄想を強化する役割を果たしているので、イスラエルにとって誠に都合がいいと言えるだろう。

　言うまでもなく、イスラエルのその理屈は根拠ゼロだ。世界のどこでも難民キャンプで生まれた子どもは難民で、パレスチナ難民に限ったことでないことは難民のことを勉強するときに学ぶイロハのイだ。他の難民でこれがあまり問題にならないのは、パレスチナ人ほど難民としての生活を何世代にもわたって強いられている人が世界の他のどこにもいないからだ。すなわち受け入れ国に定住したり、事態が改善して自国に帰ったりするので、パレスチナ人のように3代にもわたって難民として暮らさなければならない人々はいない。そして当然のことながら、パレスチナ人がそのような境遇にいるのは、イスラエルの占領が続いているからであり、一義的にイスラエルの責任なのだ。

　このようにイスラエルが特にUNRWA非難に余念がないのは、もちろんそれが存在感が大きい国連機関だということもあるが、UNRWAが国連機関、そして特に人道機関だからなかなか言い返せないという事情も折り込んでいるからだろう。イスラエルのこういう態度が最も露骨に現れるのは、ガザを大規模に爆撃する時で、「ハマスの工作員がUNRWAの施設を基地にしている」「ハマスがUNRWAの学校に武器を隠している」などとイスラエルが非難することが多い。これには根拠がないことがほとんどで、例えばキャスト・レッドでイ

スラエルが「UNRWAの施設の屋上からハマスがロケット弾を撃った」と宣言した「証拠映像」が虚偽だということが後に判明した。それでも構わず、イスラエルがディエフェンシブ・エッジで家を爆撃された人の避難所になっていたUNRWAの学校などの施設を爆撃して、居直っていたのは前記のとおりだ。

■ UNRWAの「弱み」

　もちろんUNRWAは日常的に難民と接し、イスラエルのさまざまな人権侵害を目のあたりにするので、いつも押し黙っているわけではない。さすがに上記のディフェンシブ・エッジの時は特に激しい応酬が起きたし、国連事務総長までも懸念を表明した。しかし、事務総長の声明はイスラエルがUNRWAの学校を攻撃したと断定してはおらず、イスラエルを名指しで非難していない。それがまるで天災だったかのように、主語のないセンテンスで「誰かが責任を持たないとならない」と、かなり情けない口調のものだった。

　キャスト・レッドやディフェンシブ・エッジなど機関の施設が爆撃される時は特別だが、通常、UNRWAはイスラエルを表立って非難する時は慎重にならざるをえない。人権高等弁務官事務所と違って人道機関であるUNRWAは、いつだって「行き過ぎではないか」とアメリカなどに非難されかねない立場にいる。また、専門機関であるため自主拠出金に大きく依存しているというのも、UNRWAの大きな弱みの一つなのだ。

■ パレスチナの国連機関の根本的な矛盾点

　それ以上に、UNRWAには根本的な矛盾点もある。上記のようにUNRWAはキャンプを運営したり、教育や福祉をパレスチナ難民に提供している。パレスチナ当局が入れない西岸のC地区でも活動しているので、それで助かっているパレスチナ人が数多い。食糧配給をしたり、雇用を生み出したりしているガザではなおのことだ。

　ただ、充分な食糧の確保といい、教育といい、福祉や医療といい、これらはすべて、本来は占領国のイスラエルが責任を持ってやらねばならないことなのだ。前述のように、占領されているパレスチナ人は「保護されなければならない人々」であり、占領国としてイスラエルは政府の代わりとして、公的サービスを提供する義務がある。しかし、イスラエルはその責任を完全に放棄して、A及びB地区ではパレスチナ当局に丸投げし、ガザでは我関せずを通している。

そのイスラエルの国際法違反を見逃すどころか、国際社会はカネを出し合って、すなわち読者の皆さんの血税を出し合って、国連機関を通して、イスラエルの代わりに公共サービスを負担している。本来はイスラエルがやらねばならないことを、国際社会が代わりにやってあげているのだ。これがUNRWA、ひいてはパレスチナで活動している国連機関のほとんどの活動の矛盾点なのだ。

　現場で働いている国連の役人ももちろんバカではないので、この矛盾で悩むことが少なくない。飲みながら、「僕たちって、結局イスラエルが占領を続けられるようにしているだけだよね」とこぼすことはかなりある。しかし、方針がすべてニューヨークやジュネーブから申しつけられる巨大官僚機構の中にあって、現場の下っ端にできることには限りがある。与えられた仕事をソツなくこなし、カネを取って来て、事業を転がすのが「よい役人」像である以上、一人だけ理想主義者になって本部に楯突いてもいいことはない。矛盾に悩みつつ毎日仕事で頑張り、できるだけ早く異動を狙うという、「組織人」の現実は何も国連の役人に限ったことではないだろう。

　ちなみに、国連のこういった「人道優先主義」は、パレスチナに限ったことではない。特に安保理が膠着して、政治的解決に向けて効果的なことができない場合、「とりあえず人道支援を」となることが決して少なくない。もちろん難民などの困窮している人に援助すること自体は決して悪いことではないが、問題の根本的解決を図らずに援助だけしても、いたずらに苦しみを引き延ばすだけということにもなりかねない。パレスチナの場合はこれが特に顕著で、1967年戦争以降、もはや47年以上、状況が事実上国際社会に放置されたままだ。その現状の中にある「人道支援」などは単なるごまかしで、加盟国のアリバイ作りとさえいえるだろう。

■イスラエルの占領政策の請負機関？

　アリバイ作りどころか、イスラエルやアメリカがUNRWAに圧力をかけて、ほとんど占領政策の請負機関になることを強要しようとすることもある。それが最も露骨な形で現れたのが、ディフェンシブ・エッジ後のガザ再建の時だ。上記のように、イスラエルが（アメリカなどが提供した武器を使って）ガザをことごとく破壊すると、停戦後は「国連の指導で再建を」ということになる。しかし、「国連で」というのは詰まるところ「世界各国の税金で」ということに過ぎない。イスラエルが数々の戦争犯罪を起こして破壊したガザの再建を、他の国の国民が責

任を持って負担するのは筋が通らない話だ。本来なら、イスラエルが全額負担して再建するべきだろう。

しかしそもそも論を横において、ディフェンシブ・エッジ後は、例のごとくUNRWAが「再建のためのガザ支援を」と各国にカネを求めた（それがUNRWAの仕事なので、私は非難するつもりはもちろんない）。その時、アメリカはカネを出す代わりに、そしてイスラエルは物資などの通行を認める代わりに、新しい条件を国連全体に突きつけた。それは、「ハマスというテロ組織を決して支援しないという形でしか再建を認めない」というものだ。

4章にも詳しく書いたが、イスラエルはハマス関係者の自宅を空爆し、平気で大勢の民間人の死傷者を出す。巻き添えを食って、周辺の家も破壊される。それ自体が戦争犯罪である疑いが濃いのだが、イスラエルの言い分は、「相手はハマスだったから戦闘員で、家を破壊したのは正当な戦闘行為。周辺の家の再建は認めるが、ハマス関係者の家の再建は認めない」というものだ。家を建て直すためのセメントの販売管理をUNRWAが厳しくし、ハマス関係者に渡らないように監視し、セメントの行き先に関する詳細な情報の提供も強制する。こういう仕組みをイスラエルの圧力で作ることを余儀なくされているようだ。

■**人道援助の鉄則に反する、イスラエルの強要**

人道援助の鉄則は「政治的意見などとは関係なく、必要性に応じて平等に与える」というものだ。言うまでもなくイスラエルの強要した条件は、これに真っ向から反対するものだ。そもそもイスラエルが「ハマスの戦闘員だ」と断定している人が果たして本当にそうなのか、贔屓目に見ても疑わしいのは言うまでもない。「中東カルテット」を使って、自国と敵対する人たちが公認されないようにして、人道支援までもが届かないようにする。このやり口は極めて卑劣としか言いようがないだろう。そして、国連機関の中立性がますます危ぶまれる結果になってしまうのだ。

結局その仕組みとは関係なくUNRWAは事実上ガザ再建事業を停止する事態に追い込まれている。2014年10月に各国が集まって、ガザ再建のために54億ドルの資金提供を約束した。そのうちの7億ドルほどがUNRWAに供出されるはずだったのだが、2015年1月末現在に実際に届いた資金はその2割にも満たなかった。住居などの再建はほとんど進まず、12,000人ほどのパレスチナ人が依然として避難所で暮らしているままだ。避難所に入れずに瓦礫で寝

ている家族なども多数おり、寒波で凍死する幼児などが続出している。

アメリカの下での「和平交渉」

■アメリカに仲介役は務まるのか

このようにして国連が効果的に動くことを事実上阻止しているアメリカだが、アメリカが仲介して和平交渉が行われることもあるではないかと考える読者も多いだろう。最近まで力を入れていたケリー国務長官をはじめとし、アメリカの歴代政権が交渉の仲介役を買って出て、何とか平和をもたらそうとしてきたのは事実だ。国連が栄光を浴びること自体には何も価値はないので、国連が何もできなくても、例えば強国のプッシュで和平を結ぶことができればそれでいいだろう。

しかしアメリカがあまりにも露骨にイスラエルに肩入れしているので、効果的な仲介などできるはずがないのだ。紛争の仲介役は言うまでもなく中立的であることが第一要件なのだが、アメリカにはこれがない。したがってパレスチナ側は、いつだって猜疑心を持ってアメリカの進めようとする交渉プロセスを見る。実際、アメリカがどれだけ中立的に振る舞おうとしても、やはりイスラエルの方に気を遣って、イスラエルの方に有利な条件に話し合いを導こうとする。

■イスラエルに肩入れするアメリカ

例を挙げればきりがないが、最近では、例えばイスラエルの「イスラエルをユダヤ人国家として承認しろ」という、パレスチナに対する要求だ。パレスチナがイスラエルを「ユダヤ人の民族国家」として公に承認しない限り和平は望めないと吹聴し、これがまるで絶対条件かのように振る舞う。難民の帰還の権利、及び48年パレスチナ人の人権に鑑みると、パレスチナ当局がそのようなことを宣言できないのは明らかで、そもそも論としてもイスラエルという国家を承認して和平を結べば充分なはずだ。日本も例えばフランスを「カトリック教徒の国」として認めたりしておらず、自国をいかに定義づけるかはその国が勝手に決めるべきことだ。イスラエルのこの姿勢は、当然飲めない要求を突きつけることによって、和平交渉が進まないのがまるでパレスチナ側の責任であるかのように見せかけるのが目的だが、アメリカはそれに乗って、イスラエルを代弁してパレスチナにこの要求を飲むように圧力をかけた経緯がある。

同じぐらい、もしくはもっと横暴なのは、「和平後もヨルダン渓谷でのイスラエル軍の駐留を認めろ」というイスラエルの要求だ。この要求は「ヨルダンから敵が攻めてくるかもしれないので、安全保障上の絶対条件だ」というのが根拠だが、和平を結んでいるヨルダンから侵攻されるはずはなく、水資源などを確保し続けるのが真意だろう。占領を解いてもイスラエル軍が残るなら、独立もへったくれもないのは歴然としており、筋が通らない。それにもかかわらずアメリカは和平交渉で、やはりそれを飲むようにパレスチナに詰め寄るのだ。
　非常に重要なのは、こういった要求が決して昔からあるものではなく、極めて最近になって、イスラエルが急に提示するようになったという事実だ。上のいずれも、私が赴任した2009年あたりに初めてイスラエルの要求として現れるようになった。次から次へと飲めるはずのない新しい要求を突きつけて、それが容易に受け入れられないパレスチナ側を「和平を望んでいない」と宣伝するというのが、イスラエルの常套手段だ。そしてそれを止めようとしない、それどころかその要求を代弁さえするアメリカは、到底中立的な仲介者とパレスチナ側に認められないだろう。

■和平交渉が続くほど拡大する入植活動

　何よりもパレスチナ側にしてみると、和平交渉が続けば続くほど入植活動が拡大する。下記のグラフがその事実をわかりやすく表している。和平交渉は20年以上続いているが、その間に入植地がどんどん増え、入植者人口は増加する一方だ。交渉すればするほど、自国の領土が盗られて行くのだ。
　そのような状況なので、パレスチナは決まって和平交渉に応じる条件として、入植活動の停止を求める。和平交渉を引き延ばすだけ引き延ばし、その間もせっせと現場で既成事実を積み上げるというのがイスラエルの常套手段だ。イスラエルとパレスチナにはもともと力の均衡はまったくないので、一緒に扱うのは悪平等というものだ。しかしアメリカはイスラエルに対して絶大な影響力を持っているはずなのに、パレスチナのこの正当な要求を呑ませることさえろくにしない。入植活動の一時停止さえイスラエルに強く求めないアメリカが、一体パレスチナの利益を公正に考慮してくれるだろうか。答えは明らかである。そのようなわけで、パレスチナもついに自国にとって不利な状況が強化されるだけの「和平交渉」に近年しびれを切らして、国連で国家承認を求めたり、国際条約、特に国際刑事裁判所加盟に動くようになったのだ。

パレスチナの要求というのはそもそも1967年の安保理決議242号に書かれたものであり、その後も無数の国連決議で訴えられたものだ。1948年時点の国境までイスラエルが撤退し、入植地を撤収し、東エルサレムを首都にパレスチナ国家が独立する。そして難民の帰還の権利。これらは国際社会の総意であり、それをずっと無視し続けてきたイスラエル、そしてその横暴を庇ってきたアメリカの態度が何よりも根本的な問題なのだ。

　余談だが、イスラエル政府は上記のような新しい条件を提示すると、もちろん「新条件」とは言わず、さも昔からずっと言い続けてきた、根本的な絶対条件かのように振る舞う。パレスチナに駐在して私がいつも不思議だったのは、自国政府のその態度にコロッと騙される一般のイスラエル人だった。パレスチナとの和平は当然、国にとっての一大事なのでマスコミで必ず大きく報道されるし、それほど集中してフォローしなくても、「あれ？　前はそんなこと言ってなかったぞ」というのはすぐにわかるはずだ。しかし一般のイスラエル人はマンマと乗せられて、「だって、奴らはイスラエルをユダヤ人国家と認めないではないか。やはり和平を望んでいない」となる。そこには事態を正確に伝えようとしないイスラエルのメディアの姿があるし、後にも詳しく述べるように、「セキュリティー」といわれると異論を決して差し挟もうとしない、飼い馴らされたイスラエル人の姿があるようにしか思えない。

6章 アメリカとイスラエル

　ここまで見てきたように、国連はパレスチナに関してはほぼ完全に無力だ。安保理でのアメリカの拒否権及びアメリカの強硬姿勢のために、根本問題の解決に向けて効果的なことができずにいる。それでは、なぜアメリカがそのような態度をとり続けるのだろうか。

イスラエル・ロビー

■イスラエル支持を競う議員たち

　なぜアメリカがこれほどまでに強硬にイスラエルを庇い続けるのか。これが不思議で仕方がない読者も決して少なくないと思う。実は国連などの多国間の場だけでなく、二国間関係においても同様で、アメリカの援助を受けている国の断トツのナンバーワンがイスラエルで、その援助額、毎年30億ドル（3000億円）は2位を大きく引き離している。そのほとんどは軍事援助だが、それ以外にもドル借款もあり、イスラエルだけに適用されるさまざまなからくりで返金をいつまでも先送りにし、事実上の資金提供になっているという指摘もある。アメリカにある民間団体などのイスラエルへの寄付も含めると、なんとイスラエルの国内総生産の10パーセントをアメリカが賄っているという試算もあるほどだ。

　大統領はいざ知らず、連邦議会でもイスラエル支持の基盤は揺らぎないように思える。ことあるごとにイスラエルを支持する決議が出される。ディフェンシブ・エッジの際にも、議員はことごとくイスラエルの主張を鵜呑みにした発言を続けているし、議員は何かにつけ自分がいかにイスラエルの味方で強力な支援者かを強調したがる。

例を挙げればきりがないが、最近で顕著なものと言えば、イランに対するオバマの融和路線に不満を持った共和党所属のジョン・ベイナー下院議長が、大統領に断りもせずにネタニヤフ・イスラエル首相をアメリカに招待し、両院総会で話すように依頼した事件だ（2015年3月）。イスラエルは当然イランに対して極めて好戦的で、何かにつけて攻撃すると脅したり、その方面での支援をアメリカに求めたりしてきた。これに対しオバマ大統領は（裏で）イスラエルに対して相当強い姿勢で臨んで、その動きに抵抗している。イスラエルと組んでイランにより強硬でいたい、それどころか攻撃したいという議員は（特に共和党に）いくらでもいるので、その下院議長が大統領をすっ飛ばしてネタニヤフ氏をアメリカに呼んで、大統領を議会で非難してもらおうという魂胆なのだ。

　当然オバマ氏は（裏で）激怒したが、結局演説は強行され、例のごとく何十回もの拍手喝采の中でネタニヤフ氏はイランに対する強硬な姿勢をアメリカに求めた。自国のトップに断りもせずに外国の首脳を呼んで自国のトップを非難してもらおうというのは、異例どころか、ほとんどクーデターに近いと言えるだろう。それだけ、アメリカの議員は争ってまでイスラエル支持を繰り返し世にアピールするものなのだ。そしてそれは残念ながら保守派の共和党に限ったことではなく、民主党のスターとなっているヒラリー・クリントン氏もしかり、民主党内でヒラリーに失望した左派が支持するマサチューセッツ州選出上院議員のエリザベス・ウォーレン氏も同じだ。

　アメリカの政治ではイスラエルは「外交でなく、国内問題」とさえ言われている。アメリカの政治家にとってそれだけ身近で、疎かにできない案件となっている。これを端的に表している最近の例では、テキサス州下院議員のモリー・ホワイト氏（連邦議員でなく、州議員）のとった行動がある。アメリカではイスラム教徒の人口が移民も含めて増えているが、テキサス州では年に一度「テキサスに住むイスラム教徒の日」というのがあり、州内のイスラム教徒が大勢で州都を訪れて、州議会を陳情に訪れたりすることになっている。ところが、この議員は敵愾心むき出しで、イスラム教徒は皆テロリストとばかりに「私の事務所に来たらまず、アメリカへの忠誠及びテロを支持しないという宣誓をしてもらう、そうでなければ話し合いに応じない」と発表した。そして、自分の事務所には何と星条旗の隣に、イスラエル国旗を掲げたのだ。テキサス州に住むイスラム教徒の日常生活に、イスラエルは何一つ関係ないはずだが、それだけその議員はイスラエル支持をアピールする必要を感じたようだ。

■ユダヤ人票獲得のためではない

　従来、日本のマスコミはよくこの状況を「ユダヤ人票のため」と説明したが、それは必ずしも正しくない。各世論調査を見てもユダヤ系アメリカ人が投票を決める際の優先問題は中東でも何でもなく、他のアメリカ人同様、経済や教育問題だというのがはっきりしている。むしろ若いユダヤ人はイスラエルの戦争犯罪に辟易しており、他民族との結婚も進み、イスラエルから離れつつあるというのが現状だ。そもそもユダヤ人は全国民の2.5パーセント程度で、なるほどニューヨークやフロリダなどという重要な州に大勢固まってはいるので動向は無視できないが、その微々たる割合だけのために外交政策が決められるというのは明らかに考えにくい。

　ユダヤ系アメリカ人に関していえば、むしろ「少数の人が莫大な影響力を持ち、親イスラエル的な政策を要求している」というところの方が正確だ。ユダヤ人が秘密ネットワークを作ってアメリカを動かしているという謀略めいた話を信じ込んでいる人も（日本にも、アメリカにも）いるが、それはもちろん間違いで、有力者（もしくは「影の」有力者）が皆ユダヤ人だということは決してない。しかし、いくつかの業界においてユダヤ人の有力者が多数いることは事実だ。そしてそれらが概してイスラエル保護に極めて熱心で、イスラエル政府とも連携をして、「イスラエル・ロビー」と呼ばれているものの一部（これから説明するように、全部ではない）を結成している。

■イスラエル・ロビーの顔、AIPAC

　まず、イスラエルロビーの中核をなし、政界での「足」の役割を果たすのは、泣く子も黙る「アメリカ・イスラエル公共問題委員会」（The American Israel Public Affairs Committee: AIPAC）だ。AIPACは連邦議会のみならず、キーとなる州の選挙などでも莫大なカネをばら撒き、親イスラエル的な政策を候補者に強要する。AIPACに楯突くと当選は絶対不可能と言われているほど資金が潤沢で強力なロビー団体で、特に連邦議会では「恐怖の支配」を強いていると言ってもいいほどだ。

　なお、アメリカには他にも強力な力を及ぼすロビー団体がある。例えば全米ライフル協会は長年、銃の所持に対するあらゆる規制に反対を続け、アメリカ政府がこの問題に効果的に取り組むことを阻止して来た。製薬業界や医療保

険業界も強力で、例えばアメリカが国民皆保険制度を作ることができない背景に、それらの団体のロビー活動がある。石油業界の力も絶大だと言える。しかし、それらの団体とAIPACが決定的に違うのは、議員が世論の動きに敏感に反応して、時にはそれらロビー団体を非難することもあるということだ。しかしAIPACの場合は、それさえもない。議員はいかなる場でも、イスラエルの悪口は一切許されない。上記のようにアメリカ左派の期待の星である人権派のウォーレン上院議員でも、イスラエルの人権侵害について質問されると、「イスラエルの自衛戦争」とAIPACにもらったトーキングポイントをそのまま繰り返すのみだ。

　毎年ワシントンで開かれるAIPAC総会では大統領をはじめとし、政界有力者が演説する。そして2012年の5月にネタニヤフ・イスラエル首相が総会に出席するために訪米した時、連邦議会ではわざわざ両院集会が開かれ、彼が演説し、それが全国の生放送で放映された。そもそも外国の首相のために両院が招集されること自体歴史的にも例がほとんどないことで、第2次大戦中にイギリスの首相であり、アメリカの無二の朋友であったチャーチル首相の時にしかなかったことのようだ。そのうえ、ネタニヤフ首相の演説では29回も壮絶な拍手喝采が起きるという、まるで属国が宗主国に振る舞うかのような、異様としか言いようのないものだった（オバマ大統領の演説中の拍手喝采よりはるかに多かった）。立ってイスラエルにエールを送るアメリカ議員全員のポケットにAIPACの小切手が入っていたと揶揄したメディアもいたが、それだけAIPACの力はワシントンでは絶大なのだ。

■ユダヤ人有力者たち

　しかし、AIPACは所詮イスラエル・ロビーの「顔」でしかない。ロビーの真の強さを理解するには、上記の「少数のユダヤ人の有力者」の活動も検討する必要がある。まず、ウォール街の経営陣など有力者でユダヤ人が比較的多いのは昔からだが、財界で突出しているのはチャールズ・コーク、デイビッド・コーク兄弟や、シェルドン・アーデルソンだろう。コーク兄弟は石油精錬などで財をなし、千億ドル単位の財産があるものと思われているが、親イスラエルの団体やシンクタンクなどの大きな資金源となっている。アーデルソンはラスベガスのカジノ王で、賭博などの利権でやはり大きな財産を築き上げ、同じように親イスラエル派の資金源だ。

　イスラエルのためのロビー活動に関してはアーデルソンの方が露骨で、特に

共和党の気に入った候補者に大金を献金して、「パレスチナ人は存在しない」などという持論にそった主張を強要する。2012年の大統領選の際にはニュート・ギングリッチ上院議員に1000万ドル（約10億円）を献金して、ギングリッチは始終イスラエルを一方的に庇う主張をした。結局ギングリッチは候補者指名選でミット・ロムニー氏に負けることになるが、共和党におけるアーデルソンの力は依然として絶大なもので、2014年の春に次期大統領選の候補になりたい政治家3人が揃ってラスベガスに「アーデルソン詣で」をしたほどだ。有力候補の一人にクリス・クリスティー・ニュージャージー州知事がいるのだが、彼はそのすぐ後にパレスチナのことを「占領地」と発言してしまい、共和党の有力者に叩かれて平身低頭で謝罪するという「事件」があった。本書でも見てきたように、イスラエル政府はパレスチナについて「占領地」でなく「境界線未決定地」などと極めて曖昧な呼び方をしているため、少しでもイスラエル政府の立場から外れたことを言ったことでてんぱんに叩かれたのだ。

　アーデルソンはアメリカだけでなくイスラエルの政治にも関与しており、例えば右派政党・リクードの指導者選挙でネタニヤフ氏にやはり大きな献金をしている。またアーデルソンは自腹で、イスラエルで「イスラエル・ハヨム（今日のイスラエル）」という無料新聞まで立ち上げたのだ。「イスラエル・ハヨム」は無料で配られているため購読者数がすぐに全国1位にのし上がったのだが、その内容はアラブ人に対する差別や戦争の推進など、低俗で極端に右寄りなタブロイドというところだ。このように、アーデルソンはイスラエルにおける世論作りにも力を入れている。

　ちなみにアーデルソンは日本のカジノ解禁を楽しみに待っており、すでに日本で巨大リゾートを展開する予定だと発表している。もしもそれが実現すれば、日本での金持ちの道楽であるカジノから莫大な資金がイスラエル右派、イスラエル軍、そして入植地などに流れることになる。

■ カネで動くアメリカ政界、学術界

　アメリカの政治の話に戻るが、上記のコーク兄弟やアーデルソンの話は決してウェブ上の誹謗中傷や人種差別をもとした謀略論でも何でもなく、メディアで普通に報道されている、公知の事実だ。日本ではあまり知られていないことだが、アメリカの政治はさまざまな面で腐敗し切っており、カネで政治家を買うのは日常的に起きているといっていい。そして、近年のいくつかの米最高裁の判

決で献金に対する規制が事実上撤廃されてしまい、一部の富裕層がますます容易に候補者の政見に影響を与えるようになっている。また、莫大な資金力を背景に政治宣伝などを巧みに使い、選挙結果が左右されるようになっているとも指摘されている。政治家もマーケティングする商品と化してしまい、最も資金力のあるスポンサーが買うことになる。日本もそうなりつつあるが、カネで何でも買えるというのがアメリカ政治の実状だ。

　カネで動き、腐敗しているのはアメリカの政界だけではない。残念ながら、少なくともこの問題に関しては、アメリカの学術界もそうだ。アメリカの大学、特に私大は高騰する一方の学費でも足りず、大抵大きなスポンサーがついている。こうなった背景にはさまざまな「教育改悪」があるが、本書に関連する一番の問題点は、それらスポンサーが教授の昇進など人事に口を挟むことが決して少なくなく、声高にイスラエルを非難すると教職にありつけないなどというケースが極めて多いということだ。例えばパレスチナでの人権侵害を糾弾するので有名なノーマン・フィンケルスタイン氏はあらゆる大学で総スカンを食らい、非常勤の職にしかありつけないでいる。2014年の夏、ディフェンシブ・エッジで民間人が大量に虐殺されている間にツイッターでイスラエルを非難した、イリノイ大学で教授となる予定だったスティーブン・サライタ氏が雇用取り消しになるという事件も起きたが、これは氷山の一角と思われる。また、大学の経営者がイスラエルを非難する学生運動の取り締まりをスポンサーに求められることも決して少なくない。「恐怖の支配」は政界のみならず、アメリカの学術界にも確実に広がっているのだ。

■イスラエル・ロビーの手口

　こういう時、イスラエル・ロビーがいつも使う手は、相手を「反ユダヤ主義」「ユダヤ人迫害のレイシスト」と騒ぎ立てることだ。これは自分たちを被害者、相手を加害者と見せかける手法だ。ホロコーストがあったヨーロッパと違い、アメリカには反ユダヤ主義が吹き荒れた歴史はあまりないが、黒人差別の歴史を抱えている以上、「人種差別」との烙印は少しでも教養のある人の中では致命的だ。イスラエルを非難するのはユダヤ人を非難するのとまったく違うというのは子どもでもわかることだと思うが、この問題で理性的な議論が行われることが少なく、感情的になって騒ぎが大きくなることが多い。結果的に、標的になって騒がれた弱者の方が負けることが多い。

例えば上記のフィンケルスタイン氏に対する仕打ちが、この構図を端的に物語っている。彼が大学などで講演すると、妨害工作として、親イスラエル派の学生などが必ず来る。その時お定まりなのが、お涙ちょうだいの「泣き崩れる女学生」だ。「ユダヤ人があれだけ残酷なことをされたのに、先生のその話は酷いと思います」と言って、皆の前で泣きじゃくる。ところが当のフィンケルスタイン氏自身もユダヤ人で、家族がほぼ全員ホロコーストの犠牲になった。彼は女学生を一蹴して、自分の家族がナチスによって虐殺された話をして、「それと同じことを、今、イスラエルがパレスチナでやっているのだ。涙を流すのなら、パレスチナ人のために流せ」と相手を論破する。まったく正論だが、基礎知識のない人にとっては、「いい大人の男性が若い女の子を泣かしている」というふうにさえ見える。このようにイスラエル・ロビーは感情に訴え、言論を封殺しようとする。ちなみに、同じユダヤ人をさすがに「反ユダヤ主義者」とは言えないので、フィンケルスタイン氏はゴールドストーン氏（本書113頁参照）同様、「自己嫌悪に悩む、屈折したユダヤ人」と言われる。真剣に受け止めにくいと思うが、イスラエル・ロビーは大真面目にそのような烙印を使う。

■世論作り

　イスラエル・ロビーの動きでさらに無視できないのが、マスコミなどによる「世論作り」の動きだ。マスコミも伝統的にはユダヤ人が比較的多い業界で、例えばニューヨーク・タイムズや主要テレビ局など、経営陣や編集局にはユダヤ人が際立っていることが多い。ユダヤ人だからといって必ず親イスラエルだとは限らないし、「ユダヤ人がアメリカのマスコミを牛耳っている」と言うつもりはないが、要職にユダヤ人が多いという事実と、アメリカの主要マスコミが露骨に親イスラエル的だという事実とは、無関係ではないだろう。

　何と言っても、ニューヨーク・タイムズを筆頭としたアメリカの主要マスコミは極端にイスラエル贔屓で、まるでイスラエル政府、イスラエル軍の宣伝機関ではないかと思ってしまうほどだ。例を挙げれば切りがないが、例えばディフェンシブ・エッジに際しては「ハマスがイスラエル人青年を3人殺害した」というイスラエル政府の言い分をそのまま鵜呑みにして報道し続けたし、ハマスが殺害したのではないという証拠があらわになってイスラエルのマスコミにさえ報道されても、アメリカのマスコミは無視し続けた。そもそも殺されたイスラエル人はいつだって「青年」であり、決して「入植者」でなかったところがミソで、罪

のない民間人がいわれもなく恐ろしいパレスチナ人のテロに殺される、というニュアンスが強い。贔屓目に見ても、コンテクストが抜けていることは明らかだろう。そしてディフェンシブ・エッジの戦闘中でも、イスラエル人（しかも兵士）が一人でも犠牲者が出ると一面トップであるのに対して、百人単位のパレスチナ人の子どもが殺害されてもさらりと触れるだけだった。このような差別的扱いは、ニューヨーク・タイムズのみならずアメリカの新聞一般に関して言えることだ。

ディフェンシブ・エッジの間のアメリカのテレビにしても、基本的にイスラエル側の論客ばかり招き、アラブ人などパレスチナ人の味方をする人が登場することがほぼ皆無だったことは、市民団体などの統計で明らかにされている。いうまでもなくイスラエルの戦争犯罪を糾弾する人権活動家がテレビに登場することは限りなくゼロに近い。

ガザの大規模爆撃の時などはいざ知らず、アメリカの主要マスコミは普段から露骨にイスラエルよりだ。イスラエルを除いた国際社会は、アメリカも含めて、入植活動が国際法違反だと頻繁に非難しているのに、その事実は滅多に報道されず、例えば「多数の国に批判されているイスラエルの入植地」などと極めて曖昧な表現になる。事件がある度にイスラエルの肩を持ち、パレスチナ人に問題の原因があるように書かれる。

具体例は枚挙にいとまがないほどだが、一つだけ顕著なものを挙げるとすれば、2012年にパレスチナが国連総会に国家承認の申請をした（これに関しては後に詳しく述べる）際は、「和平交渉の進展を妨害する一方的な行為」と、これもまたイスラエル政府の主張をそのまま伝えるのに留まった。そもそもニューヨーク・タイムズのエルサレム支局長の夫がイスラエル政府の宣伝を請け負っている会社の経営者で、本人も支局長就任時に「イスラエルの視点で紛争を見たい」と発言しているのだから、中立性に明らかに問題がある。アメリカのマスコミよりイスラエルのマスコミの方がよっぽどイスラエル政府を非難するのだから、笑うに笑えない話だ。

■ハリウッドも

日本人にあまり知られていないが、ハリウッドも実は経営者などにユダヤ人が多く、イスラエルに友好的な世論作りを推進して来た。アラブ人が正義の味方であった映画は皆無と言っていいほどで、ほぼ確実に悪役であるという事実は、何も9・11に始まったことではなく、かなり昔からあることだ。「栄光への脱

出」（原題：Exodus）という映画が1960年にアメリカで公開されたが、イスラエル建国を実に美化した話で、「アラブという野蛮人と戦う勇敢なイスラエル人」というアメリカ人の固定観念を一般人のレベルで強化することに非常に役立ったと言われている。そして知っている読者も多いと思うが、2014年後半に今度は出エジプト記を映画化した「エクソダス──神と王」という映画が上映開始となり、日本でも公開されている。旧約聖書のいわば神話に過ぎない話をさも事実であるかのように伝えることで、イスラエルの視点の正当性を裏づけようとする「エクソダス」だが、露骨に人種差別的だとアメリカのNGOに非難もされている。エジプト人にもユダヤ人にも今は肌の白い人もいるのだが、特に当時は肌が茶色だったり、まっ黒い人が圧倒的だったと言われている。それにもかかわらず「エクソダス」の主人公のユダヤ人などはすべてまっ白い白人で、なおかつ奴隷は黒人ときたものだから、白人の黒人支配に基づいた描き方との批判がある。

　エクソダス以外のハリウッドの最近のヒット作といえば「アメリカン・スナイパー」（2014年）、すなわち「狙撃兵」だ。スナイパーの主人公は軍隊に志願、そして9・11事件後にイラクに派兵される。決して忘れてはならないことだが、9・11はアフガンにいるオサマ・ビンラディン氏が首謀者だったとされており、イラクは何一つ関係ない。しかし、映画のこのような編集によって、まるで9・11が原因でアメリカがイラクに侵攻したかのような印象を受ける。そして我がヒーローの狙撃兵はイラク人を皆「野蛮人」と決めつけ、女性や子どもも含めて数多く撃ち殺す。映画を見た観客が「これでアラブ人を大勢殺す気になったぜ」などとツイッターで送ることが多くみられ、実際にアラブ人やイスラム教徒の襲撃事件が増加している。

　映画のみならず、アメリカのテレビ番組を通してもイスラエルに友好的なメッセージが婉曲的に送られることがかなり多い。例えば日本でも人気だった「フレンズ」というドラマがあるが、主人公が好きになった破天荒な女性がなぜか「イスラエル軍に入っていた」という設定や、美味しかったワインが意味もなく「イスラエル産」だったりする。海外で「イスラエル産」として売られているワインのほとんどは実は入植地で作られているので、「イスラエルのワインは美味しい」というメッセージには、「イスラエルは格好いい場所」と、「入植地で作られたものはいいもの」、もしくは「入植地はイスラエル領」といういくつもの側面がこめられている。しかし、基礎知識がない一般人が見れば、素直にそのまま受

け止める。

■「人権業界」に対しても

　私のいる人権業界でも、残念ながら完全にクリーンとは言えないこともある。自治体や企業の助成金で賄っている日本やヨーロッパと違い、アメリカのNGOというのは個人や財団の献金で運営されていることが多い。財団がユダヤ系のものであることは決して少なくないし、また、マスコミ同様、人権NGOの理事などの要職にユダヤ人が就いていることも少なくない。繰り返すようだが、ユダヤ人だからといって親イスラエルとは決して限らないし、ましてや、人権団体の理事でイスラエル政府やAIPACから指示を受けている者はいないだろう。しかし、団体によっては、パレスチナの人権問題を取り上げようとするときはいつもより壮絶な議論が行われ、スタッフが結果的に及び腰になることもあると聞く。他のあらゆる国の人権状況に関しては冷静に問題を分析して人権保護を論じるのに、パレスチナ問題になると急に感情的になり、「イスラエルはテロの脅威にさらされている民主主義国家だ」と息巻く。または、イスラエル非難はできても、「バランスをとる」という意味で同じくらいハマスを非難することを求められる。NGOがすべてそうだとはもちろん決して言わないが、こういうこともあるというのは、アメリカの人権業界の常識だ。

　この例としてよく挙げられるのが、アムネスティ・インターナショナルに次いで人権NGOの筆頭格である、ニューヨークに本部のある、ある団体だ。エルサレムに駐在しているその団体の調査員は極めて優秀で、斬新的な分析法でイスラエルの人権侵害を糾弾しているが、むろん現場の一担当者にすぎない彼には、団体の全体的な運営には関与できない。2010年には、イスラエルの空爆を分析したその団体の武器使用に関する専門家（戦地での武器の使用を分析して、国際人道法との適合性を判断する専門家）の素行が問題になった。

　元軍人であるその彼は第2次大戦オタクで、各国の軍服を集めたり、軍隊グッズを収集するのが趣味だった。変わった趣味に違いないが、まあ、人それぞれだ。ところが自分の個人のウェブサイトにナチスの軍服を着た自撮り写真が掲載されており、それを見つけた親イスラエル団体が「ナチス主義者」「反ユダヤ主義者」と飛びついたのだ。実のある非難とは言えないが、驚くことにその団体はひるみ、その専門家はクビになった。

　その後も、その団体は奇妙な動きをした。記憶している読者も多いと思うが、

シリア内戦が続く2013年8月に、化学兵器を積んだミサイルが民間人地区に撃ち込まれたという疑惑があった。ミサイルを撃ったのがシリア政府なのか反政府軍なのか不明の中、「シリア政府が化学兵器を使えば黙っていない」とあらかじめ言っていたオバマ大統領はいよいよ、イスラエルが求める、シリアへの軍事介入に踏み込まずにいられなくなるのではないかと思われた。

　その時、驚くことにこの人権NGOは「独自の分析の結果、ミサイルはシリア政府が撃ち込んだ」と断定する声明を出した。現地調査に基づかないその発表はスカイプ証言やユーチューブなどに載っている情報をもとにしたもので、素人目にも怪しげだった。大体ミサイルが撃ち込まれたのは、国連の化学兵器調査団が到着したその日のことで、反政府軍には利点はあっても、シリア政府にそのようなことをする利点がまったくない。そしてそもそも論として、そういった、犯人を断定するための捜査は人権団体の役割ではないだろう。人権団体にとって、中立性の維持は至上命題だ。国際犯罪があれば、公正な捜査が行われることを国際社会に訴えかけても、自分で捜査当局の代わりになるのが役目ではない。ましてや、大国が参戦するかも知れないという極めて危機的な時期に、スカイプ証言やユーチューブをもとに「犯人」を決めつけるのは明らかに問題だ。

　イスラエル寄りで有名な新聞、ニューヨーク・タイムズも同時期に同様の報道をし、いよいよアメリカは戦争に向かいそうに見えたが、オバマ大統領は踏みとどまり、攻撃はなかった。この「分析」に問題があったことは後に明らかになり、ニューヨーク・タイムズは細々と訂正記事を出したがNGOの方はそうせず、今でもサイトを見れば報告書が掲載されている。

　もちろん、その団体がイスラエル政府の手先だとか、中近東に関して意図的に偽情報を流しているというつもりは一切ない。中東に限らずこの団体で働いている仲間は大勢おり、世界のさまざまな場所で人権のために日夜努力を続けている。しかし、アメリカの権力の中枢のさまざまな場所にイスラエル・ロビーが展開しており、イスラエル贔屓の空気作りに成功している。そして人権団体といえども、本拠地がアメリカにあり、常日頃からそういうエリートを相手に仕事している以上、その空気に決して影響されないとは断言できない、ということだ。実際、アメリカがアフガンやイラクに侵攻した際、「人権や民主主義のため」というアメリカ政府のあからさまな嘘にまんまと載せられた、(この団体以外の)著名な人権活動家はアメリカには決して少なくない。人権団体とはいえどもその社会の一部であり、知らず知らずのうちに社会全体の流れに感化されてしま

うこともあるのだ。

■NGOを装う者も

このようにイスラエル・ロビーはさまざまな業界で活躍しており、さまざまな方面からアメリカ人に親イスラエル的な、偏ったメッセージを送り込んでいると言える。そして、もちろんこういった活動には、イスラエル政府が直接的に関与している場合もある。例えば「NGOが公正に活動しているかを調査し、アカウンタビリティーを問う人権団体」という「NGOモニター」という団体ある。しかしこれは人権団体でも何でもなく、イスラエルを非難するまっとうなNGOの誹謗中傷をし、イスラエルを守るというのが唯一の活動だ。設立時からイスラエル政府がバックにおり、密接な繋がりを保っている。ところが何も知らない一般人が団体の主旨を聞けばまともなものにも聞こえる。上記の、ニューヨークのNGOの武器専門家のナチス軍服騒ぎも、ことの発端はNGOモニターである。

国連の活動を監視して正当性を求めるという「UNウオッチ」という団体もあるが、これもNGOモニターとまったく一緒で、要するにNGOのふりをしてイスラエルの言い分を宣伝し、イスラエルに批判的な国連の動き（特にニューヨークの動き）を封じ込めるのが目的だ。正当な人権活動をしている人はもちろん誰も相手にしないが、UNウオッチもNGOモニターも国連の協議資格をとっているので、NGOのための国連のミーティングなどに出席してあれこれ吹聴して回るし、アメリカのマスコミにも出ることがある。

■指揮系統があるわけではない

アメリカに話を戻すが、フェイスブックなどのソーシャル・メディアでも、実はイスラエル政府が組織的に世論作りに力を入れており、例えば学生が英語のサイトにイスラエルに友好的な投稿をする「ボランティア」に志願すると奨学金を出すなど優遇措置をとっている。ソーシャル・メディアでパレスチナ問題で大論争になることもかなり見られるが、イスラエル側の主張をする人がどういう人なのか、注意が必要だ。前にウィキペディアのエルサレムに関する記述に関して書いたが、イスラエル・ロビーが積極的に投稿して親イスラエル的な記述にしているという話はよく聞くし、実際に記事を見ると、そうなのだろうと納得することが決して少なくない。

しかし、このようにイスラエル政府がバックになって、アメリカで組織的に世

論構築が行われることは、むしろ少ない。「イスラエル・ロビー」というとまるで中央集権的な指揮系統があるように思えてしまうが、必ずしもそうではない。イスラエル政府の高官、マスコミや財界のユダヤ人の大物などが定期的に秘密会合を開き、個別問題に対応するための役割分担を決めるなどということはないだろう。たまたまイスラエルに友好的な人がたくさん要職に就き、時には考えを同一にする人と協働したり、時には個別に行動する、という程度のものと思われる。ネットワークとして繋がっている人も多いだろうし、情報交換することもあるだろうが、AIPACを別にすれば、一つのまとまった団体ではなし、いつも必ず一枚岩というわけでもない。

このような状況なので、実態は把握しにくい。例えば米国で銃の規制に反対する中心は何と言っても全米ライフル協会だ。もちろん他にも団体はあるがそれは所詮弱小の零細グループで、全米ライフル協会がやはり規制に反対する人の圧倒的大多数の受け皿になっている。したがって、銃の規制に反対する動きを分析するにはとりあえず協会の動きを見れば済むことなのだ。それと比べると、イスラエル・ロビーは、AIPACを除けばはるかに掴みにくく、系統立てて非難しにくい。そしてイスラエル・ロビーの力を批判する人には必ず「反ユダヤ主義」とのレッテルが待ち受けているので、研究者などでも、触らぬ神に祟りなしとこの問題を避ける人が多いのだ。しかし、総体としてのイスラエル・ロビーの力は否定のしようがない。

■タブーに挑戦する研究者も

2007年に、このタブーを打ち破った、果敢な研究者が2人いた。ジョン・メアシャイマーとステファン・ウォルトという2人の著名な教授が、『イスラエル・ロビーとアメリカ外交（The Israel Lobby and U.S. Foreign Policy）』という本を出したのだが、極めて冷静かつ中立的で、客観的にイスラエル・ロビーの影響力を分析している。しかし他方で、ほとんど1ページおきに「議会でロビー活動をしているのは何もイスラエルだけではない」「この本は決してユダヤ人を非難しているのではない」などなどと延々と弁解口調で書いている。当然のことながらその弁解はイスラエル・ロビーにはまったく通用せず、彼らは「反ユダヤ主義」と糾弾されるはめになった。2人とも地位が確立した教授なので失職したなどということはないし、本を称賛した論調もかなりあったが、批判的な論調もかなり出回っている。

■個人攻撃の恐ろしさ

　イスラエル・ロビーの怒りを買った人には個人攻撃が容赦なく浴びせられると書いたが、もちろんUNウォッチやNGOモニターからも同様の攻撃はある。パレスチナで活動しているNGO職員を「テロリスト」呼ばわりするのはいつものこと、パレスチナ駐在の国連職員の揚げ足をとって名指しで非難するのも常套手段なので、常にピリピリしていなければならなかった。これらの団体はもちろんイスラエルのマスコミにもコネがあり、特に英語版もあるエルサレム・ポスト紙に記事が載るとすぐに国連本部などにも伝わるので、問題になることも多かった。

　例えば、国連の人道機関のある現地職員（イスラエル国籍を持った、48年パレスチナ人）が2012年のピラー・クラウド攻撃の間に血みどろになった子どもの写真を個人用のツイッターで回し、「罪のない子どもがまたイスラエル軍に殺害された」という記述を付け足した。その写真はすでにネットで方々に回っており、ピラー・クラウド攻撃中のものと思われていたが、後になってそれがガセで、別の時期、それもイスラエル軍の攻撃と関係ない時の写真だと「判明」した。「判明」と言ってもそれを調べて指摘したのがイスラエル右派のサイトなのでどこまで正確かあやふやだし、仮にそれが正しくてもピラー・クラウドで罪のないパレスチナ人の子どもがたくさん殺されているのは事実なのだから本質的なこととは言えない。しかし、UNウォッチのサイトのみならず、エルサレム・ポストに「反ユダヤ主義の国連職員」ということで、その現地職員の実名及び写真入りで報道された。政府がバックにいると思われる右派団体がネット上で「××（実名）の懲戒免職を求めるキャンペーン」を始めて、新聞のサイトや検索エンジンなどを開くと署名を求める広告がしつこく出たりしていた。イスラエル政府も「彼女をクビにしないと人道機関とは一切折衝をしない」と脅迫の文書を国連事務総長に渡し、問題が雪だるま式に大きくなる一方だった。最終的に彼女はクビになるのだが、国連が露骨な政治的圧力に屈した、悪い例だ。

　もちろんその人はパレスチナ人だったのでイスラエルとしても騒ぎやすいのだが、国際スタッフだって決して油断できない。実は当の私も「中立性がなく、反イスラエルの国連高官」として、名指しでUNウオッチに書かれたことがあるし、イスラエルのマスコミにも書かれたことがある。事務所で一番問題になったのは、アメリカの青年たちのグループがオフィスを訪問した時だった。公的

> **THE JERUSALEM POST**
> Israel's best-selling English daily and most-read English website
>
> Mark Fitzpatrick Focus
>
> **Senior UN official: 'Settlers are whacked out'**
> By MAGNUS FRANK AND EMILY SCHRADER
> 13-05-2013
> The UN has a long history of officials with biased opinions in "impartial" positions, such as Richard Falk.
>
> Last week, on a student tour of the UN Human Rights Office in Ramallah, Deputy Head of Office Saul Takahashi made a number of alarming comments about the Israeli-Palestinian conflict. Now, of course the UN has a long history of officials with biased opinions in "impartial" positions, such as Richard Falk.
>
> Unfortunately, Saul Takahashi might be another name to add to the list.
>
> Takahashi took time out of his busy schedule to meet with the J Street U group (the student branch of the American lobbying group J Street) last Friday, and was supposed to provide a brief overview of his duties at the UN, but instead gave a one sided take on what Israel and settlers are doing in the Palestinian territories (however, given the UNHRC's record, maybe that is his duty).
>
> Takahashi's statements ranged from housing demolitions to settler violence to detention of terrorists, and

私が糾弾された、イスラエル英字紙のウェブ版（エルサレム・ポスト、2013年5月13日）。

な場なので私ももちろん言葉には気をつけたが、平和を求めるグループとのことだったので少し気を許し、いくぶんか地が出たのは確かだ。ところが、その中に話を（無断で）録音していたのがいたようで、その数日後にエルサレム・ポストのウェブ版に「国連高官、入植者をトチ狂った連中とこき下ろす」という大きな見出しが掲載された。私は最初に大笑いしたが、責任を取らされることを恐れて、ジュネーブ本部などの役人はかなり狼狽していたようだ。ウェブ版でなく紙面に掲載されたらいよいよ問題が大きくなるところだったので、私も翌日新聞を手に取る時は少し緊張したが、なぜかその記事は紙面に出ることがなかった。今でもウェブには載っているが、紙面に掲載しないという判断は何をもとになされたのか、私にはわからない。しかし、助かったのは事実だ。

ネオコンの台頭

■イスラエル・ロビーはユダヤ人だけではない

ここまで主にユダヤ人の話をしたが、イスラエル・ロビーはユダヤ人だけではなく、ある意味ではユダヤ人よりも重要なグループがいる。それは、近年アメリカで台頭し、もはや支配階層をほぼ完全に牛耳っていると言っていい、ネオコン主義者だ。「ネオコン（neo-con）」とはneo-conservativeの略で、日本語

では「新保守主義」とも訳されているが、政治系のサークルでも「ネオコン」という呼び名が定着しているので、本書ではその言葉を使う。

　ネオコンとは具体的に何を指すのかを考えるには、まず「新自由主義」を見る必要がある。かなり重複している面が多く、実際は境界線がかなり曖昧だが、簡単に言うと、新自由主義は一義的には経済に関する思想であるのに対して、ネオコンは新自由主義を土台にした、外交に関する考え方だ。すなわち外交（というより軍事侵攻）によって新自由主義をアメリカ以外にも押しつけようというのが、ネオコン思想の根幹なのだ。特に1980年代あたりからアメリカやイギリスで提唱されるようになった新自由主義の信条は、あらゆる経済の規制を撤廃し、政府の介入を排除し、経済活動を完全に自由にし、社会を市場の原理に任せるというものだ。あらゆる方面で民営化を積極的に進め、政府の役人でなく民間人のノウハウに経済運営を委ねる。政府イコール悪者、怠け者で、民間人イコールダイナミックで優秀なもの、というのが新自由主義の構図だ。

　新自由主義はもちろん企業にとっては極めて都合のいい思想なので、大企業や資本家などの資金的バックをもらって次第に主流になり、日本でも特に小泉政権から力を増してきた。アメリカでもそうだが、例えばニュースに呼ばれる専門家などのコメンテーターが新自由主義の考えを吹聴することが圧倒的に多い。もちろん決して「新自由主義者」という肩書きではなく「X大教授」として登場するが、解説の内容は明らかに新自由主義に傾倒している。

　「福祉を切り詰めて増税しないと、国家として成り立たなくなる」「行政に任せるより民間運営のほうがはるかに効率がいい」「過度の規制のために国民が損をしている」「雇用の非正規化は避けられない」などという考えが、さまざまなマスコミを通じて何度も繰り返し流されて来たがために、いつの間にか誰にでも受け入れられている、歴然たる事実として定着した感がある。そのどれをとっても真実性はかなり疑わしく、政治的意思によってどうにでもなる問題なのだが、いつの間にかそれが当然だという世論が作られている。言論統制と言えば大げさになるかもしれないが、新自由主義がいつの間にか主流になった、というより主流にさせられた感は否めない。世論作りが着々と進められた結果、いつの間にかそれが皆の共通の前提になっている。

　「すべての経済活動は自由に」という新自由主義の主張は聞こえはいいが、これは建前であって、もっとはっきり言えば真っ赤な嘘だ。「規制をすべて撤廃」と言っても、例えば労働組合を作りにくくしたり、組合がストをしにくくするような、

経営者に有利な規制は大喜びだ。アメリカには組合活動を締めつけるような法律などが次から次へとできているが、その背後にはもちろん新自由主義者の強力なプッシュがある。また、海外からより競争力の高い製品などが入って来ないようにするための輸入規制も、もちろん大歓迎だ。

■軍需産業

　そして何よりも注目しなくてはならないのが、新自由主義者の一番のダーリンが軍需産業だということだ。軍需産業の興隆で技術的イノベーションも高まり、それが経済の牽引車となると考えるのだ。日本でもそういう論調が目立つようになってきた。

　しかしながら軍需産業というのは、つまるところは人殺しの道具であることをさておくとしても、血税を食い物にする産業で、自由競争などとは縁のないものだ。落札から利益保障の仕組みに至るまで軍需産業は政府におんぶにだっこで、「企業のための福祉」とさえ批判されている。アメリカ連邦議会の調べでも、アフガン戦争とイラク戦争で軍需産業による過剰請求や虚偽記載などによって推定3兆から6兆円の税金の無駄遣いが指摘されている。そのうえ、6000億円ほどの税金が完全に使途不明となっており、軍需産業が事実上着服したと疑われている。また、アメリカには途上国がアメリカの武器を買うために「開発」援助する制度があり、日本もそれに倣ってODA（すなわち日本国民の税金）を使って日本の武器が購入されるようにする仕組みを検討している、と報道されている。仲間が経営する企業のために血税が使われるのはオッケー、しかし生活保護が必要な個人は「自己責任」と払いのける。これが新自由主義の本性なのだ。

■格差の拡大

　雇用の非正規化、経済規制の撤廃などで貧富の格差がどんどん拡大しているのは、アメリカでも日本でも一緒だ。国民の1パーセントだけが潤い、99パーセントが苦しむという経済構造になりつつある。それを「経済活性化に伴う、残念だが必然的な結果」と新自由主義者はよく唱えるが、そのような甘言に乗せられてはならない。1パーセントへの富の集中及び99パーセントの搾取というのが、まさしく新自由主義の目的なのだ。1960年代、70年代に先進国各国で進んだ富の再分配にストップをかけて、経済的貴族制とも言える制度に世界を

逆戻りさせるのが新自由主義の望むところで、政治は国民の福祉でなく、富の集中の手段に過ぎない。

当然のことながら、このような体制を維持するには、市民の不満を抑えつけなくてはならない。自由に発言できないよう、言論の自由を規制する恣意的な法律を作る。支配階層にとって不利な情報が極力市民の手に渡らないような、閉鎖的で秘密主義的な体制を作る。公教育も程度をどんどん低くし、受動的で教養がなく、政治に無関心な消費者ばかり創り出す。そして、少数の企業でメディアを買い占め、事実上の情報統制をする。まさに今のアメリカであり、日本が向かっている方向だ。

そして、上の軍需産業の興隆とも関係あるが、このような体制にとって一番有利なのは、「終わらぬ戦争」という状態だ。ジョージ・オーウェルの『1984年』という名著を読んだ読者ならわかると思うが、戦争という非常事態ですべてが許され、市民に対する締め付けが正当化される。軍需産業にとっても、戦争は書き入れ時だ。アメリカの「テロに対する戦争」が終わりのないものだという事実は、これとも関係している。そして自国での戦争には被害が伴うが、アメリカの戦争は遠い国でやるものだから、都合がいい。

■終わらぬ戦争

終わらぬ戦争と言えば、ネオコンの得意分野だ。上記のように、それによって儲かるのはアメリカの1パーセントだというのが前提で、新自由主義の海外促進の一番手っ取り早い方法は、戦争だ。

アメリカが積極的に海外に派兵して、資源を略奪する。その資源はアメリカの大企業にそのまま譲られ、1パーセントが莫大な利益を手にする。これがネオコンの描く政策の根本で、まさしく2003年のイラク侵攻が思い起こされる。若いアメリカ兵、そして万単位のイラクの民間人の犠牲のうえに、アメリカの企業が石油利権を略奪。軍隊の基地の運営、警備までをも副大統領と関係の深い企業が競争なしで落札。壮絶な腐敗の構造がイラクで作られたが、責任を問われて処罰された有力者など一人もいない。それどころか、今はズルズルと、蟻地獄に嵌るようにアメリカが再度イラクへの軍事介入に動いている。

新自由主義者に「経済の自由化」という大義名分があるのと同時に、もちろんネオコンにも大義名分がある。1997年に作られたネオコン団体「アメリカの新世紀プロジェクト」が出した文書にネオコンの憲章のようなものがあり、それ

を見ると人権や民主主義のために積極的に海外に出て行くといったようなことが書かれてある。日本の現政権の「積極的平和主義」と同じで背筋が寒くなるが、要するに「海外で人権を守る、民主主義を守る」という美辞麗句を使って、資源略奪の戦争の大義名分にしようとするのだ。

　実際、2003年のイラク侵攻の際、アメリカ政府などは「独裁者を倒し、民主主義をイラク人にもたらす」と吹聴し、驚くことに、アメリカのNGOなどの人権活動家で最初は納得した人が少なくなかった。ハリウッド映画でもお馴染みだがアメリカ人には「軍事力を使ってでも正義を守る」という考えがかなり根強い。それ自体が正しいかどうかわからないが、ネオコンの主張にまんまと騙される素地がある。イラクの後はリビアへの軍事介入に関しても同様で、人権活動家がネオコンと連携をとるという、危険な構図ができ上がっている面もある。

■政界と実業界の回転ドア

　ネオコン政権として悪名高いブッシュ（ジュニア）が選挙に負けて共和党が野に下ったからと言ってワシントンからネオコンが消えるわけでは決してなく、ブッシュ（ジュニア）政権の高官などはワシントンに残り、ロビイスト事務所や保守系のシンクタンク、もしくは実業界で勤務して返り咲きを虎視眈々と待っている。実業界から政権に入って、その後は実業界に戻るなどという「回転ドア」はアメリカに特有の現象で、人材の流動性を確保するという意味ではいい面もあるが、腐敗の温床になっているのも否定のしようがない。例えば実業界から政権に入って、数年すればまたもとの企業に戻ることがはっきりしていれば、その企業に有利な規制などを作ろうとするのは必然だ。そのようにして、例えばアメリカ政府の金融政策は長年ゴールドマン・サックスに牛耳られてきた。それは決して根拠のない謀略論などではなく、公の情報を調べればすぐにわかることなのだ。ゴールドマン・サックスの要職を退職し、金融規制を作る政権のポストに就く。そして数年したら、当たり前のように元の職に（あるいは昇進して）戻る。構図は歴然としている。

　ブッシュ（ジュニア）政権では副大統領さえもがその有様で、徹底していた。ディック・チェイニー副大統領は政権入りする前はハリバートンという、資源開発及び運搬、特に、米軍の海外基地などの請負を事業にする多国籍企業の社長だった。選挙に出馬する時に退職はしたが、副大統領の任期中に同社から「後払い報酬」を20億ドル以上受け取ったとされている。そして、周知のよう

に政権にいる間にアメリカがイラクを侵略して占領すると、莫大な金額の契約が競争入札もなしにいくつもハリバートンに転がり込んだ。実はパレスチナ以外にもイスラエルは、1967年戦争以来シリアの一部（ゴラン高原という）を占領し続け、イスラエルの一部と違法併合しているのだが、チェイニー氏と関連の深い（別の）会社はこのゴラン高原の資源開発にも関わっている。資源開発、というより略奪におけるイスラエルとチェイニー氏の利権関係は非常に深い。

それ以外には例えば国務長官を務めたコンドリーザ・ライス氏がシェブロンという石油大手の元役員だったりと、イラク侵攻で潤う企業と繋がりがある閣僚がずらりと並ぶ。ここまでくると、「政治」というのは所詮「金稼ぎの道具」以外の何ものでもない。実際ブッシュ（ジュニア）氏自身が任期満了で引退した時は、「これからはカネ稼ぎに専念する」と発言している。

イスラエルの戦争犯罪のアカウンタビリティが問われないままだという話をしたが、アメリカでも無論同じだ。ネオコンは「大量破壊兵器があるという証拠が」と国民を騙してイラクに侵攻し、資源を略取して大儲けしている。アメリカ兵はおろか、大量のイラクの一般市民の犠牲をもたらし、例えば収容所でテロリストと決めつけられたイラク人の拷問を正当化したりした。数々の戦争犯罪で糾弾されてもいいはずだが、ブッシュ（ジュニア）政権時の閣僚をはじめとしたネオコンは今でも肩をいからせてワシントンを闊歩し、権力の中枢にいる。経済破綻で例えば銀行や大企業の経営幹部が決して責任をとることがないのと同じで、「権力者は責任を追求されない。泣きを見るのはいつも下々だ」というのはネオコンの鉄則だ。

2014年にアメリカのバックアップでウクライナでクーデターが起き、ロシアを巻き込む内戦が続いているが、ロシアが石油輸出の大手にのし上がったことに対するアメリカのネオコンの反発がこの背景にあるのではないかという指摘も多い。そして2014年後半より（イスラエルと同程度にアメリカと緊密である）サウジアラビアが原油価格を引き下げる動きに出ているが、これもロシア経済に壊滅的な打撃を与えており、アメリカのネオコンの影響が垣間見られる。

■責任追及のない、ネオコン

しかし、今までネオコンの「遊び場」になったのは、やはりどこよりも中東だ。中東には何と言っても石油があり、仮想敵国も軍事的には大したことないところが多いから、容易にコントロールできる。そして、どの国もイスラムなので、「テ

ロとの戦い」と国民に売り込みやすい。アメリカにはアラブ系住民はまだまだ少ないので、悪者に仕立てやすい。現在はシリアやイラクが引火点で、アメリカがズルズルと深みにはまっていっている。その前はリビアに介入した。しかし、イスラエル同様、何と言っても一番の宿敵は中東の強国のイランだ。ネオコンは常にイランと戦争するように政権に圧力をかけ、あの手この手を使って、アメリカが「戦わざるをえない」状況を作ろうとする。そしてネオコンに抵抗するオバマ大統領との熾烈な戦いが、今ワシントンで繰り広げられている。

そして当然のことながら、虚構に基づいた不法な侵略や数々の人権侵害と戦争犯罪の張本人であるこれらネオコンが責任を追及され、処罰されるということはない。実は、この「不処罰」はパレスチナで人権侵害を冒しても決してイスラエルがアカウンタビリティを問われないという構図と、非常に類似している。

いずれにしてもそのように中東を狙うネオコンなので、イスラエルはもちろん最重要パートナーだ。アラブ人を徹底的に叩くと言うのならイスラエルはいつだって大助かりなので、喜んで支援する。それは軍事的な援護射撃とであることもあるし、情報の共有も重要だ。イスラエルは何と言っても中東にいるし諜報機関は活発なので、アラブの動きに関する情報の宝庫だ（実際にイスラエルの諜報機関は昔ほど強くなく、アラブ諸国の動きは大方見落としているといいう話はイスラエル関係者などに何度も聞いたが、少なくともナイーブなアメリカ人は未だに情報の宝庫だと思い込んでいる）。中東においてアメリカの前衛基地があるようなものだから、イスラエルはアメリカ・ネオコンの世界戦略にとって欠かせない友好国なのだ。ネオコンが「アラブのテロに果敢に抵抗する民主主義国イスラエル」という世論作りに必死だというのも、こういう事情と関係している。

世界のモデルであるイスラエル

■ネオコンとイスラエルの世界観の類似性

このように打算的な意味で、イスラエルはネオコンにとって極めて重要である。しかし、これはあまり注目されることがないのだが、ネオコン（及び新自由主義者）がイスラエル、少なくとも現在のイスラエルに心情的にも惚れ込んでいる理由が、もう一つある。それは、実は世界観が非常に似ているということだ。度重なる軍事介入。敵国での人民の抑圧及び資源の略奪。自国では永遠に続く戦

時体制。そして1パーセントの富裕層だけが潤う経済運営。これらはまさしく、現在のイスラエルそのものなのだ。

　イスラエルと言えば、共同農場（キブツ）で社会主義的共同体として生活している、と言うイメージを持っている読者もいるかもしれない。なるほど建国当初は共同農場もたくさんあり、1970年代あたりまでは社会福祉などを重要視する国のようだったが、1980年代後半より経済運営が大きく変化し、公共サービスなどが次から次へと民営化され、まるで新自由主義の実験場のような国になってしまった。そのため富が極端に集中し、今となってはイギリスを凌ぎ、アメリカに次いでOECDで貧富の格差が激しい国になった。

　イスラエルの富の集中は徹底していると言えるだろう。20ほどの家族が通信や金融、不動産や航空業などにわたって、株式市場の半分ほど、イスラエル企業の4分の1ほどを所有している。戦前の日本の財閥のようなものだ。これは誹謗中傷でも何でもなく、公開情報をもとに英経済紙のファイナンシャル・タイムズが2010年に調査したものだ。物価も高く、一般市民の生活苦は深刻化する一方だ。そして貧困がかなり深刻な問題になっている中で、政治家の腐敗も深刻だ。私の駐在中には元大統領や元大臣が贈賄で有罪になったし、別の元大統領が強姦罪で有罪になった。

　このような状況の中で国民の不満を抑えつけるのに何よりも役に立つのが、外敵の脅威だ。ハマスからロケットが飛んで来る、イランが核ミサイルを撃って来る、レバノンからテロリストが入って来るなどと、「外敵の脅威」がマスコミで強調されない日はほとんどないというのがイスラエル人の生活だ。イスラエルに安全保障上の脅威があることはもちろん否定しないが、政治家など支配階層がことごとくそれらを利用しているのも歴然としている。そもそもパレスチナと正当な和平を結べば脅威の大部分は消えるはずなのだが、危険が強調されるだけで、「なぜ」というところまで考えるような論調はほとんどない。アラブ諸国の国際機構であるアラブ連盟は2002年に「パレスチナと和平を結べばすぐにイスラエルと国交を結ぶ」という「アラブ和平提案」を発表しているが、その提案の存在すらほとんどのイスラエル人は知らない、というより知らされていない。

■ユダヤ人の問題だけに取り組む

　2011年の夏に、物価高や貧富の格差に対するイスラエル庶民の不満が爆発した。住居の家賃高騰で始まったデモは瞬く間に全土にわたり、10万人以

上の人がテルアビブの公園にテントを貼って占拠して、抗議活動を続けた。ニューヨークの「ウォール街を占拠せよ」という市民運動に倣ったものだが、同じ時期にアラブ諸国でも「アラブの春」が吹き荒れていた事にも影響を受けた面もあるから、極めて皮肉だ。しかし、そうは言っても、この抗議運動の限界は、やはりイスラエルという国の国体を物語ったものとなった。最初は家賃の高騰や物価高、政治家の腐敗に対する抗議だったが、次第に社会正義全体を訴える運動となり、例えばユダヤ教原理主義者コミュニティーにおける女性差別や児童虐待などといった問題も取り上げるようになった。また、入植地を露骨に優先する政策にも反対していた。しかし、占領自体に関してはあえて立場を表明しない、というより立場を持たないということは、かなり早い段階に決めた。当然のことながら例えば48年パレスチナ人の差別問題も取り上げることはなかった。ユダヤ人だけによる、ユダヤ人の問題だけを取り上げる運動は、ある意味ではイスラエルの縮図だったと言える。

　そして、夏の終わり頃（8月下旬と記憶している）に、ガザからのロケット弾がガザ周辺のイスラエルに着弾した。たまに起きることなのでそれは珍しくもなく、ましてやテルアビブから遠く離れているので抗議運動とは関係ないが、イスラエル政府やマスコミはこれに飛びついて、イスラエルがいかに脅威にさらされているかを大々的に言い回った。デモなどやっている場合ではない、とはっきり言ったわけではないが、公園を占拠している人も含め、多くのイスラエル人の関心が例のごとくセキュリティーに集中するというデフォルトに戻った。そのようにして抗議運動は先細りとなり、自然消滅した。問題があれば、戦争で国民の気をひく。イスラエルのお定まりの手だ。

■完全な軍事国家、イスラエル

　何と言っても、イスラエルは完全な軍事国家だ。男性のみならず、女性までもが全員召集されて、兵隊に行く。しかも官公庁などでの代替勤務が選択できる欧州各国と違い、拒否すれば基本的に刑務所行きだが、そもそも拒否する人などほとんどいなく、入隊は家族でお祝いをして送り出すということが日常的に行われる。公教育の程度はかなり低く学校はもはや軍隊のための予備校と化しており、兵役は完全に「大人になるための必要なステップ」と考えられている。「前線で戦っている我が国の英雄」というような記事はほぼ毎日だが、「あれだけ勉強しなかった娘が軍隊に入って、射撃訓練に精を出しているのが嬉しい」と

いったような軍隊賛美の論調も新聞に頻繁に出る。

実際、イスラエル人にとって、軍隊批判だけは許されないものだ。政府は批判するし、政治家も批判するが、軍隊批判だけは絶対にNGだ。自分たちが全員兵役をやるせいか、「軍隊が批判される」ということは即「自分自身や自分の家族が侮辱されている」という心理的作用に繋がるようだ。「イスラエル軍は世界で最も道徳的な軍隊」という言葉をイスラエルでは頻繁に聞くし、私も少なくとも千回は聞かされたと思うが、根拠がまったくないその信条は一般市民の心理の奥深いところに完全に浸透していると言える。おそらく、「ユダヤ人は世界で最も道徳的な民族」という信条と繋がり、イスラエル人としてのアイデンティティの根幹をなすのだろう。それだけに、イスラエル兵が戦争犯罪を犯している証拠を見せても、逆上されるだけで、決して真面目に取り合ってもらえない。もはや、反射的な心理的作用とさえ言える。

イスラエル人にとって兵役は大人になる最初のステップであるうえに、社会人になるために通らなければならない関門でもある。入隊の時に知能指数などの試験を受け、点数によって配属先が決定される。最も知能レベルが高い人は諜報局や空軍に行き、最も点数が低い人は国境警備隊員になる。当然のことながらこの配属先は、除隊後の就職にも大きく影響する。諜報局や空軍で勤務した人は、ハイテク産業などで引っ張りだこだ。それに対して下っ端の国境警備隊員に待ち受けているのは、基本的に非熟練労働者としての仕事だ。なお最低兵役年数（男性は3年、女性は2年）より長く勤め上げればもちろんポイントアップで、よりよい仕事に就ける可能性が出てくる。ガザ侵攻などに参加して最前線で活躍したと言えれば、当然のことながら地元の英雄だ。

■経済も軍隊依存型

そして彼らが除隊した後に待ち受けているイスラエル経済も、大きく軍隊に依存しているのだ。まず、軍需はイスラエルにとって一大産業だ。統計が公開されていないので経済のどの程度を占めるかは不明だが、イスラエルは例年世界で第5か第6の兵器輸出国だ。イスラエルの死の商人は、「実戦で実証済み」と言って、世界各国でイスラエルの兵器を売りまくる。2014年9月、ディフェンシブ・エッジが終結した1カ月ほど後に、やはりその売り文句でイスラエルで無人攻撃機・ドローンのフェアが開かれた。それ以外にも暴動鎮圧用の武器や市街戦に最適な小銃などよりどりみどりで、「実戦で実証済み」と堂々と宣伝さ

れる。イスラエルの将軍さえもが、「パレスチナは我々の実験場」と開き直って公言している。和平を結んで占領が終われば、イスラエルの軍需産業はかなり厳しい状況になることが予想されるので、占領が終わるような事態を決してよしとしないだろう。

　軍需産業は当然だが、それ以外のイスラエルの産業も軍隊、そして占領に大きく依存しているというのが実態だ。私の駐在中にアメリカのネオコンが「イスラエルはハイテクスタートアップが世界で一番多い」と絶賛する本を出版したが、そのハイテクのほとんどはセキュリティー系のもので、要するに軍隊で使ったものの民事転用に過ぎない。監視カメラや顔面認識ソフトなど、セキュリティー産業ではイスラエルは国際的にもかなり羽振りがよく、分野によっては独壇場でさえある。それもこれも当然、パレスチナを実験場にしているだけの話なのだ。

　そして、常時戦時体制であるイスラエルには、情報統制が敷かれている。ネットには規制がなく基本的には外から情報をとるのは簡単にできるので実はあまり意味がないのだが、イスラエル国内のマスコミは軍隊の検閲にかかり、安全保障、セキュリティーに関連する情報はすべて非公開となる。当然のことながら何がセキュリティーに関係するかはすべて軍人のさじ加減次第で、不服申し立ては事実上不可能だから、恣意的な運用を阻止する手だてがない。そして何が非公開となったかは表に出ないわけだから、「こういう事例もある、行き過ぎではないか」という議論さえもできないのだ。秘密保護法でも日本の言論がかなり抑圧を受けるおそれがあると指摘されているが、イスラエルの例を見ても、そのとおりだろう。何が規制対象にされたかを公に議論できないのだから、問題点の指摘のしようがない。

■セキュリティー

　しかし、日常レベルでイスラエルに生活をして何よりも恐ろしさを感じたのは、あらゆるものの正当化としての「セキュリティー」の連発だった。警察がいきなり道路を閉鎖しても、「セキュリティーのため」。公の場で写真を撮ろうとして民間の警備員に止められても、「セキュリティーのため」。空港で洋服を全部脱がされてパソコンを没収されても、「セキュリティーのため」。情報が非公開になるのも「セキュリティーのため」であれば、人が真夜中に逮捕されてマスコミに出ないのも「セキュリティーのため」。イスラエル人は納得がいかないとすぐに議論をする連中だが、「セキュリティー」の一言でいつも押し黙る。しかし、誰のセ

キュリティーのためで、一体誰が決めるのかがいつも抜けている。セキュリティーの一言で支配者によるすべての横暴が許されるというのが真の軍事国家であり、まさしく新自由主義者やネオコンがめざす世界ではないか。そしてそれをまさしく実現しているのが、現在のイスラエルと言っていい。

　上に情報統制に関して書いたが、イスラエルのほとんどの場合は政府からの強制というより、実質的な自主規制だ。そしてそれは処罰を恐れてのものというより、「国のためだから」という、納得ずくのものであることが少なくないようだ。要するにマスコミも確信犯で、上記のように一般国民も「セキュリティーのためだから」とすぐに納得するのだから、ある意味では国ぐるみのものだ。

　私は年齢的に日本の戦前を知らないが、あるいは同様だったかもしれないと思う。政府や法律というのは決して万能でなく、警察などが強権を使って反対意見を封じ込めても、限界がある。それよりはるかに効果的なのは、国民が自主的に権力者に従い、自ら進んでお国に命を捧げるように考えるように仕向けることだ。少数意見を暴力を持って根絶することは至難の技だが、自然死するような環境を作ることはできる。それには、何と言っても戦争が最も適している。国民に恐怖感を抱かせて、共通の敵を作り上げ、一致団結するようにする。国を守るのが何よりも大事なので、その目的のために権力者が選んだ手段には異議を挟まない。それどころか、あえて詳しいことは聞かず、権力者にすべてを委ねる。オーウェルの名作『1984年』にも触れたが、それには独裁国家維持のためにいかに「終わらない戦争」が必要かが綴られている。読んでいない読者がいれば、ぜひとも勧めたい。映画化もされており、かなり原作に忠実なので、映画でもいい。イスラエルのみならず、日本を含む世界全部の動きがかなり見えるようになる。

■自主的な規制

　権力者が一度国にそのような「文化」を作れば、あとは自動操縦でいい。「終わらない戦争」に気をとられた国民は、政府に強制されなくても、自主的に言論弾圧にかかるのだ。それは例えば、ディフェンシブ・エッジで明らかだった。マスコミの好戦的論調はいつものことだが、それでもイスラエル人の中には、極めて少数ながらも平和活動家がいる。ところがテルアビブなどで平和を訴えるデモをすると、右派のチンピラに襲撃されるという事件がほぼ毎回起きた。すぐそばの警察隊は何もせず、抵抗する平和活動家の方を逮捕するのが常だった。

そしてユダヤ人はすぐに釈放されるのだが、中に48年パレスチナ人がいると、そのまま何日も何週間も収容された。このように国家の関与はもちろんあって、それによって右派などが勢いづく。民主主義にとって、悪循環だ。

『1984年』に少し触れたが、パレスチナにいてその本を必ず思い出すのは、例えばイスラエルの博物館や、文化遺跡などを訪問した時だ。イスラエルの地方を車で回ることがあったが、言うまでもなくどこも1948年の民族浄化の場所に作られた町だ。同年にパレスチナ人を追放して、家をそのまま使っていることだっていくらでもある。なのに、町の歴史記念館のようなところに行っても、パレスチナ人には一切触れられていない。ユダヤ人が新天地イスラエルに移住して、立派な国を作ったとしか書かれていない。48年の民族浄化はおろか、人間がそこに住んでいたという事実さえも書かれていない。

イスラエル最大の国立博物館にしてもエルサレムの歴史博物館にしても、もちろんしかりだ。パレスチナ人どころか、オスマントルコ帝国時代のことだって飛ばされている。本書8章にも触れているが、パレスチナ（現イスラエル領を含む）は数百年間オスマントルコ帝国の一部だった。イスラム教徒だったオスマントルコ人だがユダヤ人の扱いは基本的によく、ユダヤ人は平和的に暮らし、地域の文化は興隆していた。これは歴史的事実だが、イスラエルの博物館などにはまず完全と言っていいほど無視されている。イスラエル建国以前にイスラム教徒がその土地を支配していたことを、認めたくないようなのだ。

そして、これらは政府の検閲や強制に基づくものでないだろう。権力者が「過去」に関して一度物語を定着させると、あとは国民が自動的にそれを再創出する。「現在を支配するものは過去をも支配する」というのが、『1984年』の有名な言葉の一つだ。権力者は常に歴史を歪曲し、自分の権威を正当化しようとするものだ。

イスラエルを崇拝しているネオコンがいるのは、何もアメリカに限ったことではない。日本の右派にもイスラエルの軍需産業と結託を試みる政治家がいたり、イスラエルが「民主主義の成熟度の高い国」で国民皆兵制度がむしろ平和に役立っているなどという、明らかに頓珍漢なことを言う右派の論客がいたりする。そして、歴史の修正に必死なイスラエル同様、日本の右派に共通するのは太平洋戦争に対する極めて屈折した見方だ。イギリスやヨーロッパ、そして日本を含む世界中のネオコンが手を組んでイスラエルを模倣し、世界を自分たちの望む方向に引こうとしていることを真剣に受け止めなくてはならない。

イスラエルが建国した時、「世界の先に行く、光のような国になる」と宣言さ

れた。誠に皮肉なことだが、今のイスラエルは、ある意味ではそのとおりなのだ。

■**キリスト教原理主義者**

　政界やマスコミなどに圧力をかけるイスラエル・ロビー、そして支配階層で影響力を及ぼすネオコン。それら以外にも、アメリカがイスラエルを盲目的に支援することを要求する国内の人口がある。それは、キリスト教原理主義者の右派だ。例えば公立学校は進化論でなく天地創造を教えるべきと主張したり、議会で祈りの時間も設けるべきだと主張したりで、かなり極端な思想を持った人が少なくない。

　キリスト教徒がイスラエルを支持するのも奇妙だと思うかもしれないが、原理主義者が何よりも敵視しているのがイスラム教で、イスラム教徒の野蛮人に対する最後の砦がイスラエルだと信じているようだ。そして、黙示録の解釈で、「最後の戦い」でユダヤ人がイスラム教徒を皆殺しにし、救世主イエスが再度天から下りて、ユダヤ人も皆めでたくキリスト教に改宗する、ということらしい。リアリティのある発想とは少し考えにくいのだが、そのようなことで、彼らはイスラエルに心情的に惚れ込んでいる。

　完全に正確な統計は存在しないが、キリスト教原理主義者の右派は今アメリカで全人口の15パーセントほどと思われており、かなりの票田になっている。しかし、それが政治力を発揮しているのは投票者の数だけでなく、実はそのように極端な人口にすり寄って来た二大政党、特に共和党の選挙戦略があるのだ。

　ほとんどの先進国がそうであるようにアメリカは中間の浮動票が多いとされており、その浮動票を獲得するために中道的な政策を打ち出すのが長年賢い選挙戦略と考えられてきた。しかし、1990年代に入ると、共和党はこれと正反対の戦略を打ち立てた。浮動票でなく、本来なら共和党に投票するはずの人間、すなわち本来の支持基盤に投票所に足に運んでもらうことに重点が置かれるようになった。中道に訴えかけるのをやめて、むしろ極端にいる方の人口を味方につけようとしたのだ。

　そしてその手段というのは、主に経済や外交ではなく、「価値観に訴える問題」を強調するのが効果的とされた。例えば、「妊娠中絶は人殺しだ」「同性愛は悪徳だ」「公立学校がイスラム法を教えようとしている」などといったものだ。ほとんどの国民にとってはバカバカしくて相手にもできない話だが、社会から疎外されている多くのキリスト教原理主義者にしてみると、「待ってました！」と飛び

つくような問題だ。彼らは群れをなして共和党に投票するようになり、共和党も彼らに大きく依存するようになったのだ。

　そのようにして現在のアメリカの共和党は、80年代のそれとはほとんど似つかないものとなってしまった。もちろんどっちかといえば保守系だった共和党だが、意見が異なることはあっても、常識的で筋立てた主張はあった。しかし今は、ネオコンと1パーセントの富裕層、そしてキリスト教原理主義者に依存しているため、メチャクチャとしか言いようがない。オバマ大統領はアメリカでイスラム法を導入しようとしていると公言する人が上院議員だったり、同性愛者を宗教の力で救うべきだという人が州知事だったりと、もはや先進国の政党の体をなしていない。これがコメディ番組だったら笑って済む話だが、いつだってアメリカの大統領になるかもしれないのだから、恐ろしくて仕方がない。

■イスラエルとの繋がり
　そしてそのような共和党の支持基盤であるキリスト教原理主義者をイスラエルはもちろん巧妙に利用している。親イスラエル派の国民が増えれば有利なので、関係を作って大切にする。例えばキリスト教原理主義者の著名な論客の一人に、グレン・ベック氏というのがいるが、私が駐在中の2011年に彼はエルサレムを訪問したことがあった。国賓級の扱いで「嘆きの壁」の広場で講演を許され、各紙で連日絶賛の記事が掲載されたが、そのこと一つを見ても、イスラエルがアメリカのキリスト教原理主義者との関係に力を入れているのが伺われる。

　ベック氏がエルサレムで講演をするという「感動的な」場面を見るために、大勢のアメリカ人キリスト教原理主義者が自腹を切ってイスラエルに来た。そしてたまたま私はアメリカに行く用事があって、その多数のアメリカ人と一緒にアメリカ行きの飛行機に乗ることになった。近くに座っている3人の話を何気なく聞いていると、次の選挙に団結して臨まなければならないという打ち合わせをした後、最近の生活の話題になった。明らかに決して裕福と言えないその3人の話をまとめると、次のとおりだ。

　男性「僕は年齢的にも体がきつくなって、あと2、3年は働いて引退しようと思ってたんだけど、確定拠出年金のブローカーが失敗しちゃってね。年金がほとんどなくなったことが最近わかったんだよ。だから、無理してでも働き続けな

きゃ。参っちゃうよねぇ、ハッハッハ」

　女性1「あんた、年金がある分だけマシよ。あたしは旦那が病気になって、医療保険が3カ月で上限にぶつかっちゃったの。だから、年金を全部払い戻して、旦那の薬を買ってるわよ。それでももう尽きちゃいそうだから、この先どうなるのかわからないわ。参っちゃうよねぇ、ハッハッハ」

　女性2「あんた、医療保険があった分だけマシよ。あたしは旦那がクビになって、医療保険がパーじゃない？　あたしはウォールマートで働いてるんだけど、医療保険がつかなくてさ。実は体調が悪いんだけど、病院なんて高くて行けやしないわよ。参っちゃうよねぇ、ハッハッハ」

　新自由主義的な経済運営が続いて99パーセントの生活が苦しくなり、経済的にも文化的にも疎外されている人が「価値観に訴えかける」者に心が唆されるのは、理解できる。しかしそれでは根本問題の解決になるか、非常に疑問だ。
　いずれにしてもこのようにイスラエルに対する支持はアメリカ国内の階級構造、支配構造などとも密接に関連している。イスラエル支持が外交でなく「国内問題」とアメリカの政界で言われていると最初に書いたが、別の意味で「国内問題」と密接に繋がっていると言える。

7章
最近の展開──明るい兆し

　ここまで見てきたように、パレスチナにとって極めて暗い状況が何十年も続いている。しかし、完全に悲観するべきかというと、実はそうではない。ビッグピクチャーを見ると、確実によい方向に向かっている。あるいは、状況がよくなる前に一度とことん悪くなるかもしれないが、方向性としてパレスチナの独立に向かい、イスラエルの戦争犯罪の責任が、いよいよ問われる方に向かっている。

国際レベルでの進展

■国連によるパレスチナ国家の承認

　まず国際レベルでの進展だが、何よりも大きな展開が、国連によるパレスチナの国家承認だ。

　パレスチナ（正確に言うと「パレスチナ解放機構：PLO」）は1974年から国連に出入りして、さまざまな委員会で発言などをしているが、その参加資格は「非加盟機関」、すなわち「国連のメンバーでなく、国家でもない機関」だった。会議で発言などできても、例えば基本的に議題の提出もできないし、当然投票権もない。何かあると、どうしても地位が低く、やはり立場が弱い。

　パレスチナが「国家」として認められることに、当然のことながらイスラエルとアメリカは猛烈に反発している。国境がはっきりしていない、ガザはどうなるのだなどといろいろな詭弁はあるが、詰まるところパレスチナを国として承認すると、イスラエルは他の国を占領している悪者になる、というのが根底にある。もう一つ、国として認められると国際条約に加盟できるという極めて大きな理由があるが、これに関しては後述する。要するにイスラエル、そしてその代弁者と

してのアメリカは猛反対したのだ。

　アメリカは長年この動きを警戒しており、国連に正式な申請をしないようにパレスチナ当局に圧力をかけ続けて来た。2011年に一度パレスチナは正式な申請をしたのだが、アメリカの圧力のせいで、安保理で審議がストップして、そのままになっていた。加盟国として国連に入るには、総会での承認以外に、安保理の決議が必要なのだ。

　なお前にユネスコ加盟のことにも触れたが、2011年に国連総会に申請するのと同時に、パレスチナはユネスコに承認を申請し、加盟国として認められた。「メンバーでない国家」よりも上の、「加盟国」という、完全に「正会員」の資格だ。国連は一つなのだから一機関に加盟国として認められれば全部がそうなるのではないかと思う読者もいると思うが、そうではない。国連事務局、すなわち本部はある意味では花形かもしれないが、ユネスコは専門機関で、前に記したように独自の加盟国がおり、独自の総会があって、独自の執行委員会などがある。

　そのユネスコにパレスチナは加盟を申請して、それが認められたので、アメリカとイスラエルは当然逆上した。パレスチナにもユネスコの事務所があり、国際スタッフはエルサレムに住んでいたが、新しいスタッフのビザの発給停止、車両の登録拒否などとイスラエルに嫌がらせを受けるようになった。さすがに国外追放にはならなかったが、あらゆる国連機関が日常的にイスラエルから受けるハラスメントをはるかに超えるものであった。そして、前にも触れたが、何よりも大きな影響があったのは、ユネスコという組織に対するアメリカのカネの提供が瞬時にストップされたことだ。

　このようなアメリカの反応を考えれば、パレスチナが国連総会に加盟国として認められたら、国連全体にアメリカのカネが行かなくなり、深刻な事態になりかねない。そうは言ってもそれはアメリカが問題なのであって、アメリカのイスラエル・ロビーがいけないのだ。国家として認められるのはパレスチナ人の民族自決権の当然の行使で、ましてや今まで軍事占領に長年苦しめられてきた現状を考えると、当然の正義だ。パレスチナが国連入りするのはむしろ喜ばしいことで、積極的に進められなければならないことだろう。

　したがって、パレスチナをはじめとしてニューヨークやジュネーブの国連の高官は全員が人権と正義の原理原則に忠実に従い、「我々にとっては、極めて大変な出血が待ち受けているかもしれない。しかし、正義のために戦うというのは、

犠牲を伴うものなのだ。パレスチナのその動きを応援しようではないか」と一致していた。と言えれば理想だが、残念ながらそうはいかなかった。誠に情けないことに多くの高官は大慌てして走り回り、「何とか穏便に、丸く収めることができないか」とヒステリーを起こしていた。人権高等弁務官事務所やいくつかの機関だけは「パレスチナ承認はいいこと」と主張していたが、国連の中でそれが多数だったとは言えない。そして表ではもちろんダンマリを決め込んでいたが、裏ではパレスチナ当局にやんわりと再考を促す人もいたようだ。言うまでもなく、国際正義や人権などといったビッグピクチャーを考えたうえでの行動ではなく、「アメリカのカネがなくなれば組織が困る」「自分の仕事さえも危うくなるかもしれない」というレベルのものだった。思えば、私が国連を辞めようと決心したのも、この辺りだった。

　いずれにしてもパレスチナはアメリカの圧力に屈しなかった。2012年の秋に、和平交渉が停滞し、イスラエルが入植地を拡大し続けるのにしびれを切らしたパレスチナのアッバス大統領は、国連に「非加盟国」としての資格を申請した。「加盟国」でなく「非加盟国」、すなわちオブザーバーといったものだが、何よりも単なる「機関」でなく「国」、すなわち国家として国連に承認されるのは、やはり政治的には極めて大きなものだ。しかも同時に完全な「加盟国」よりランクが下なので、「パレスチナを加盟国として認めた国際機関」と明記してあるアメリカの「資金打切り法」に引っかからないという議論もできる。苦肉の策だった。

　11月29日は以前に国連総会が決めた「パレスチナ人民と連帯する日」であるが、2012年のその日に総会で投票が行われ、パレスチナの非加盟国資格は圧倒的多数の賛成で可決された。アメリカは相当な外交攻勢をかけて投票を左右しようとしたが、ものの見事に頓挫した。総会は一国一票という平等主義が鉄則で、パレスチナに同情する途上国が多いので、可決が必然だというのは最初から歴然としていた。しかし、それでも投票結果は、アメリカとイスラエルにとって思いのほか惨憺たるものだった。

　結果は賛成が138カ国、そして反対がたったの9カ国だった。棄権が結構多かったが、それでも41カ国だった。いつもならドイツやイギリスなど欧州各国はアメリカとともに反対票を投じることが期待されるが、欧州は軒並み棄権に回った。アメリカとイスラエルとともに反対したのはカナダ、チェコ、そしてパナマやナウル、ミクロネシアなど、アメリカの息がかかり外交の場では存在感がほぼゼロの小国だけだった。パレスチナにとって圧勝で、投票結果が表示される

と多くの外交団が立って拍手喝采し、議場が騒然とした。パレスチナ問題を見るうえで歴史的な日で、感動を覚えずにいられなかった。

■日本も賛成票

　日本もアメリカの圧力に屈するのではと私は恐れていたが、賛成票を投じた。政府内で相当な議論があったと聞くが、「この件で棄権というのは反対と同じ意味だ。絶対にありえない」という議論が勝った。ニューヨークで投票が行われたのはパレスチナでは早朝の時間だったが、その日オフィスに出勤するとパレスチナ人の部下は皆日本のとった行動をすでに知っており、私は誇らしく思ったものだ。しかし、イスラエルとの安全保障の協力を進め、武器輸出三原則を撤廃した今、そのような投票があったとすれば同じ行動が期待できるだろうか。残念ながら、非常に疑わしいと言わざるをえない。

戦争犯罪を問う動きがいよいよ本格化

■パレスチナが「国家」として認められる意義

　アメリカの外交攻勢にもかかわらず、パレスチナは国家として国連に承認されたが、無惨な結果を見てイスラエルは「国連がどういっても、別に実際の状況が変わったわけではない」と言い放った。それは事実で、パレスチナが国家として国連に承認されたからと言って、一夜にして占領が終わったわけではなく、現場では大して何も変わらない。しかし本当にどうでもいいことならイスラエルもアメリカも大騒ぎしないはずだ。

　パレスチナが国家として承認されることの意義は、「皆の仲間入りした」という政治的なこと以上にはるかに重要なのは、国家として、国際条約に加盟できるようになったことだ。前述したように、条約というのは国家間（もしくは国と国際社会の間）の契約のようなもので、拘束力のある国際法文書なのだ。これには国際関係のルールを形作るさまざまなものがあるが、本書にとって、そしてパレスチナにとって重要なのは国際人権条約、分けても国際刑事裁判所規程だ。

■画期的だった、国際刑事裁判所の設立

　人権というのは「人助けをする」「皆と仲良くする」などという思想が根底にあると思われがちだ。なるほどそういう側面ももちろんあるが、それだけではなく、

「人権侵害をした悪者の責任を追及する」というのも、人権にとって極めて重要な思想なのだ。すなわち「人を尊重して、ちゃんとした扱いをしなければならない」というのと同じ程度、「悪者を取っ捕まえる」という発想が大事なのだ。国際人権の始まりは実は世界人権宣言だけでなく、ナチスの戦犯を裁いたニュルンベルク裁判も出発点の一つとされている。

人権条約をたくさん作って、「人権は尊重されるべきだ」という考えは国際的に定着したが、もう一つの、「悪者を捕まえて裁く」という方は長年事実上手つかずだった。実際問題としてどうやって悪者を捕まえるのだという問題があるし、下っ端の兵士だけ裁いても問題解決にならないだろうという問題もある。「お互いさま」という国際関係のお馴染みの構図もあり、国際社会は長年この問題に取り組むことができずにいた。

悪いことをして捕まるおそれがなければ、いくらでも悪いことを繰り返す。それが人間の本性なのかどうかはわからないが、少なくとも人権侵害に関して繰り返されて来たパターンだ。民間人の大量虐殺をしても、ご意見無用。悪者が世を闊歩し、悪がのさばる。国際正義が確立されない現状では、こういうことが繰り返されてしまう。そして本書でも見てきたように、パレスチナではその構図が極めて顕著だ。イスラエル兵が人権侵害を繰り返し、民間人を虐殺し、政治的指導者が入植活動を続ける。戦争犯罪を犯しても責任を問われることが今まで一切なかったから、どんどんのさばる。

それだけに、2002年に国際刑事裁判所が作られたのは、画期的だった。1990年代には旧ユーゴ紛争の戦争犯罪を裁く裁判所、そしてルワンダのジェノサイドを裁く裁判所が設立されている。国際刑事裁判所はそれらの流れを汲んでいるのだが、一つの地域や時期に起きたことに限定されているそれらと違って、恒常的なものだ。2002年以降にあった出来事なら、同裁判所の対象になり得る。

大規模な人権侵害、人道に対する犯罪、そして重大な戦争犯罪。世界のどこであろうとこれが起きると、容疑者は国際刑事裁判所のあるハーグに連行されて、裁かれる可能性がある。実際に同裁判所は今までにいくつもの案件を捜査し、例えばスーダンの大統領の起訴状を出している。これは今までの世の中では、想像もできなかったことだ。

もちろん本書で見てきた国際法及び国際政治の諸問題があるので、国際刑事裁判所がどのような場合でも自動的に動けるわけではない。まず、当該国が

裁判所の「ローマ規程」（これも国際条約）を批准して、裁判所に加盟しなければならない。そうでない場合でも実は安保理は裁判所に捜査を要請できるが、アメリカが拒否権を持っている以上、パレスチナに関していえばこれは無理だ。しかも、当然のことながらイスラエルは裁判所に加盟していない（アメリカも加盟していない）ので、そのルートは塞がれている。しかし、人権侵害がパレスチナの国土で起きている以上、パレスチナが加盟すれば、裁判所の管轄が及ぶことになる。

イスラエルにしてみると、パレスチナが国家として承認されてはならない一番の理由は、ここにある。パレスチナが国家に格上げされれば、国際条約に加盟できる。パレスチナが他の人権条約を批准してもそれはイスラエルでなくパレスチナを拘束するものだから、イスラエルにしてみると痛くも痒くもない。しかし、国際刑事裁判所への道が開かれるとなると、一大事だ。イスラエル人が国際裁判にかけられるかもしれない。それも兵卒ではなく、高級将校、へたすれば入植活動を進めてきた政治的指導者までもが起訴されて、裁かれるかもしれない。これは決して笑い事ではない。

肩を怒らせているイスラエルの政府関係者が「そんなの怖くないさ」「今までだってアメリカが守って来た。かかって来ればいいさ」と表面ではドンと構えていても、心中穏やかと思うのは間違いだ。イスラエルの政治指導者が何よりも悪夢を見て恐れおののいているのは国際司法であり、戦争犯罪で国際法廷で裁かれるということなのだ。実際、2013年にパレスチナがいくつもの人権条約に加盟したのだが、その報告がイスラエル内閣に届けられた時、現場に居合わせた複数の関係者によると、首相をはじめとする内閣が凍りついたと言う。パレスチナが加盟した条約の中に、ローマ規程が含まれているのではないかと恐れたからだ。

国際裁判にかけられたら、リビアやスーダン同様、「ならず者国家」としての烙印は免れない。イスラエルを待ち受けているのは、本格的な国際的孤立になってしまう。そして何と言っても、自分が責任を追及され、場合によっては生涯の残りを刑務所で過ごすことになる。間違ってはならない。イスラエルの政治指導者はその可能性を現実的なものとして捉え、強烈な恐怖を感じている。

■イスラエルの責任を追及する動き

実際に、国際刑事裁判所以前に、イスラエルの責任を追及する動きがすで

に見られている。特にヨーロッパ各国では、人権侵害がどこで起きたものであっても容疑者を捕まえることができるという法律のある国が多い。2009年に、キャスト・レッドの間に外務大臣を務めたイスラエルのある政治家が訪英する直前に、イギリスの裁判所が逮捕状を発行した。その元大臣は逮捕されることを恐れ、訪英中止を余儀なくされた。その事件の2カ月前にも、イスラエルの副首相が同じように逮捕されるおそれがあるということでイギリス行きを中止した。

その後政治的圧力でイギリスの法律が改正されるのだが、これは大事件として、イスラエルの支配階層は震撼を覚えた。スウェーデンでも、2014年にイスラエル軍に対して捜査が開始された。実際、イスラエル軍は将校などに対して、海外旅行する際は軍人と見破られないようにするための訓練を施しており、戦争犯罪で逮捕された場合の軍人弁護団まで用意していると報道されている。

しかし、これらは所詮数カ国での限られた動きだ。国際刑事裁判所に起訴されるとなると、国際社会のつまはじきとなることが必至だ。実際、国際刑事裁判所が起訴状を発行すると、すべての加盟国にその容疑者を逮捕する法的義務が生じる。安保理にアメリカがいる以上、イスラエルに多国籍軍が踏み込んで容疑者を逮捕する可能性はないだろうが、容疑者、すなわちイスラエルの高級将校や政治指導者は、122カ国もある裁判所の加盟国を訪問できないことになる。アメリカは国際刑事裁判所に加盟していないが、欧米各国や日本を含め、先進国は基本的にすべて加盟している。アメリカも未加盟に対する風当たりが強く、ゆくゆくは加盟せざるをえないものと思われる。

なお、裁判所の加盟国になったからといって、即座に裁判所が動き出すわけではない。国際法は基本的に何でもそうだが、当該国が効果的に動くことができない、もしくはその意思がない時に初めて国際機関が活動を開始するのが原則だ。したがって、あくまで当該国の裁判が優先で、当該国が人道に対する犯罪や戦犯を効果的に裁くことができない、もしくはその政治的な意思がないと認められて、初めて国際刑事裁判所が起訴などを検討することができる。

言うまでもなく、パレスチナの場合は完全に当てはまる。本書で見てきたように、イスラエルには自国の戦犯を裁く気はさらさらない。責任を追及するための今までの手続きなどは完全に茶番劇で、無罪のお墨付きを与えるだけのものだ。それは、数字だけ見ても歴然としている。したがって国際刑事裁判所が「イスラエルが今までやってきた裁判などは到底国際基準を満たない」と判断するのは必至だ。

誰よりもそれがわかっているのはイスラエル軍、そしてイスラエル政府自身だ。2014年9月、ディフェンシブ・エッジで行われた軍事作戦に関して、軍事法廷を視野に入れた捜査を多数開始したとイスラエル政府が発表したのはそのためだろう。「自国できちんとやっている」ことを強調することで、パレスチナが国際刑事裁判所に加盟してもかわせるようにしようという意図だ。イスラエル内のその捜査の結果を見て判断するしかないが、例えば軍隊の発表を見ても、民間人大量無差別殺戮が報告されている地区が捜査の対象にされていないなど、最初から眉唾物と言わざるをえない。今までごまかして来ても大丈夫だったから、今回もそうだろうという腹が見え隠れする。しかしもしもそうであれば、大きな思い違いだ。

■いよいよパレスチナが国際刑事裁判所加盟へ

そして、イスラエルやアメリカとの政治的駆け引きの道具にずっと使われていた国際刑事裁判所加盟だが、ついに2015年の年明けにパレスチナが動き、正式な加盟の文書を送った。上述のように、2014年の年末に安保理で占領終結のタイムラインを明記した決議案がボツになり、パレスチナはついに踏み込んだのだ。いよいよ、その時が近い。

実は、安保理決議が却下されたほぼ翌日に、国際刑事裁判所加盟の動きが報道された。それまでもそういうことがあってアメリカの圧力で動きが潰されることが何度もあったが、今度だけは違っていた。アメリカは公には非難の声明を出したし、かなり暗躍したようではあるが、最終的には止めることはできない。パレスチナの大統領は本気で決心したようで、年明け早々に正式な加盟の手紙を送ったのだ。

■イスラエルの「抵抗」

イスラエルが最初に吹聴したのは、「これで困るのはむしろ、パレスチナ人だ」という議論だ。ハマスは民間人に向けてロケット弾を発砲しているので立派な戦争犯罪を犯しているのは事実だ。パレスチナ連立政府にハマスが入った以上、ハマスが自分に告発の手が伸びるのを恐れて加盟の動きにストップをかけるだろう、という見通しがあったようだ。実際、イスラエル政府の息のかかった弁護団は、パレスチナ加盟後に、ハマスの戦争犯罪告発の報告書を裁判所に送った。

しかし、イスラエルのこの目論見はすぐに頓挫する。ハマスが「パレスチナ人民のために、喜んで法の裁きを受ける」と発表したのだ。本当にそうなれば素直に従うかは少し疑わしいが、ハマスが怯まずに、「イスラエルを裁判にかけるためなら」とあえて加盟を受け入れたのは確実だ。

そして、当たり前のことだが、「むしろ困るのはパレスチナ人の方だ」という議論は多くの失笑を受けた。戦争犯罪の規模はまったく違い、イスラエルの方がはるかに恐れなければならないのは歴然としている。したがってイスラエルのこの議論は、すぐに聞かれなくなった。

その次は、送金の停止だ。イスラエルはパレスチナの国境を管理しているのだが、オスロ合意に基づいて、パレスチナに向かった物資などはイスラエルがいったん輸入税を徴収して、パレスチナに送金する仕組みになっている。イスラエルはそれを停止すると発表し、約1,200万ドルの資金の空洞ができたパレスチナ当局は、すぐに財政危機に陥った。財布の紐をきつく締めれば音をあげると判断したイスラエルだが、これも見事に外れ、パレスチナ側は折れていない。むしろヨーロッパにこっぴどく非難を受ける結果を招いただけだ。

イスラエルは入植地の拡大も、国際刑事裁判所加盟からペースを上げて促進している。ただイスラエルはこれまで、和平交渉中も含めて、たったの一度も入植拡大を止めたことがない。今さら「やめないぞ」と言っても、どうせいつものことなので、パレスチナにとっては大した脅しにならないのだ。むしろ国際的非難がますます強くなるのを招いているだけだ。

そして、ついにイスラエルは、国際刑事裁判所を「政治の道具で、正統性のない機関だ」とまくし立て、国際刑事裁判所に対する非難キャンペーンを始めた。友好国に助けを求め、国際刑事裁判所に供出している資金を止めてもらうように走り回っているようだ。しかし、このキャンペーンには成功の見込みはほとんどないと言っていいだろう。イスラエルが人権理事会を飛び出して人権高等弁務官を糾弾し回った時に明らかとなったのは、イスラエルがパレスチナ人やアラブ諸国を非難するときは黙っている欧米諸国でも、国連機関の非難となると味方にならないということだ。欧米各国は次から次へとイスラエルの呼びかけに対して、資金供出を止めることはないと発表した。国際社会の最低限のルールを守らないイスラエルはいよいよならず者国家として認識され始めている。

本来なら、国際刑事裁判所を引きずり下ろすキャンペーンで一番イスラエルが頼りにできるのは、アメリカのはずだ。しかし、上にも書いたが、イスラエル

同様、アメリカは国際刑事裁判所に加盟していないのだ。日本を含むほとんどの先進国は加盟国になっているのだが、イスラエルと同じように中東で好き放題に軍事介入したいアメリカは、あえて加盟していないのだ。加盟していないというのはカネを出していないということだから、「イスラエルのいうことを聞かないとカネを出さないぞ」という、いつもの脅迫ができないということなのだ。イスラエルとアメリカが国際的ルールを無視し続けてきたツケがいよいよ回ってきたと言える。

　ちなみに、国際刑事裁判所の一番の拠出金提供国は実は日本で、ネタニヤフ首相も安倍首相に会ったときにこの問題を持ち出し、裁判所にプレッシャーを与えるよう要請したと報道されている。欧米各国はイスラエルの同様の要請を堂々とはねのけているが、日本の態度がどのようなものか、公開されている情報が見当たらない。アメリカのネオコンにへつらってイスラエルに惚れ込んでいる輩が多い現在の日本の支配層がどのような態度をとるか、かなり不安だと言わざるをえない。

■現実化する国際裁判

　イスラエルの高級将校や政治的首脳が、民族浄化などの戦争犯罪で国際裁判にかけられる。断言するが、これはもはや現実のこととして、決して遠い未来のことでない。正義が下される日が、必ず来る。

　ちなみにアメリカが国際刑事裁判所に加盟していないことに触れたが、この理由として「海外に派兵した米兵が政治的な告発をされるおそれがある」を挙げている。外国に軍事介入して資源を略奪して戦争犯罪の限りを尽くすアメリカが国際司法を恐れるのは、要するにイスラエルと同じ恐怖が背景にあるのだ。しかし、悪者に対する正義の糾弾はそう簡単にやむことはない。米メディアは例の如くほとんど取り上げなかったが、イスラエルの元外務大臣がイギリス訪問を中止に追い込まれたのと同じように、2011年にジョージ・W・ブッシュ（ジュニア）元大統領は逮捕されるおそれがあるとスイス訪問を断念したことがあるし、ブッシュ（ジュニア）政権で副大統領を務めたディック・チェイニー氏も、カナダ行きを中止に追い込まれたこともある。まだまだ数が少ない事例に過ぎないが、いつまでも逃げ回ることができると思ってはならないだろう。

■変わりつつあるアメリカ国内の世論

　もう一つ、パレスチナにとっての好適材料は、アメリカの国内世論が決定的に変化しつつあるという事実だ。

　前述のようにイスラエル・ロビーは強固で、政界や財界、マスコミをがっちり手中に収めている。その記述を見ると、アメリカのイスラエル支持は揺るがないと考えがちだ。しかし、強調されなければならないのは、それは「ベルトウェイ内」だけだということだ。

　ワシントンには「ベルトウェイ」と呼ばれている、町の中心を一周する環状型高速道路がある。その内側には大統領府のホワイトハウスや議会、国防総省のペンタゴン、国務省などの中央官庁、そしてそれらの取り巻きのシンクタンクやロビイストなど、政治的権力が集中している。そして日本でも「霞ヶ関の論理」が批判されるのと同じように、アメリカでも一般国民にとって「ベルトウェイの論理」はエリートの支配階層の自己完結的な考えの権化として、批判の的になる。そしてニューヨーク・タイムズやウォール街等はもちろんワシントンになく、地理的にはベルトウェイとは関係ないが、「エリートの支配階層」という意味では、やはり一緒に見られている。

　日本の有力者やマスコミ関係者は、基本的にアメリカの主要マスコミしか読まない人が圧倒的に多い。ニューヨーク・タイムズを読んで連邦議会の動きさえ見れば、アメリカがわかった気でいる。申し訳ないが、私に言わせればそれはとんでもない間違いだ。前述のようにアメリカの政治は非常に腐敗しているので、民意が反映されていない面が多い。主流マスコミも大企業に買い占められているので、支配階層に都合のいいように報道する。

　例えば「ウォール街を占拠せよ」という運動が瞬く間に全米各地に広がった事実の一つを見ても、「ベルトウェイの論理」に対するアメリカの一般市民の反発は今や沸騰点近くまで達しており、エリートが推し進める新自由主義的経済運営やネオコンの軍事介入に対する嫌悪感が非常に高まっていることが明らかである。アメリカの主流マスコミはこぞって「ウォール街を占拠せよ」運動を浮浪者やならず者の吹き溜まりと決めつけ、警察の弾圧を正当化する論調だったので、日本人でもそう思い込んだ人は多いと思うが、とんでもない。私自身、占拠されたウォール街を見に行ったことがあるが、秩序正しく抗議運動を続け、周辺への迷惑行為がないように過敏になっていたほどだった。ボランティアでゴミ収集委員会を結成したり、自転車を使って自家発電したりと、民主的な共

同運営の鑑だったと言っていい。そして私の見た限りではならず者などいなく、ほとんどが元は中流階級で、サブプライムローンなどの影響でホームレスになったり失業した人ばかりだった。そのように、いわゆる「普通のアメリカ人」が困窮を極め、アメリカの支配階層に異議を申し出るようになっている。そのような動きを報道しようとしないエリートのマスコミだけを見ていると、アメリカの今の国民感情を完全に見誤ることになる。

　新自由主義によって貧富の差が拡大し、99パーセントの人の生活がますます苦しくなる。サブプライムローンを押し付けていた銀行は連邦政府に救済され、経営幹部は誰も責任を問われないのに対して、大勢の人が住宅ローン未払いで家を追い出されている。イスラエルに対するアメリカ国民の態度は、こういった社会の不公正に対する不満とも密接に繋がっている。キリスト教原理主義者はそうではないが、前述のように、その人口は決して多数ではなく、人口の大きさ以上に政治力があるように共和党が仕向けているだけのことなのだ。

　何と言っても、デトロイト市が破産宣告を受けているのだ。自動車産業の本拠地として名高いデトロイト市が、2013年に債務不履行で破産している。これには、新自由主義を押し進めようとしていたミシガン州知事と、深刻な貧困問題を抱えながらも出来るだけ社会福祉を維持しようとしたデトロイト市との確執も背景にあるが、アメリカの力の象徴だったデトロイトがそのような状況になったのはアメリカ人にとって衝撃的なものだ。「連邦政府はデトロイトには一銭も出さないくせに、潤うイスラエルに対しては毎年30億ドル支出している」という不満で、ソーシャルメディアが炎上していた。当然のことながら、こういった意見は主流マスコミには出ない。

■パレスチナとアメリカの相似点——ガザとファーガソン

　極めて重要なことは、市民運動が、人種差別や警察の暴力などといったアメリカに根の深い人権問題が、パレスチナの状況と類似していると認識し始めたということだ。そしてアメリカにおいて社会正義を求める運動がパレスチナの抵抗運動と連携するようになり、ともに活動するようになっているのだ。

　2014年8月9日、ガザでディフェンシブ・エッジが続き、イスラエルによる民間人虐殺が繰り返されていた頃、米国南部のミズーリ州最大の町セントルイス郊外のファーガソンという町で、マイケル・ブラウンという一人の黒人少年が白人の警官に射殺された。アメリカでは決して珍しい事件ではないが、その経緯

に関する警官の虚偽が次から次へと明るみになり、警官が責任を問われないことが発覚すると、市民が大勢デモを起こした。

　実は、ファーガソンでは以前から不満が鬱積していた。人口の3分の2が貧しい黒人であるのに対して市議会は1人を除いて全員白人で、警官もほぼ全員が白人だった。そして、交通違反などの罰金が市の財政の大きな足しになるため、白人の警官が黒人の住民を意図的に標的にして、頻繁に取り締まりをしていた事実もあった。市民のデモの背景には、そのような抑圧の状況もあった。

　平和的デモに対する警察の態度は、きわめて高圧的だった。装甲車まで出し、重装備をした機動隊員が小銃を持って、催涙ガスはもとより、実弾を撃ち込むことさえあった。マスコミを襲撃することもあったし、報道が不利になるとマスコミを閉め出すこともした。それはまるで軍事占領地、イスラエル軍に抑圧されるパレスチナ人の平和的デモに対する抑圧を見ているようだった。それもそのはずで、ミズーリ州を始め、アメリカの多くの警察幹部はイスラエルで「テロ防止」「住民監視」そして「デモ警備」の訓練を受けているのだ。そっくりなはずだ。ネオコンにとって、イスラエルが「国のあるべき姿」のモデルになっていることを忘れてはならない。

　ファーガソンは連日市街戦と化した。そして、序章でも触れたが、威圧する警官隊に対するデモのシュプレヒコールは、「ここはガザではない」というものだった。市民がアップした映像を初めて聞いた時、私は驚いたが、それは多くのメディアなどでも報道されている（アメリカの主流メディアにはほとんど出なかったが、アルジャジーラやイギリスのマスコミに出ていた）。低所得階層のアメリカ人が、自分たちが受ける差別や搾取、抑圧が、軍事占領下に住むパレスチナ人と類似するものだと認識するようになって来ている。そして、暴力的抑圧に走るアメリカの警察が、やはり暴力でパレスチナ人を抑えつけるイスラエル占領軍に似通ったものになったと一般人に認識されるようになっているのだ。抗議行動にパレスチナとの類似点を指摘するプラカードや演説などが増え、「From Ferguson to Palestine, occupation is a crime」（ファーガソンでもパレスチナでも、占領は犯罪だ）が運動の標語の一つとなったほどだ。アメリカの主流メディアではほとんど報道されなかったが、アメリカ人のこの意識の変化は、極めて重要だ。

　その後もアメリカ各地で警官による射殺事件が続発した。犠牲者は決まって黒人の男性で、最初の警察の発表と違って被害者は銃どころか、武器を何一

つ持っていなかったということがすぐに明るみに出た。そして、これはファーガソンと一緒なのだが、警官は決して責任を追及されず、告発を免れているのだ。正当な理由のない警察の暴力、アカウンタビリティのないこと、そして人種差別がすべてを貫いているところが、まさしくパレスチナと同じと言える。アメリカの市民運動家はこの類似点を認め、アメリカで差別され続ける黒人と軍事占領下で迫害を受け続けるパレスチナ人が共通の闘争をしているという認識が広まってきた。

　2014年12月には、ニューヨークの街角でタバコを不法に売っていた、ガーナーという43歳の黒人男性が、警察に職務質問された。通りすがりの人が一部始終を携帯のビデオカメラで録画しそれがユーチューブで流れたので覚えている読者もいるかと思う。警官が抗議をするガーナー氏に正当な理由もなくいきなり後ろから飛びかかり、首を絞めて抑えようとした。「息ができない、息ができない」と訴えるガーナー氏の首を警官は絞め続け、彼はついに死亡した。そして、それは明らかに正当な理由がなく、そもそも首を絞める行為はニューヨークの警察では禁じられているにもかかわらず、その警官は無罪放免となった。

　ニューヨークだということもあって、この事件は全国、そして国際的にも注目を集めた。アメリカ各地で連日デモが起き、ビデオに捉えられた、ガーナー氏の最後の言葉となった「息ができない」（I can't breathe）が抗議行動の標語となり、パレスチナを含む世界各地で、社会正義を求める運動の合言葉として使われるようになった。ニューヨークのデモにも警察の抑圧に苦しむ黒人街を占領下のパレスチナに例えるというプラカードもたくさん見られ、アメリカの活動家がパレスチナを訪問して連携を深めるようにもなっている。それは、パレスチナに関するアメリカ国内の世論を変えるうえで、非常に重要な要因となるだろう。

■アメリカに広がる厭戦気分

　もともと一般的なアメリカ人がパレスチナ人やアラブ人に対して好意的な感情を持っていたかと言えば、答えはおそらくノーだろう。にもかかわらず、ガザに思いを馳せるに至るという意識の変化の根底にあるのは、新自由主義下の経済的な困窮や疎外感、そしてそれから発生する漠然とした連帯意識のように思われる。しかしもう一つの発端となっているのは、アフガンやイラクでの戦争で一般人が払った犠牲ではないかと思う。

周知のように、アメリカは2001年にアフガンに侵攻して、2003年にイラクに侵攻した。その戦争でのアメリカ兵の犠牲者は2014年9月現在、アフガンが4,500人弱、イラクが2,300人ほどで、合わせて6,800人ほどだ。これは戦死者だけの数で、負傷してアメリカに帰った兵士の数はそれよりはるかに多いはずだが、数は公開されていない。

　上の数を多いと見るか少ないと見るかは人それぞれだろうが、もちろんアフガンやイラクの現地の犠牲者とは比較できない。例えばアメリカの市民団体の調査では、イラクだけでも民間人の犠牲者は14万5,000人を超えている。しかし、注目しなければならないのは、アメリカ人というのは、そもそも戦争で自国が犠牲を払うことを想定していないということなのだ。

　太平洋戦争の空爆で多くの都市が灰と化した日本や、両大戦で戦場となったヨーロッパの人はこの事実を見落としがちだが、19世紀後半の南北戦争以降、アメリカ本土で戦争が戦われたことはない。アメリカ人にとっての「戦争」というのは、家や家族から遠く離れた国でやるものなのだ。特に第2次大戦以降の「戦争」というのは、地図を見せられてもどこにあるかよくわからない、聞いたこともない、人種も違う遠い国で行われるものだ。家族を安全な本国に残し、アメリカの圧倒的物量で相手を一気に負かし、アメフトのプレイオフに間に合うように帰国してそれまでと何ら変わらない生活を再開するという、一種のゲーム感覚なのだ。この感覚を決して弁護しているのではなく、アメリカ人にとって戦争とはそういうものだということだ。

　余談だが、アメリカ人にはこういう心理が強いので、私は9・11陰謀説を容易には信じない。明るみに出ていない情報がたくさんあるのは明らかだが、ブッシュ（ジュニア）大統領が攻撃の計画を知っておきながらアメリカを戦争に引き込むためにあえて何もしなかった、という話にはにわかに信じ難い。真珠湾攻撃もルーズベルト大統領が知っていたという人もいるが、同じように疑問だ。大統領がそのように卑劣なことをするはずがないというのではなく、アメリカ人にとって、「アメリカが攻撃される」というのは、想像できないことなのだ。情報をつかんでも、「でも、まさかアメリカが攻撃されるなんて」となる。だから、9・11にしても真珠湾にしても、無防備だったのはあまり驚かない。

　いずれにしてもアメリカ人がこのようにゲーム感覚なものなので、敵国を完全に破壊しても、自国及び自国民も犠牲を払うことがあることは想定していない。したがって、上記の犠牲者数でも、大変な騒ぎになるのだ。父親や夫、息子が

棺で帰って来る。もしくは、地雷を踏んで足を切断されて、障碍者となって帰って来る。そうなると、アメリカ人は「こうなるはずでなかった」となる。

　こういったことは、主流メディアにはなかなか出ない。それもそのはずで、エリートによってエリートのために運営されているアメリカ主流メディアは、そもそも戦争の犠牲からほど遠いところにいるのだ。アメリカには徴兵制がないのだが、多くの低所得者層にとって、もはや軍隊に入ることしか収入を得る手だてがなくなりつつある。大学に行きたければなおのことで、公立大学でさえ学費が青天井に高騰しているため、低所得者層どころか中流階級にも手の出ない金額になっている。軍隊で勤めれば国が学費のかなりの部分を負担するので、当然軍隊に惹かれる。募兵係も「整備士など、技術が身につく」「大学も面倒を見る」等と甘い言葉で釣る。いったん入ってしまえば終わりで、「話が違うではないか」と意見しようものなら軍事法廷ものだ。

　このようにアメリカには事実上の経済的徴兵制があると言ってもよく、軍隊に行って戦地で犠牲を払うのは、主に低所得者層だ。エリートには大学が当たり前のように待ち受けており、その後はビジネススクールや法科大学院などで学び、華々しいキャリアが待ち受けている。そして政治に関われば軍事介入、すなわち戦争を決定するのがまさしくそのエリートなのだが、彼らはその影響を受けることはない。

■主流メディアでは見えない真実

　主流メディアばかり読んでいる日本人を前にこき下ろしたが、私も実は同じ罠にはまっていた面がある。私用でアメリカに行くことがあるが、行き先は大抵ボストンやマンハッタン、もしくはベルトウェイ内だ。先住民の保留地や都市部のスラム街など、アメリカ国内の貧しいところは回った方ではあるが、それでも普段の主な行き先はやはり所得が高く、教養もあるアメリカ人、すなわちエリートが集まる地域だったのだ。

　ところが2012年の夏に、以前から関心があった南部のいくつかの土地をレンタカーで回ることにした。南部というのは（先住民保留地を除いて）アメリカで一番貧しい地域だが、その時に見た光景に私は衝撃を受けた。明らかに復員兵と思われる、筋骨逞しい青年を方々で見かけるのだが、その多くが義足もしくは義手をつけていたのだ。明らかに中東の戦地で負傷して、障碍者となって帰国したのだろう。おまけにその義足や義手はどれも安っぽく、ちゃちなもの

だった。細い鉄の棒一本に、手も足も5本の指となっておらず、なんとカニに似た、3本の指という、かなり悲惨な代物だった。そのような人は、ボストンやマンハッタンではまず見かけない。そして報道もまともにされないので、支配階層にその存在さえも知られない。「アウト・オブ・サイト・イズ・アウト・オブ・マインド」という英語の言葉があるが、普段から目のあたりにしていないと、その存在を忘れてしまう。まさしくそのとおりだ。

　実は復員兵の待遇が大きな社会問題となっている。復員兵、特に負傷兵の面倒を見る省庁があるが、腐敗が蔓延っており、サービスが劣悪とされている。もちろん、自己責任が大前提のアメリカで仕事の斡旋などまともにしてもらえない。正確な統計は存在しないが、トラウマで鬱になったり、自殺したりする復員兵も非常に多く、社会問題になっている。この問題はさすがに主流メディアで少し取り上げられているが、断片的で、継続した報道ではない。ましてや、なぜ彼らが戦争に行かなければならなかったのか、系統立てて検証する主流報道機関はない。

　しかし、「なぜ我々は戦争に行って、このような目に遭わなければならなかったのか」という疑問は、一般のアメリカ人には根強い。アフガンは9・11という大義名分があったが、いつの間にか長引いた。そしてイラクは、大量破壊兵器というのが真っ赤な嘘だということが後で発覚した。アメリカ人は概して教育の程度が低いので勘違いされることもあるが、決してバカではない。主流メディアにはもちろん決して出ないが、「我々は結局イスラエルのために戦争しただけではないか。そして、シリアやイラクでまた、イスラエルのために戦争をしようとしている。不条理だ」という意見は、かなり広まっている。

■伝わり始めた真実
　戦争の犠牲以外に、一般のアメリカ人におけるイスラエルの評判が落ちているのは、やはり市民運動の成果だ。イスラエルによる人権侵害や戦争犯罪は、もはや広く知れわたっている。ネットの時代なので、いくら主流メディアが報道しなくても、情報はすぐに手に入る。ましてや、例えばアメリカのメディアが無視をしても、アルジャジーラやイギリスの（BBC以外の）マスコミはきちんと報道している。アメリカ人に真実を知らしめないというのは、もう通用しない。2014年の夏にも全米各地でガザ侵攻に抗議するデモが起き、ニューヨークでは5万人規模のデモさえあった。それもアメリカの主流メディアに報道されなかったが、

海外のメディアには出たし、そもそもニューヨークの住民であれば、5万人ほどのデモの情報は耳に入るはずだ。「報道しなければ誰も気づかないだろう」というのは、いかにも稚拙だ。

20年前なら考えられなかったことだが、今は全米各地の大学で「イスラエル・アパルトヘイト週間」が開催されている。学生が自主的に組織して、大学でさまざまなイベントを通じて、イスラエルの人権侵害を糾弾している。大学外の一般社会でも、例えばボストンやニューヨーク、シアトルなどという主要都市の交通機関や幹線道路沿いに、イスラエルの人権侵害を糾弾する意見広告が出ることがある。ガザでの戦争犯罪はアメリカの軍事支援、すなわち国民の血税で行われていると訴え、一般市民に注目を集めている。これも20年前どころか、10年前でも想像できなかったことだ。それだけアメリカの一般人の世論が変化してきた証拠だろう。

それらに対する親イスラエル派の反応は完全に過剰で、むしろ逆効果だ。例えば交通機関の意見広告に対しては、まず裁判を通じて止めようとする。それがうまくいかないと、今度は自分の広告を掲示してもらうのだが、これが「イスラム教徒は西洋文明の敵だ」といった、明らかに極端なものだったりする。繰り返すが、アメリカ人は決してバカではない。そのような明らかに度を超した看板を見て、「これはちょっとおかしいのではないか」と思うのが関の山だ。

特に大きいのは、最近はキリスト教原理主義者の中にも、イスラエル離れする人が増えているということだ。統計によれば若い人が多いが、イスラエルの人権侵害に関して知識を得るのにつれて、アメリカ国民の税金が占領維持に加担していることに反対するようになってきている。それもやはり、パレスチナの人権状況に関する情報を伝え続けてきた市民運動の成果だろう。

■ボイコット運動の広がり

市民運動として非常に注目に値するのは、ボイコット運動だ。イスラエル製品の不買運動やイスラエル企業への投資中止、イスラエルの学術機関との交流停止、ロックスターなどのイスラエル渡航取りやめ、港湾労働者によるイスラエル船の入港阻止などさまざまな形態があるが、イスラエルを経済的にも政治的にも孤立させることで占領を終結させるという目的で共通している。ヨーロッパが一番盛んだが、アメリカでも確実に伸びており、例えばアメリカのいくつかの学会がイスラエルの大学との交流停止を発表するなど、イスラエルに対する

圧力が強くなってきている。このボイコット運動はアパルトヘイト時代の南アフリカに対して展開された運動を模倣しており、ボイコットで致命的な打撃を受けた南アフリカがついにアパルトヘイトを放棄するところに追い込まれた成功を繰り返そうというものだ。

　当然のことながらイスラエルや親イスラエル派は「反ユダヤ主義」と非難するし、この場合に限ってこの主張には一見正当性があるように思える読者もいるかもしれない。例えば軍需産業など占領に直接加担している企業のボイコットを呼びかけたり、入植地で事業している企業の不買運動をしたりするならわかる、しかし占領と直接関係のないイスラエル企業をボイコットするのは行き過ぎではないか、ましてや大学との交流をやめるなどおかしいではないか、と素直に思いがちだ。

　しかし、それはイスラエルという国の実態を考慮しない考えだ。イスラエルの経済は完全に占領に依存しており、完全に占領と一体化しているのだ。軍需産業は言うまでもないが、例えば「入植地で事業をしていないイスラエル企業」など一つもないのだ。本書41頁の写真を見てもわかるように入植地は巨大な町で、商業施設などが充実している。大企業はすべて入植地で事業しているし、例えば中小企業で入植地で直接営業していなくても、請負などによって関連している。要するに、入植地は完全にイスラエル経済の根幹の一部で、「入植地と関係していない企業はボイコットしない」というのは成り立たない。金融機関も当然入植地で営業しているし、そもそも入植地の建設に投資している。

　イスラエルの大学にしても然りで、イスラエルのどの大学でも軍隊の委託研究をしている。兵器の開発などわかりやすいが、例えば敵（すなわちパレスチナ人）を威嚇するための心理学的手法などの研究も行われている。戦地（すなわちパレスチナ）で兵役を務めた人への奨学金など特別な待遇もある。イスラエルのいかなる機関でも、占領と切り離すことはできないのだ。この事実を踏まえて、イスラエルの大学との交流もボイコット対象になることが多いのだ。

　日本にもボイコット運動の市民運動があり、無印良品がイスラエルの開店を取りやめたり、イスラエル企業が死海の資源を略奪して「イスラエル製」と売られていた化粧品が発売中止になったりと、大きな成果をいくつも勝ち取っている。そもそも日本にはユダヤ人迫害の歴史もなく、「反ユダヤ主義」の批判にそれほど敏感ではない。それにもかかわらず現政権が世界の趨勢に逆らってイスラエルとの関係強化をむやみに進めようとしているのは愚かとしか言いようがない。

ネオコンで占められている日本の今の支配層がアメリカのネオコンの方ばっかり向いている証拠だろう。

■民主党大会で明らかになった民意

さて、アメリカの世論の変化を端的に物語る事件が、それこそベルトウェイのエリートの本場、2012年の民主党大会で起きた。

周知のように４年ごとに大統領選挙があるのだが、実は二大政党はその前の党大会で綱領を採択して、公約の勧告として大統領候補に渡す。拘束力がない政党の綱領にはどれだけ意義があるのかよくわからないが、少なくとも政治的メッセージとしては重要かもしれない。この党大会は一大イベントで、10万人ともいわれる党員などが出席するものだ。

実は、共和・民主両党の綱領には代々、「エルサレムをイスラエルの首都として公認する」という条項がある。綱領にそれが含まれても大統領に当選した後はずっと無視されてきたのだが、それでもイスラエル・ロビーの力を示したもので、国際法を無視しているという意味ではあまり望ましいものではない。望ましくないのにもかかわらずいつも綱領に含まれていたこの条項が、理由は不明だが、2012年民主党大会に提出された綱領案から抜け落ちていたのだ。公式見解によればそれは完全なミステークだったのだが、すでに党員に配布されており、直しようがなかった。したがって、これも公式見解によれば、オバマ大統領自身の希望で、大会でその条項を再挿入する動議を党執行部が提出して、党員に承認されるという計画になった。友好国イスラエルに関する案件だからしゃんしゃんと決まるに違いない、そう執行部が見込んだのだ。

党大会の日、若く野心ギラギラのロサンゼルス市長が議長をやることになった。動議を簡単に説明して、発声による投票、すなわち「賛成するものは声を、次は反対するものは声を」という方式で投票にかけた。余裕綽々のその態度から、執行部のその動議に関する安心感が窺われた。そもそも発声による投票というのは、賛成する党員が「賛成」と満場一致の大声を上げ、反対はと聞かれた時に会場がシーンとなることを見込んだものだ。

ところがこの見込みが大きく外れ、反対する声が賛成と同等、もしくはそれを凌ぐ音量だった。議長はオロオロし、戸惑う。「もう一度」と発声投票を再度求めても、結果は同じだった。むしろ、反対の声の方が大きい。ばつの悪い空気がかなり濃く流れた。執行部が数人壇上に駆け寄り、議長とひそひそ話し合う。

議長が再度、すなわち3回目に「もう一度やるぞ」と発声を求めた。そして結果は誰の耳にも明らかに同じだったのに、「議長の裁量によって、動議は承認されたものとする」と議長は木槌を叩き、ブーイングされながらもそそくさと逃げた。

贔屓目に見ても党員の間で合意が得られていないのに、執行部は無理矢理エルサレムに関する動議を通した。この事件が重要なのは、エルサレム動議に反対していたのは全員民主党の党員だということなのだ。民主党はもとは労働組合の政党だったが、党大会に出席する党員といえば教育程度が高く、やはりエリートの構成員だ。すなわちイスラエルの人権侵害を庇うアメリカの態度に対する不満は、もはやアメリカのエリートにもかなり広まっているということなのだ。低所得階層、中流階級だけでなく、エリートの中にまでイスラエルに対する批判的感情が広まっている。アメリカ政府がそのような民意を無視できなくなる日は、それほど遠くないと私は思っている。

この民主党大会の事件は、例によってアメリカの主流マスコミにほとんど無視されたが、アルジャジーラやイギリスのマスコミなどにはちゃんと報道されている。ネットで簡単に見つかるので、「democratic convention 2012 jerusalem」で検索することを勧める。

このような動きに決して無頓着でないネオコンも、巻き返しに必死になっている。2016年の大統領選挙で民主党候補になることが予想されているヒラリー・クリントン氏はリベラルというイメージがあるが、実はユダヤ系のドナーなどとの関係が緊密で、思想的にもネオコンに近い。共和党のどの候補よりもマシに決まっているが、彼女が大統領になった場合は、少なくともパレスチナに関しては手放しには喜べない状況だ。しかし、全体を見て、アメリカの世論の変化は確実だ。時間はかかっても、その民意がゆくゆくは政策に反映されることになる。

この点で一つの分岐点となりそうなのは、2015年3月のネタニヤフ首相のアメリカ連邦議会での演説だ。野党である共和党が大統領に相談もせずにネタニヤフ氏を招待し、激怒する政権を無視してネタニヤフ氏が演説を強行したことには、イスラエル贔屓のアメリカ主要メディアでもさすがに「行き過ぎだ」という論調が圧倒的だった。閣僚が軒並みネタニヤフ氏との会見を拒否し、民主党議員のかなりの数もオバマ大統領を支持して演説を欠席した。民主・共和両党にとって「国内問題」と言われるほど強固であるイスラエル支持にも、ほころびが見え始めたのだ。そしてマスコミはネタニヤフ非難にとどまらず、ついにイスラエル・ロビーの絶大な力に疑問を呈し始めている。

ネタニヤフ氏が演説を強行したのは自身の選挙が近いという事情もあったようだが、アメリカの国民感情を完全に見誤った愚行と言えるだろう。共和党支持者のオバマ氏に対する憎悪には尋常でないものがあるが、それでもアメリカ人にとっての大統領は王のようなもので、良くも悪くも畏怖の念をかなり抱いている。いくらイスラエル首相といっても、外国人が、それもアメリカの地で大統領に堂々と唾を引っ掛けるようなことを、アメリカ人は決して受け入れない。幼少期も含めアメリカに長く暮らしたことがあり、アメリカを理解していると豪語するネタニヤフ氏だが、今回はなめ過ぎたのだろう。いよいよ、アメリカの支配層もイスラエルに対して疑念を抱いてきているのだ。

■ヨーロッパでも世論の変化が

　最後に付け加えるが、イスラエルに対するこの世論の変化はヨーロッパで顕著に見られ、アメリカよりはるかに進んだところにある。ヨーロッパ各国も伝統的にイスラエルを支持しており、アメリカほど盲目的でなくてもイスラエルの戦争犯罪を黙認してきた経緯がある。その背景の一つには、やはりホロコーストがヨーロッパで起き、数世紀にもわたってユダヤ人がヨーロッパで差別されていたことからくる反省がある。ユダヤ人に対する迫害が放任され、それどころか国策だった国がかなりあるので、今のイスラエルに対して意見が言いにくい面があり、「反ユダヤ主義」と叫ぶというイスラエルの常套手段は、ヨーロッパ人に対してやはり効果的なのだ。ヨーロッパの中でもドイツが伝統的にいつもイスラエルを支持して来たのもこのためで、やはりナチス時代に対する反省が根底にある。

　しかし、地理的に中東に近く、歴史的にも関連がアメリカより深いヨーロッパでは、やはり情報が比較的多い。イギリスやフランスの旧植民地からのイスラム教徒やアラブ人の移民が多いということもあり、パレスチナでの人権侵害に対して、ヨーロッパの方が比較的以前から批判的になっている。

　それも長年、所詮は温度差程度の問題だったが、この10年間ほどでガラリと変わったと言える。イスラエルの人権侵害の糾弾を訴える民意がついに政府レベル、そして特に欧州連合レベルで反映されるようになってきたのだ。その一番の成果はおそらく、2013年に採択された、入植地との商取引を禁じる欧州連合の方針だ。これが口火となり、例えばヨーロッパの企業が入植地から引き上げたり、いくつかの国の年金基金が占領に加担するイスラエルの企業へ

の投資を取りやめるなどといったことが起き、イスラエル経済はすでに打撃を受けている。また、例えば入植地で作られた農産物が「イスラエル産」という虚偽のラベルを貼られてヨーロッパに輸入されていたのだがそれもできなくなり、輸出産業もすでに億ドル単位の損害を被っている。スウェーデンが正式にパレスチナを承認するなど、政府レベルでの動きも活発だ。

　上記のボイコット運動はヨーロッパではかなり盛んになっており、イスラエルの大臣なども「脅威」と発言している。ディフェンシブ・エッジの間はロンドンで10万規模の抗議デモがあり、ヨーロッパではイスラエルの人権侵害に対する不満はかなり高まっている。そして国際舞台ではアメリカほどの政治的影響はないにしても、自国を「欧米民主主義国」「ヨーロッパの一員」と吹聴しているイスラエルにとって、ヨーロッパの動向は無視できない。

　そのような事情があるからこそ、アメリカだけでなくヨーロッパでイスラム原理主義者によるテロ事件などが起きると、イスラエルは飛びつく。イスラム教徒やアラブ人を皆「西欧文明を破壊しようとする野蛮人」と決めつけ、それに果敢に挑んでいるイスラエルに対する同情と連帯感を買おうとする。特に9・11からイスラエルはことあるごとにその手を使ってきたが、ヨーロッパの市民はそこまでバカでなく、もはや完全に通用しなくなっていると言っていいだろう。

　そのいい例が、2015年1月にパリで起きた新聞社の襲撃事件だ。ネタニヤフ首相はそれ見よとばかりに飛び上がり、世界各国の首脳が呼ばれた、被害者と連帯を示す行進に出席した。ところがフランス政府はイスラエルが事件を政治的に悪用するつもりだということを見抜いて、最初はネタニヤフ氏に「来るな」とあしらったのだ。結局フランス政府の方が折れるのだが、行進中に人を押しのけて最前列に押しかけて行ったネタニヤフ氏は、他の首脳が厳かに振る舞っているのににっこり笑って手を振るなど、各国首脳の間で顰蹙になる一方だった。その後フランスは（襲撃事件と何一つ関係がない）イスラム国の空爆に参加を表明したり、国内の監視強化を実施するなど問題点の多い動きをしていることは事実だが、その行動と、パレスチナ占領に関する姿勢とを明確に分けている。

　そしてフランスにおけるネタニヤフ氏のその後の行為は、フランス政府のさらなる怒りを買った。イスラエルは建国時から、世界中のユダヤ人のイスラエル移住（彼らは「帰還」という）を促進している。それには思想的な背景があるが、パレスチナ人の出生率が高いことでゆくゆくはユダヤ人の方が少数者にな

るのではないかという根強い恐怖感もあるのだ。したがって世界中のユダヤ人に「是非イスラエルに移住しないか」と宣伝はし続けているが、ネタニヤフ氏がフランスでとった行動は状況を弁えたものでなかった。

パリのシナゴーグでユダヤ人コミュニティーと会ったネタニヤフ氏は懸命に彼らの恐怖感を煽り立てようとし、「フランスには、あなたたちの未来はない。イスラエルだけが、あなたたちユダヤ人の国だ」などと暴言を繰り返し、呆れ果てたユダヤ人たちが突発的にフランス国歌を歌い出すなどといったハプニングもあった。ヨーロッパにおけるユダヤ人の人口はフランスが一番で、フランスからイスラエルに移住する人はもちろんいるが、そのような露骨な姿勢で臨むネタニヤフ氏はあまりにも思慮が足りなかったと言えるだろう。

もともと数世紀にわたるヨーロッパのユダヤ人差別の根底には、「ユダヤ人は国家に忠誠でない」という考えがあった。「ユダヤ人は国家でなく、ユダヤ人だけの利益を考えて動く。秘密裏に結束しあって、謀略を企てている」という考えだ。イスラエルの首相がその歴史的な差別意識を掘り起こして、まるでそれを裏づけるような発言をするのは、明らかに問題だ。

何よりも皮肉なのは、ホロコーストでナチス・ドイツが成し遂げなかったことを、今イスラエルがやろうとしているとも言えることだ。ナチスがめざしたのは、ヨーロッパでの民族浄化だった。ヨーロッパからユダヤ人を完全に追放し、「Judenfrei」、すなわち「ユダヤ人のいない」大陸を作るのがその目的だった。パレスチナ人に対するイスラエルの態度そのものだが、それをさておいても、第2次大戦でドイツが敗戦し、民族浄化というその試みは破綻し、今でもめでたくヨーロッパにユダヤ人が住める状況になっているのだ。しかしイスラエル、少なくともネタニヤフ氏など右派が進めたいように見えるのはヨーロッパ中のユダヤ人がイスラエルに移住することであり、まさしく「ユダヤ人のいない」ヨーロッパではないか、という指摘もある。

未来に向けて──二国家解決か、一国家解決か

■イスラエル黄金時代は終わりつつある

このように、国際世論は明らかにイスラエルにとって極めて厳しい方向に向かっている。欧米諸国、そして分けてもアメリカが必ず庇ってくれ、必ず肩を持ってくれるという、イスラエルにとっての黄金時代は終わりつつある。そして、そ

れを誰よりもわかっているのはイスラエルの政治的指導者だろう。慌てるように入植活動のペースを上げているのはそのためで、今のうちに既成事実をひたすら増やして、後戻りできない状況を作ろうとしているように思う。

　本書でも言及したように、国際社会がずっと求めてきたのはイスラエルとパレスチナが平和共存するという、「二国家解決」だ。国連での決議やあらゆる外交のアプローチ、そしてすべての和平交渉もその前提のうえに成り立っている。占領を終わらせ、独立したパレスチナ国家を樹立させ、和平をもたらそうというものだ。

　しかし、イスラエルの進める入植によって、その二国家解決が危うくなっている。本書でも見てきたように、入植地は恒常的なものとして建築されている。決してすぐにどかすことのできるプレハブなどではない。入植地が拡大し入植者の人口が増えれば実際問題としてそれらの撤収は難しくなるというのは誰の目にも明らかなので、入植が進めば進むほどパレスチナの領土になるはずの土地がなくなり、結局独立国家は名ばかりのものになってしまう。地図で見られるA地区の現状を見ても、すでにそういう状態になっていると言ってもいい。

■土地だけ併合する？

　それでも、イスラエル政府は一貫して、西岸を決して併合するつもりがないと言ってきた。エルサレムを不法に一方的に併合したということはすでに本書で見てきたとおりで、イスラエルが厚顔無恥にも西岸全域を「イスラエル領土」と勝手に宣言しても驚くに値しないかもしれない。しかし、イスラエルの方には、そうしたくない事情もあるのだ。

　イスラエルは、あくまでユダヤ人国家というのが国是だ。ユダヤ人による、ユダヤ人だけのための国家というのが現代のシオニズムの目指すところであり、イスラエル人の理想とする国家像だ。それ自体人種差別の思想に基づくものと言えるが、いずれにしてもユダヤ人だけが真のイスラエル市民たりうるというのがほとんどのイスラエル人の考えだ。

　ところが、西岸を併合（イスラエルはガザを併合したくもないので、この際省く）すると、瞬時に250万人のパレスチナ人がイスラエル人になってしまう。本書で見て来たようにすでにイスラエル国籍を持っている48年パレスチナ人はイスラエルの総人口の20パーセントほどいるので、西岸の人口を加えると、もはや800万ほどのイスラエル人口の半分ほどになってしまう。出生率も基本的に

パレスチナ人（48年でも、西岸でも）の方がユダヤ人より高いので、すぐに過半数になることが予想される。すなわち、イスラエルはもはやユダヤ人国家でなくなるのだ。

それなら答えは簡単で、土地だけ併合して、パレスチナ人に国籍を与えなければいい、という論理が出てくる。すなわち人種によって認められる権利が違う、完全なるアパルトヘイト国家だ。本書で言及してきたように、軍事占領下の西岸はすでにアパルトヘイトと言える状態にあるのだが、それでもあくまでイスラエルの一部でなく占領地なので、法的にはまだ少し言い訳が成り立つ。しかし、西岸がイスラエルの一部になれば、もはやごまかしようがなくなる。今のように事実上のアパルトヘイトでなく、法的にもアパルトヘイトとなり、イスラエルの実態がいよいよ国際社会に暴露される。そうなれば、さすがに国際社会は黙っていない。イスラエルは完全なる「ならず者国家」として、孤立するだろう。

したがって西岸併合というのは、往くも地獄、退くも地獄という究極の選択なのだ。度重なる民族浄化を犯してでもずっと積み上げてきた「ユダヤ人国家」という夢を捨てるか、それとも開き直ってアパルトヘイト国家になり切るか。どっちもイスラエルの指導者、そしてイスラエルの一般市民にとっては好ましくない状況だ。

イスラエルにとって現状維持が最も都合がいいともいえる。占領地との建前を維持しながら入植活動を進め、事実上の併合を進め、パレスチナ人を可能な限り追放する。万が一和平を国際社会に強要されることになれば、入植地という既成事実で領土の取り分が多くなる。しかし、上で述べた国際世論の変化によって、現状維持が難しくなってきた。いよいよ決断が迫られる時が近くなりつつあるのだ。そしてすでに述べたようにイスラエルの右傾化が顕著になり、強大な政治勢力となった入植者はその決断をすでに政府に迫っている。

■「西岸併合」をめぐる相反する潮流

実は私がパレスチナに駐在していた間に、イスラエル内の議論が明確に変遷した。私が赴任した2009年は、「西岸併合」というのはまだ依然としてイスラエル社会のタブーだった。しかし、数年の間に状況がガラリと変わった。マスコミでも「併合せよ」という論調が目立ち、右派の政治家が大真面目に法案の作成に取りかかった。中には「パレスチナ人にもイスラエル国籍を与え、共存する社会を」とかなり白々しくいうのもいたが、ほとんどはもちろん大っぴらに

アパルトヘイトを主張するものだ。「ユダヤ人こそ世界で最も道徳的な民族」というふうに育てられた多くのユダヤ人にとっては、アパルトヘイト国家はまだ受け入れ難いものだ。しかし、それが永遠に続くとは思えない。

　このような世論の変化の中、実は、反対の方の立場からも「併合」を主張する議論がで出てきた。主にイスラエルの平和活動家や人権活動家だが、入植がここまで進んだ以上はもはや後戻りはできない、いっそのこと併合をしてパレスチナ人にイスラエル国籍を与え、そのうえで実質的にも平等に権利が行使できるように活動をするべきだという主張だ。すなわち、パレスチナ人の人権はもはや民族自決の独立運動ではなく、一国内の市民権運動というふうに進めるべきだということだ。その方がよっぽど現実的であり、パレスチナ人にとっても実りがあるのではないかとされている。主に海外に住んでいる人だが、著名なパレスチナ人で、少数ながらこの目的に賛同している人もいる。

　しかし、一連の議論で完全に不在なのは、一般のパレスチナ人の声だ。一般のパレスチナ人で、イスラエル人になりたいなどと思う人はいない。頑張ればイスラエル国内で平等に扱われ、人権が尊重されるなどとお人好しに思う人はいない。48年パレスチナ人の状況を見ても、ユダヤ人至上主義という人種差別思想が根底にあるイスラエルにおいて、パレスチナ人が人権を真に尊重される可能性はほぼないと言っていいだろう。また、そのような状況では、イスラエルの戦犯が裁かれることもまず望めない。

■パレスチナ国家の独立は各個人の権利保障のためにも不可欠

　権力者が一般のパレスチナ人の声を反映しないという事実こそパレスチナ問題が始まってからずっと続いていることで、まさしくパレスチナの悲劇の一番の特徴ではないか。シオニストには完全と言っていいほど存在が無視され、イスラエルには民族浄化の標的にされ、同胞であるはずのアラブの独裁者にも支援されず、アメリカや欧米諸国にも敵視される。パレスチナ当局の設立の際にもパレスチナ人民は相談を受けず、当局のイスラエルとの協力などに関してもパレスチナ人の民意が無視されている。一般のパレスチナ人が意思を外界に向けて表明出来たのは2つのインティファーダ、そして2006年の選挙だけだったと言えるかもしれない。インティファーダは両方ともアメリカの支援するイスラエルに鎮圧され、2006年の選挙は国際社会に無視されたままだ。パレスチナ人が不条理に思うのは、当然だ。

人権といえば完全に個人だけが最優先されるものだと勘違いする人が多いが、民族自決の権利が2つの人権条約の第1条にあり、数ある人権の中でも最も重要とされていることには、わけがある。国家単位で動く現在の国際社会の中では、正当な政治的共同体、すなわち自分の国家があって初めて、その民族の各個人の権利が保障されるものだという現実の認識がその根底にあるのだ。パレスチナ人の権利が本当に尊重され、国際社会でもその声が正当に反映されるようにするには、長年の悲願であるパレスチナ国家の独立は不可欠だ。

*8*章
パレスチナの歴史

土地をめぐる近代の争いであるパレスチナ

　最後になってしまったが、パレスチナ問題を深く考えるには、どうしても歴史を見ないとならない。ただ、はじめに歴史の話をしても関心を持ってもらいにくいだろうと考え、ここで概要を眺めてもらうことにした。どうして歴史を見てほしいのか。それは「中東紛争には数千年の歴史があるから」ということではなく、逆に、その思い込みが間違っているということを読者にわかってもらいたいからだ。パレスチナ紛争の歴史は100年も経っておらず、決して歴史が長いものではない。また、パレスチナ問題が「宗教戦争だ」と一般的に思われている面もあるが、これも間違いだ。宗教が背景にあるというのは事実で、和解を難しくしていることは否定のしようもないが、パレスチナは一義的に宗教戦争でも何でもない。

　「宗教が根本にある、聖書時代から続いている戦争」という思い込みは、「永遠に終わるところのない、どっちも譲ることのできない紛争」という思い込みに繋がる。パレスチナ問題は手のつけようがないのでどうしようもないというあきらめムードになる。しかし、パレスチナ問題の解決に何が必要なのかは、1960年代にすでに明らかにされている。詳細の解釈などいろいろ問題点はあるが、政治的意志さえあれば、解決不可能ではない。問題は、その政治的意志がないということだ。

　まず強調しておきたいのは、パレスチナ紛争は何よりも土地をめぐる争いだということだ。パレスチナの土地をめぐって、イスラエルとパレスチナ人が紛争している。そしてもう一つ強調しておきたいのは、片方、すなわちイスラエルの

パレスチナの歴史的変遷図

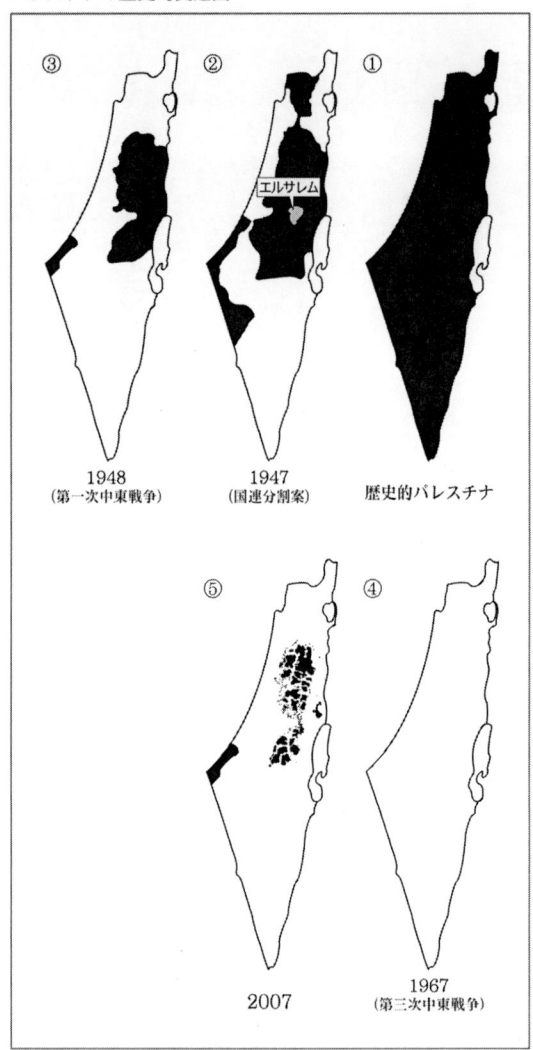

③ 1948（第一次中東戦争）
② 1947（国連分割案） エルサレム
① 歴史的パレスチナ
⑤ 2007
④ 1967（第三次中東戦争）

方が一方的に強いということなのだ。それは、土地の実効支配の変遷を見れば明らかだ。

これからこれらの地図を解説して行くが、傾向は明らかだろう。それもそのはずで、片方のイスラエルはグローバル・スーパーパワーが潤沢に兵器を提供する軍事大国の先進工業国。もう片方は軍隊も武器も何もなく、せいぜい少年がイスラエル兵に投石をしたり、自爆攻撃する程度のものだ。紛争は拮抗していなければならないという法はないが、これでは結果が偏るのは当然だ。

このこともあって、私は「紛争」という言葉を使わないようにしている。国際法の観点からは法的な「紛争」であるには違いがないが、その言葉で連想される、国力がおおかた対等である二国間の戦争というものからはほど遠い。そして、「紛争」という言葉を使うことで、「軍事占領」という実態から目がそらされる危険性もある。パレスチナは、イスラエル軍がパレスチナ軍、もしくはパレスチナのテロ組織と対等に戦っているものでも何でもない。イスラエルがパレスチナ全土を占領して、掌握している。その中で、占領軍のイスラエル軍は人権侵害を好き放

パレスチナ人は苦しみ続ける――なぜ国連は解決できないのか

題に起こしているのだ。

　以上のことへの理解を深めるために、歴史を極めて簡単に、重要な点だけ強調して述べる。

古代、中世、そして近世

　パレスチナ地方の古代史を見る際、特にイスラエル及び欧米でまず引っ張り出されるのが旧約聖書だ。ユダヤ民族の歴史を綴ったものとなっており、それなりに重要なソースであることは確かだが、いうまでもなく歴史書というよりは宗教書なので、書かれてあることをすべて事実としてそのまま受け止めるわけにはいかない。そもそも「歴史は客観的事実を述べるもの」という発想自体が比較的最近のもので、例えば「古事記」や「日本書紀」がそうであるように、歴史は時の権力者の正統性を裏づけるために書かれたり、神話を交えたりするものだった。

　古代よりパレスチナ地方にさまざまな人間が住み、さまざまな民族が入り交じっていた。「民族国家」というものも比較的最近の考え方で、その当時はそのような考えがなかったので「国境」もなく、そもそも「民族」という概念も薄く、人種間の結婚などが普通に行われたりしていた。カナン人と呼ばれている人たちが主な民族だったが、他にはエジプト人やアモライト人などさまざまな人々が入り交じっていた。地図を見ればわかるがその地方はそもそもアフリカとアジアの交差点にあり、地中海にも面していたので、人の交通がかなりあったようだ。

　時には戦争も起きて、敗北者が奴隷として連れて行かれることもしばしばだった。聖書によればイスラエル人、すなわちユダヤ人もそうで、「出エジプト記」にはモセがエジプト王と奴隷解放を交渉して、ユダヤ人を率いて砂漠を渡り、神が約束した土地、すなわちイスラエルに戻ったとされる。もちろんこれは聖書の話なのでどこまで歴史的事実を反映しているかは不明で、モセという人物が実在していた証拠もない。

　そうはいっても、カナン人の国がエジプトに侵略されて支配されたという証拠は実は発掘されており、カナン人がユダヤ人の先祖であると思われているが、どの時点でカナン人の一派が自分たちを「イスラエル人」と名乗るようになったのかは不明な部分が多い。なお、カナン人はユダヤ人の先祖であるが、地域に住むその他の民族の先祖でもあり、現在のパレスチナ人の先祖でもあると思

われている。イスラエルとパレスチナの紛争は、言ってしまえば兄弟同士のケンカなのだ。

紀元前12世紀あたりには、その地域に「イスラエル王国」があったようで、エルサレムがその首都とされている。しかし、繰り返し強調するが、民族国家という概念がなかった時代のことなので、「イスラエル王国」にはユダヤ人しかいなかったわけでもないし、国境だってちゃんとあったわけでもないので、さまざまな人々が住んで行き来していた。まわりの王国と戦争をするということもあった。エルサレムにはユダヤ人がいう「第一神殿」が建てられて、ある戦争でそれが破壊されたとされているが、この神殿が実際に存在していたかどうかは不明のままだ。

持ち直したイスラエル王国は第一神殿の跡地に、今度は第二神殿を建てたとされているが、場所がどこだったのかという確証はなくても、この第二神殿の存在はどうやら歴史的に確認されているようだ。そして、紀元前67年あたりにローマ帝国が侵攻して、この地域はローマの領土となる。ユダヤ人はローマ帝国に対して蜂起することも何度もあり、その度にローマは鎮圧する。この時代に生まれたのがイエス・キリストで、その説法を抵抗運動の一環とみなしたローマは、エルサレムでイエスを十字架にかけて処刑した。ユダヤ教徒だけでなくキリスト教徒にとってもエルサレムが聖地となっているのはこのためだ。

度重なるユダヤ人の蜂起に、ローマ人はついにエルサレムを「ローマの町として立て直す」として第二神殿を破壊し、ユダヤ人をエルサレムから追放する。ユダヤ人は中東そしてヨーロッパ各地に散って、ディアスポラ（離散）と呼ばれる現象が起きた。なお、ユダヤ人の間では「イスラエル全土から追放されてディアスポラが始まった」と一般に信じられているが、最近はこの定説に疑問を呈する学者が出てきている。ローマ帝国が第二神殿を破壊する前にユダヤ人の大量移住がすでに始まっていたという証拠もあるようで、そもそもユダヤ人はその地域全土ではなく、単にエルサレムから追放されただけではないかという説がある。実際に完全に追放されたわけではなく、少数だが、パレスチナにはユダヤ人が住み続ける。不明な部分が多いが、ユダヤ人が大勢いろいろな国に移住したのは確かだ。

移住した後も、「いつかは自分の国に帰還する」「いつかは自分たちの町であるエルサレムに帰る」という思想がユダヤ人の間で強固に残ったと言っていい。もちろんそれは現実的な発想として「エルサレムを武力で奪還する」というより

エルサレムの「嘆きの壁」で祈るユダヤ人

回想的な、いわば幻想的なものだったと言えるが、次第に民族の絆として、アイデンティティの根幹をなすものになったのは避けようがない。そしてその一つのアイデンティティの大きな象徴となったのが残存している第二神殿の西側の壁、いわゆる「嘆きの壁」だ。

ローマが破壊した第二神殿だが、その西側の壁だけが残っているとされているのだ。一部だけ破壊しそびれたというのは少し考えにくいので今でも疑問を呈する学者はいるのだが、言ってしまえばその真実性はこの際あまり関係がなく、それがシンボルとして世界中のユダヤ人の心の中に刻み込まれてきたということだろう。また、あらゆる時代のシンボルに関して言えることかもしれないが、それが政治的に利用されてきたことも重要だ。いずれにしても、そのうち嘆きの壁は世界中のユダヤ人にとっての最高の巡礼の地となった。ユダヤ人が来て自分の民族が遭って来た憂い目に関して「嘆く」場所なのだ。

7世紀にムハンマドを預言者とするイスラム教がアラブ世界で台頭し、この地域を席巻する。アラブ人はローマ帝国やペルシャ帝国（後のイラン）の領土を次から次へと勝ち取り、イスラム教が定着するようになる。そして、（アラブ人も含む）さまざまな人種や民族が行き交う場所であるパレスチナの「アラブ化」が本格化する。これはもちろん上から押しつけたものではなく自然に起きた現象だが、宗教だけでなく文化などでもアラブ人が持ってきたものが優勢となり、

上は岩のドーム、下は嘆きの壁

土着のものと融和しながら次第に定着する。言語もアラビア語が主流となり、現在に至る。この文化的な融合のため、パレスチナ人は現在でも自他ともに「アラブ人」とされるのだが、重要なのは、「アラブ人」であるのと同時に「パレスチナ人」でもある、ということだ。無知な外国人に「アラブ人は皆一緒」とされてしまうことが決して少なくないが、当然のことながら地域によってかなりの違いもある（実は、同じアラビア語でもほとんど通じ合わないほど違うこともある）。「アラブ人」を同一視するのは、「日本人も中国人も韓国人も同じ東洋人だから皆一緒」とするのと同じレベルだ。

ところが、イスラム教の聖典のコーランには、ムハンマドは一夜でエルサレムに旅して、そこから昇天したという記述がある。そして、昇天したと信じられている場所が、まさしくユダヤ人の第二神殿の跡地そのもので、イスラム教徒がエルサレムを陥落させた後、その跡地に大きなモスクと「岩のドーム」という神殿を建てた。すなわちユダヤ人にとっての一番の聖地の真上に、今度はイスラム教の聖地が建てられたのだ。これはユダヤ人に対する当てつけでも何でもなく、ユダヤ人を追放してからその場所を権力誇示の象徴としていたローマ人に対抗したのだろうが、図らずも後の火種となってしまった。

その後はヨーロッパから「エルサレムを奪還する」といって十字軍が遠征に

来たりもするが、16世紀にオスマントルコ帝国がパレスチナを征服し、第1次大戦までオスマントルコ時代が続く。

　日本人にはあまり知られていないことだが、オスマントルコ帝国を含むイスラム教徒の支配下では文化が栄えたばかりか、ユダヤ教徒もキリスト教徒も迫害されたという事実はほとんどない。イスラム教の「神」は実はユダヤ教及びキリスト教の「神」と同じとされており、イスラム教はその2つの伝統を引き継ぐものと理解されている。したがってユダヤ教徒もキリスト教徒も基本的に尊重され、イスラム教徒には課せられない「宗教税」のようなものが、ユダヤ、キリスト両教徒にはあったのは事実だが、それさえ払っていれば普通に儀式を行うことが許された。首都コンスタンチノープル（今のイスタンブール）はさまざまな民族でひしめき合い、ユダヤ人も大勢活躍していた。

　あえてこの事実をここで述べるのは、「ユダヤ人とイスラム教徒の間の確執は数世紀にもわたる」という間違いを正したいからだ。そのような思い込みは日本人や欧米人だけでなく、実はイスラエル人でも極めて一般的だ。イスラエルを代表する国立博物館などに行っても、展示物には、イスラム教徒に支配されていた時代はほとんどと言っていいほど触れられていない。数世紀の文化の興隆が、まるでなかったかのように飛ばされている。「イスラム教徒イコール野蛮人で我が国の敵」という構図にきれいに当てはまらない、現在の犠牲者にとって都合の悪い歴史は、ほぼ完全に無視されている。「現在を支配するものは、過去をも支配する」とジョージ・オーウェルが名著『1984年』で書いているが、それが実にわかりやすい形で出ているのがイスラエルの歴史展示だ。

　ユダヤ人が差別や迫害にあったのは中東ではなく、ヨーロッパだ。数世紀にわたる極めて複雑な歴史を簡単にまとめるのは難しく、差別の度合いなどは時代やその時の為政者によってさまざまだが、ことあるごとにユダヤ人がスケープゴートとされて差別の対象になっていたのは否定のしようがない。概して西ヨーロッパの国々より東ヨーロッパの方が酷かったといえる。特にフランス革命後はユダヤ人でも「一市民」として受けいれられる面が多く、西ヨーロッパでは完全に同化する人も多かったのに対して、例えばロシアではユダヤ人が全員遠隔地に追放され、貧困に苦しんでいた。なぜ西欧より東欧が酷かったかに関しては諸説あるし、そもそもさまざまな社会的文化的、そして政治的要因が複雑に絡み合っているので、簡単に言えない。重要なのは、全体的に東欧の方がユダヤ人にとっては厳しい場所だった、ということだ。

数世紀にわたるヨーロッパでのディアスポラだが、やはり感心せずにいられないのは、「民族としてのアイデンティティを維持し続けた」ということだ。差別されたら皆で固まるのは言うまでもないが、例えば同化できる時代があっても、多くのユダヤ人は表面的には他の市民と同じ生活をしていても、家に帰るとユダヤの戒律を守り、子どもたちに旧約聖書を教え、エルサレム及びイスラエル（すなわちパレスチナ）への「帰還」を夢みた。良くも悪くも、強固な意思のある民族だというのは確実だ。

　イスラエルへの帰還を夢みたと書いたが、ほとんどの人にとってはそれは幻想的な憧憬であり、現実的な話でも、希望でさえなかった。しかし、19世紀に入るとロシアでの差別があまりにもひどく、ロシア人がユダヤ人の村落に侵入して殺害をするという事件が続いた。このため、イスラエル帰還運動がいよいよ現実的で政治的な運動として、主にロシアにいるユダヤ人の中で急激に広まった。後にシオニズムと名づけられる運動だ。

シオニズム、そしてパレスチナへの移住

　シオニズムとは本来、パレスチナにユダヤ人を入植させ、ユダヤ人の安住の地を作る運動だ。ヨーロッパにいるユダヤ人がパレスチナに移住して、農地などを買収して住み着く。「ユダヤ人による、ユダヤ人だけの国を作る」というより、「ユダヤ人が安心して暮らせる場所を探す」というのがもとの発想で、実は「ユダヤ人国家を建国する」というのは後になって出てきた思想だ。

　ちなみに、現在のイスラエルのシオニストは口が裂けても「パレスチナ」という言葉を使わない。「パレスチナという国家は存在せず、過去にも存在したことがない」というのがその考えで、彼らは現在ヨルダンやレバノンとなっている地域全体を指して「大イスラエル」などという。「大日本帝国」「大東亜共栄圏」と似たような言葉を使う。しかし、1897年にスイスのバーゼルで採択されたシオニズムの原則の宣言には、「パレスチナへのユダヤ人の移住」とちゃんと書かれてある。どの国に関してもいえることだが、ナショナリズムというのは大方幻想と虚偽の上にでき上がっているのだ。

　それでは、シオニストはユダヤ人がディアスポラとしてヨーロッパに住んでいた数世紀の間、ずっとパレスチナに住んでいたパレスチナ人のことを、どう考えていたのか。答えはというと、ほとんど計算に入れていなかったようだ。シオ

ニズムの大原則は、「人々のいない国に、国の ない人々が住み着く」というもので、それだけ 見るとまるでパレスチナ人の存在を知らなかっ たようだが、もちろんそこまで無知ではなかっ た。パレスチナ人が大勢そこに住んでいること はわかっていた。

　むしろ問題は、ユダヤ人がパレスチナ人のこ とを「単なる未開人」として見ていたというこ とのようだ。時代背景を見ると、欧米列強がア フリカやアジアに出向き、植民地支配を拡大し ていた頃だ。非欧米人を支配して搾取するこ とを正当化したのは白人優越主義、すなわち 白人は生まれながらにして黒人や黄色人種に

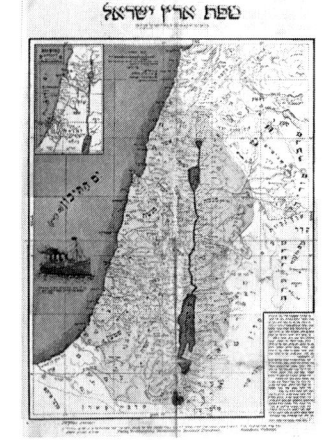

「大イスラエル」を示す地図。土産物店等で売られている。

勝っており、その賜物である西洋文明及びキリスト教を広める使命があるという 思想だった。したがって、植民地支配はむしろ未開人にとって有意義なことだ という、何とも都合のいい発想だ。

　ヨーロッパで生まれ育ったシオニスト達は当然ながらその時代のヨーロッパ の思想に影響を受け、自分達の境遇にも同じように当てはめようとした。ヨーロッ パで白人に差別されてきた自分たちはいつの間にか白人の仲間入りをして、パ レスチナの野蛮人に文明を授けてやる、という思想もシオニストたちに根強かっ た。差別される人が今度は差別する方に回るというのは決して珍しいことでは ないが、今回は民族レベルでそれが起きてしまう。

　余談だが、このような屈折した心理はイスラエル内でさまざまな差別問題を 引き起こしている。イスラエルのエリートは中欧出身のユダヤ人で、概して色が 白い。それに対して例えばラテン系出身のユダヤ人やアラブ系出身のユダヤ人 は肌の色も若干黒く、差別の対象になる。同じユダヤ人の中でも力関係があっ て差別の構造があるのだから、すごいものだ。イスラエルにいる女性の多くは 髪も目も黒く、どちらかといえば背が低いが、「美人」とされるのは背が高く金髪 で色も白く、目も青い女性だ。ナチスドイツが理想としていたのをそのまま引き 継いでいるのだから、まったく皮肉だ。

　いずれにしてもそのようにして、19世紀末からユダヤ人が少しずつ、まだオ スマントルコ領だったパレスチナに移住する。農地を買って農場を作ったり、町

を作ったりして、現地のパレスチナ人と基本的に問題なく隣り合わせで暮らす。

　1914年に第1次大戦が勃発する。オスマントルコ帝国はドイツやハプスブルグ帝国の側につくが、実はオスマンはすでにかなり疲弊しており、戦争になれば持たないだろうと考えられていた。欧米列強はあらかじめオスマン領の分割を決め、それにそってさまざまな画策を始めた。現在のパレスチナ及びヨルダンはイギリスのものになり、現在のレバノンとシリアはフランス領となるという計画が建てられる。そして、多くの読者が世界史の授業で習ったと思われる、イギリスの二枚舌が起きるのだ。

　イギリスはまずアラブ人に独立を約束して、オスマントルコへの武装蜂起を喚起する。同時に、イギリスにいるユダヤ人の指導者に、ユダヤ人建国を約束する。簡単に言うとそのようなことだ。数多くの声明や書簡などがあり、イスラエル人は「この時点で建国が約束された」と主張するし、パレスチナ人も同様に「確約された」と証拠を指すことができる。イギリスのこの打算的な態度は感心できたものではないが、同時に、これを中東問題の唯一の原因とすることには、やはり無理があるだろう。民族自決の重要性が認識されるようになり、植民地支配に対する人民の不満が高まりつつある時代背景を考えると、ゆくゆくは問題が起きるのは必然だったのではないか。

　大戦間はユダヤ人の移住も少しずつ増えて行き、それに伴って軋轢も増えた。駐留するイギリス軍はユダヤ人を贔屓することが多かったが、間に挟まれることも多かったため、ユダヤ人にもパレスチナ人にも不満が高まった。第2次大戦の頃になるとユダヤ人の独立運動が活発化し、民間人の虐殺などが多発した。テロといえばすぐにイスラム教原理主義団体のことを連想する人が多いと思うが、現代における初のテロ組織は、ユダヤ人の独立運動なのだ。

　第2次大戦、そしてヨーロッパでホロコーストが起きると、いよいよ事態は深刻化する。民族浄化を掲げたナチスドイツやその友好国でユダヤ人が標的となり、ヨーロッパ全土で600万人ものユダヤ人が殺害された（ホロコースト）。実は標的となったのはユダヤ人だけではなく、例えばロマ人も強制収容所に入れられてガス室で殺されたし、ドイツ人の同性愛者や障碍者なども同じように組織的に殺されたが、ユダヤ人が一番の対象となり、殺された人数が一番多いのは確かだ。

　イスラエル政府及び右派は、日常的にホロコーストを利用すると言っていい。「イスラエルがユダヤ人にとって唯一の安住の地」という証拠に使われるし、

強い軍隊を作ってユダヤ人を守る理由にも使われる。入植地も軍隊の人権侵害もガザでの戦争犯罪も、非難するとすぐにホロコーストを持ち出す。ホロコーストによってすべてが正当化されるという考えは一般のイスラエル人にもかなり浸透しており、頻繁に話に出る。高校生もほとんどがポーランドの強制収容所の跡地に修学旅行で行き、直接関係のない「国防」の必要性を教え込まれる。

　このようにホロコーストを乱用するのは、見上げたことではない。言うまでもなくホロコーストでユダヤ人を殺したのはパレスチナ人ではないし、アラブ人でさえないので、今のイスラエルの態度は何一つ正当化されない。

　しかし同時に、ホロコーストが世界中のユダヤ人に与えた心理的衝撃を過小評価するべきでもない。一国が一つの民族を組織的に抹殺しようとしたのは、現代史では決して例のないことではないが、600万人も犠牲になったホロコーストは、やはり世界一規模の大きい人権侵害だったと言える。しかも、始めたのがドイツだというところにも、ミソがある。ドイツは欧米でも文化の程度が高く、先進的な国として世界に認められていた。ユダヤ人の地位も極めてよく、経済的にも社会的にも地位が確立されているように思われていた。「ドイツでだって起きたのだからどこででも起きうる」というユダヤ人のパラノイアにはあまり根拠はないと思うが、そういう心理になるのも、ある意味では無理のないことなのだ。

　私はパレスチナ駐在時に、イスラエルの若い知人にバーベキューに呼ばれたことがある。その知人夫婦の妻の方は平和団体で働いており、夫もどっちかといえば左派の考えを持つ、二人で平和デモに参加するような人たちだった。そしてバーベキューに呼ばれた他のイスラエル人たちもさまざまな仕事をしていたが、どっちかといえば左寄りで、政府のすることに懐疑的な意見を持つような人が多いように思われた。

　そういう場に出かけるとき、私は大抵は占領の話を避けるようにしていた。イスラエル人相手にいくら話しても無駄で、平行線をたどるのが常だということを、すでに経験として知っていたからだ。しかし私が国連で働いていると聞くと当然のことながら質問が次々とされ、結局答えざるをえなかった。彼らは一人残らず「我々イスラエル人は平和を願っている。しかし、奴らが……」と、お定まりの論調で来る。いつものこととはいえその現実逃避なことに私は少しムカムカし始め、入植地についてどう思うかと聞かれたらさすがに怒りを抑えながらも相手に現実を思い知らせなければならないと思った。

「入植地は全部国際法違反で、撤去しなくてはならない。あなたたちは平和を求めるというが、そう言っている間もずっと入植地を建て、パレスチナ人の土地を収奪している。あなたたち個人が政府のやっていることに反対なのかどうかわからないが、イスラエル人である以上責任はあり、パレスチナ人がどうこうというのは、所詮被害者に責任転嫁しているに過ぎない。入植地を建設し続ける以上平和が訪れることは絶対にないし、そもそも論として平和を本当に求めているのかと国際社会に疑われても仕方がない」とまくし立てた。

私が言い終えると、皆は俯き、場はしばらく静まり返った。すると、平和団体で勤務しているという知人が突然、近くの映画館でホロコースト映画祭をやっていると私に話しかけた。そして、その映画祭の中にユダヤ人がドイツ軍に抵抗して皆殺しにされたワルシャワ・ゲットーを描いたものがあると言い、「宗瑠は、それを絶対見るといいわよ」と言った。私がその気なく「そうねぇ」と答えたが、彼女のその言葉で皆に一気に笑顔が戻り、場の空気がすぐに和らいだ。そのワルシャワ・ゲットーのことが一体今の入植地の話にどう関係し、現在のパレスチナ占領に関して一体どのような関連性があるのか、彼女なりの考え方を明かしてくれるものなのだろうと、私は座って待っていたが、拍子抜けなことにそれはなかった。彼らにとってはその関連性は明白なもので、言葉にして言うまでもないことだったのだろう。そして無知な外国人である私が、ホロコースト中にユダヤ人がいかに残酷に扱われたかを見ればきっと彼らの味方になり、イスラエルの肩を持つようになる、と彼らは明らかに考えていたのだ。

いうまでもなく、ホロコーストは今のイスラエルの置かれている状況とは何一つ関係ないし、ましてやヨーロッパでユダヤ人が受けた迫害によって彼らのパレスチナ人に対する仕打ちは何一つ正当化されえない。それは大人の殺人犯が「僕は中学生の時にいじめられたから無罪になるべきだ」と主張するのと同レベルの心理で、決して認められるべきものではないだろう。しかし、右派ではなく、それどころか平和団体で働いているイスラエル人でさえそのような有り様なのだから、徹底している。

もう一つの例だが、私は一度、ユダヤ系アメリカ人の活動家にあったことがある。20代後半の若い女性の彼女は大学（カリフォルニア）の間にパレスチナの人権運動に参加し、占領の戦争犯罪を暴くような活動をしていた。そのようなことをしているため町の他のユダヤ人に露骨に敵視され、脅迫の電話が来たりすることなどしばしばだった。その彼女がエルサレムに遊びに来たときに会っ

たのだが、ユダヤ人の多くが政治的レベルはおろか個人としてもホロコーストを盾にすると話すと、彼女は「そう。ユダヤ人は何世紀も迫害され、ホロコーストで絶滅の危機にさえ瀕した。そのトラウマをまず乗り越えて、自分の心理を癒す、ヒーリングの長い過程を始めないといけないの」と言った。ヒーリングだかなんだか知らないけど、まず他人をいじめるのをやめることが先決ではないのかと私は思うし、パレスチナ人の人権のために活動している彼女さえも何かとユダヤ人の過去の被害に着目することに、私は驚きを禁じえなかった。しかし、それだけユダヤ人にとってホロコーストが深いトラウマになっているのは事実なのだろう。

イスラエル建国および中東戦争

　ユダヤ人がより大勢パレスチナに移住するようになると、少しずつ状況が内戦の体をなし、第2次大戦で経済的に疲弊していたイギリスは1947年に国連に丸投げする。そして同年に国連総会が、パレスチナをユダヤ人側とパレスチナ人側の2つに分割する決議を採択した。

　当時のユダヤ人人口は地域人口の30パーセントほど、土地の所有率は6％ほどに過ぎなかった。ところが、国連の分割は、234頁地図の②のようになった。

　一人負けする構図のパレスチナ人は、当然のことながら激怒した。人口という面でも国土という面でも圧倒的大多数を占めているパレスチナ人が、なぜこのように多く譲り渡さなければならないのか。パレスチナ人がそういう気持ちになったのは、頷ける。

　他方でユダヤ人の方は、国連の分割決議を受け入れると発表した。パレスチナ人側がそれを拒否して戦争になるのを見越してのことで、自分の方の正当性を維持するのが目的だったのではないかと思われている。その見通しは正しく、イスラエル建国を目指すユダヤ人と、パレスチナ人を支援する隣国のアラブ5カ国とで戦争になった。48年戦争、イスラエルでは「独立戦争」、日本では第1次中東戦争といわれる戦争だ。

　結論を言うとイスラエルの圧勝で、分割決議を超える領土を確保することに成功した。まわりの5カ国に攻められて勝利を収めたのでイスラエルではこの戦争は英雄的に語られるが、実は5カ国といってもほとんど口だけで、参戦する余裕もなく、結局送られた兵士はイスラエル側の4万人ほどに対して半分程

度の2万3,000人。アラブ諸国は互いの連携も悪く、またイスラエル側は最新鋭の武器を持っていたので、勝つはずだ。このようにして1948年にイスラエルが建国宣言をした。

この48年戦争中、イスラエル兵は懸命にパレスチナ人を追放して、民族浄化を行った。結果的に75万人ほどのパレスチナ人が難民となって家から追い出され、当時ヨルダン領だった西岸、エジプト領だったガザ、そして隣国に逃げ込んだりした。彼らが、現在のパレスチナ難民の第一波だ。イスラエルは民族浄化の事実を否定し、難民は「戦火から逃れていただけ」「逃げるようにアラブ人指導者に扇動された」などと明らかに説得力のない反論をするが、民族浄化の証拠は多数にのぼり、否定のしようがない。

それでもパレスチナ人の町などはいくつも現イスラエル領に残った。それらのパレスチナ人には一方的にイスラエル国籍が与えられ、今はイスラエル総人口の2割程度を占めるに至っている。ユダヤ人に敵視されてさまざまな差別の対象となっているし、西岸及びガザのパレスチナ人と同じような使いを受けている面が多いが、本書とは少し別問題なので、これ以上は言及しないようにする。なお彼らのことをイスラエル人は（「パレスチナ」及び「パレスチナ人」という言葉を避けたいがために）「アラブ系イスラエル人」と呼ぶが、本書ではパレスチナ人に倣って、「48年パレスチナ人」と呼ぶ。

なお難民として逃れた人は当然戦火が治まれば家に帰るつもりでおり、それこそ自宅の鍵などを持って出た人も多いが、イスラエルはそれを一切許さず、そのための法律を作って土地を収奪して、家も分捕ってユダヤ人を住まわせた。その状態は現在に至っても変わらなく、それらの民族浄化をすべてひっくるめて、パレスチナ人は「ナクバ」（悲劇）と呼んでいる。そして今でも「鍵」はパレスチナ難民のシンボル、特に「いつかは必ず自分の家に帰り、自国を取り返す」という強い意思の象徴になっている。

一方的な圧勝となったイスラエルだが、シオニストにとっては、大きな心残りがあった。それはエルサレム、分けても嘆きの壁などがある旧市街が獲れなかったということだ。停戦合意の境界線、俗にいわれる「グリーンライン」はエルサレムをほぼ真っ二つに割っているが、旧市街はヨルダン軍が居座ったままで、ユダヤ人は自分達の聖地が獲れなかったのだ。西側、すなわち西エルサレムがユダヤ人街で、旧市街のある東エルサレムがパレスチナ人街という状況が続いた。

パレスチナ難民帰還のシンボルである「鍵」をかたどった碑

　そして、エルサレムのみならず、停戦しても全域で、イスラエルと近隣アラブ諸国の緊張状態が続いた。1960年代に入るとパレスチナ解放機構（PLO）が設立され、ヨルダンなどから潜伏してイスラエルでゲリラ活動をすることがあった。パレスチナ解放機構は一つの団体というよりはいくつもの団体が結束して参加している連盟のようなものだが、一番主流となるのはファタハという武力抵抗組織だ。

　なお日本では通常、この48年戦争を「第1次中東戦争」と呼ぶ。そして次に来るスエズ戦争を「第2次中東戦争」と呼ぶのだが、少し紛らわしい呼び方であるし、スエズのことはパレスチナとはそれほど関係がないので、本書では触れない。その次にこの地域で起きた重要な戦争は67年戦争、日本で言われる「第3次中東戦争」だ。6日間しか続かなかったことで、英語では「6日間戦争」とも呼ばれている。イスラエルと近隣アラブ諸国の間での緊張が続き、ついに戦争が勃発して、イスラエルが6日間で圧勝するという戦争だ。

　イスラエル人は基本的に67年戦争に関して「アラブ人がまたもや一丸となって攻めて来たので、応戦したまでだ」と「自衛戦争」という捉え方をしている。少なくとも「どっちが戦争を始めた」ということに関して言えばこれはとんでもない嘘で、1967年はイスラエルがエジプトを空爆して電撃侵攻し、それに次い

8章　パレスチナの歴史

247

でシリア軍とヨルダン軍と交戦したというのが歴史的事実だ。すなわち、最初に攻撃したのはアラブ諸国ではなくイスラエルだ。ただし、その数週間前にエジプトがシナイ半島のティラン海峡を封鎖したのも事実で、国際法では海上封鎖は戦闘行為なので、法的にはどっちの方が先だったのかに関して議論の余地がある。

いずれにしても本書にとって重要なのは、67年戦争の結果イスラエルが西岸からヨルダン軍を駆逐し、ガザからエジプト軍を駆逐したということだ。そしてイスラエル軍による占領統治が始まる。東エルサレムを含む西岸、そしてガザが、国際的に認められている「被占領パレスチナ」で、本書で人権状況などを詳しく見る場所だ。なおイスラエルは一方的に東エルサレムを併合し、エルサレムの一部としてイスラエルの固有の領土だと主張しているが、これには正当性はまったくなく、国際社会のどの国にも認められていない。東エルサレムも西岸の一部で、占領されているパレスチナだということを強調する必要がある。

なお、1967年に占領された場所は「被占領パレスチナ」となるのだが、逆に言うと、1948年にイスラエルが獲った土地はいわば既成事実の追認といったような形で、イスラエルと国際社会に承認されている。国境が完全には画定されていなく、いろいろと複雑な面はあるが、大雑把に言って48年戦争の結果イスラエルとなった土地は、イスラエルの領土と国際的に認められている。それを超えた分、すなわち1967年に獲った領土が、イスラエルでなく、イスラエルが占領しているパレスチナとなる。

当然のことだが、パレスチナ人にしてみるとこれはいくぶんか不満だ。最初の地図を読者に思い返してほしいが、もともとはほぼすべてがパレスチナ人の土地だった。そこにシオニストがやって来て、一方的にイスラエルという国を作って、大勢のパレスチナ人を追放した。67年戦争で線引きするのは恣意的で、48年戦争にイスラエル領となった土地も本来はパレスチナ人のものでイスラエルに不法に占領されているという気持ちになっても、何ら不思議ではない。しかし幸か不幸か、イスラエルが大方承認されているのは事実だ。ちなみにアラブ諸国などのイスラム教国のほとんどはイスラエルを承認しておらず、国交がないままだ。中には外国人でもパスポートにイスラエル入国のスタンプがあると入国できない国もいるほどで、これは少し極端だが、例えば「イスラエル」という言葉を使わずに「シオニスト機構」と呼ぶ人もいる。

67年戦争の後に国連の安全保障理事会は、和平、占領地からの全面撤退、

そして難民問題の公正な解決を求める決議242号を採択した。その数年後からアメリカにイスラエルを庇う姿勢が鮮明に出るようになり、安全保障理事会での行動は事実上不可能になるのだが、その頃はまだイスラエルに対して批判的な決議（しかし、強制力のある決議でない）の採択が可能だった。この決議はもちろん撤回も何もされていなく、そのまま有効だ。そして現在に至るあらゆる和平交渉などは、一応この決議に基づいている。

　決議242号は占領をやめ、土地をパレスチナ人に返す代わりに和平条約を結ぶ、という構図だ。ランド・フォー・ピースというのがパレスチナ和平の一番の柱とされており、今でもそれが模索されている。しかし同時に、1967年に勝利を収めると間もなくイスラエルは占領地に入植活動を開始する。狂信的なユダヤ教原理主義者が西岸で家を建てて、既成事実を追認する形でイスラエルが後で公認するというのが最初の建前だが、実際は1967年にすでに入植を推進する政府の方針があった。そして次第に拡大して、政府の大きなプロジェクトとなり、どんどん人口が増加する。現在は西岸で実に60万人ものユダヤ人入植者が住んでいる。

　入植を続け、和平交渉の間中もたったの一度も真面目に止めたことのないイスラエルが、本気でパレスチナ人に土地を返す気がないのは論をまたないことだろう。ランド・フォー・ピースはこの段階で、すでに希望的観測（というより、幻想）の域に入っていると言えるかも知れない。

　和平交渉におけるもう一つの大きな争点は、パレスチナ人難民問題だ。決議242号は難民に関して「公正な解決」を求めており、素直に読めば「難民が皆、希望すれば自分の家に帰れるようにする」という発想が根底にあるのは明白だ。難民自身の人権という観点で見ても、帰還の権利は保障されなければならない。

　しかし、ユダヤ人だけの民族国家がそもそもの国是であるイスラエルは、当然のことながら難民の帰還に猛烈に反発する。今はパレスチナ人難民の人口が500万ほどにのぼっているが、皆が戻ればもはやイスラエルはユダヤ人の国でなくなるという強烈な恐怖心がイスラエル人にある。もとはと言えばイスラエルが彼らを追放して作った問題なのだからイスラエルが責任を持つのが当たり前だと思うが、いずれにしてもこの案件も和平交渉の度に問題になる。

　そうは言ったものの、パレスチナ問題の解決の構図は大方はっきりしていると言っていい。占領地を原則的に全部パレスチナ人に返し、巨大な入植地などがあって返還できない土地に関しては、交換する形で現在イスラエル領土と

なっている土地をパレスチナに提供する。そして難民の大半は金銭的補償と引き換えに帰還の権利を放棄して、隣国などにいる場合は新パレスチナ国家に移住する。イスラエルとパレスチナが平和的に共存する、2つの国ができる、「二国家解決」という名のハッピーエンドだ。

　上記は難民の帰還の権利をほぼ完全に無視しているという意味では完全に「公正な」解決とは言い難く、多くのパレスチナ人にとっては受け入れ難いものではあるが、少なくとも政治レベルでは長年最も現実的な解決法とされている。実際、2011年に衛星放送局アルジャジーラが暴露した大量の外交文書によってもこの線でパレスチナとイスラエルが1999年から2010年まで交渉を進めており、イスラエルが受け入れる帰還難民の数まで話し合っていたことが明らかになっている。その数は5,000人や1万人などといった象徴的なものだが、重要なのは、合意にそれなりに近づいていたということだ。結局入植地の拡大が主因で交渉はお流れになるのだが、和平のピクチャーというのは、案外はっきりしているのだ。

インティファーダそしてオスロ合意

　その後は1973年に再度戦争があったり、イスラエルがレバノンに侵攻して大規模な民間人殺戮を繰り返すなどといった展開があり、1978年にアメリカの仲介でイスラエルとエジプトが和平条約を結ぶなどという展開がある。アラブ諸国で初めて抜け駆けしてイスラエルを和平を結んだエジプトだが、1994年にヨルダンがそれに次ぐ。そしてこの両国はそれによって、アメリカから巨額な支援が受けられるようになった。アメリカの支援（ほとんどが軍事支援）の享受国の断トツ1位はイスラエルだが、エジプトは長年2位（近年は僅差でアフガンに抜かれている）で、ヨルダンも大抵トップ5カ国に入っている。

　しかし本書にとって何よりも重要なのは、1987年に始まった第1次インティファーダだ。アラビア語の「振り落とす」「払い落とす」という言葉に語源があり、「蜂起する」「抵抗する」という意味にも使われるインティファーダだが、同年の些細な事件（イスラエル軍の車両による交通事故）が発端となって長年鬱積していたパレスチナ人の不満が爆発して、武装蜂起へと発展したのだ。といっても銃や戦車など最新鋭の武器のあるイスラエル占領軍に対してパレスチナ人には武器といえるようなものは何もなく、投石や火炎瓶程度しかない。イスラエ

ル軍の戦車に対して子どもが投石する、それに対してイスラエルが武力で弾圧するといった構図だ。

　人権侵害や弾圧はもちろんそれまでも占領下では組織的に行われていたが、インティファーダの間のそれは輪をかけてひどく、国際的にも非難を浴びた。ちょうど1989年に冷戦が終結したこともあって、イスラエルに対する国際的非難が高まったのもやはり第1次インティファーダに対するイスラエルの弾圧が主因だ。1993年までに1,200人ほどのパレスチナ人が殺害され、12万人ほどが収容された。イスラエル側の被害は180人ほどだが、これには兵士も含まれているので、民間人の犠牲者はより少ないはずだ。第1次インティファーダ中は、2週間に1人のペースでパレスチナ人少年が実弾で頭を撃たれたという、ベツレヘムというイスラエルの人権NGOの統計があるほどだ。

　次にあった大きな展開は、1993年及び95年のオスロ合意だ。名前のとおり仲介したのはノルウェー政府だが、アメリカは最後になって便乗した形になり、合意の調印がホワイトハウスで行われた。オスロ合意によってまずパレスチナ解放機構がイスラエルを承認し、武装抵抗を放棄した。そして西岸がA、B、Cと3つの地区に分割させられ、新設されたパレスチナ当局（あえて「政府」と呼ばなかった）によって、A地区で原則的に自治が認められ、B地区でも限定された分野（例えば教育や医療、警察行動）での自治が認められた。イスラエル軍はA地区及びB地区から引き上げられ、C地区だけ（といってもC地区は西岸の60パーセントほど）がイスラエル軍の直接統治のままにされた。

　忘れてはならないのは、オスロ合意が最終的な和平合意などではないということだ。あくまで暫時的なもので、両側は続けて交渉し、5年程以内に最終決着を目指すということになっている。そのため、例えばエルサレムをどうするのかや難民の帰還の権利、入植地をどうするのかなどといって重要問題は完全に先延ばしになり、オスロ合意では具体的に触れられていない。文言もかなり曖昧なものが多く、パレスチナ人にとっては国家独立に向けての大きな一歩に見えても、イスラエルにしてみると占領地の直接統治という負担から解放され、パレスチナ当局という占領の下請けが出来たことで大喜びだった。

　なお1988年、第1次インティファーダの最中に結成されたハマスという団体は、パレスチナ解放機構がイスラエルにパレスチナの土地を割譲して大幅に譲歩したとして、非難した。ハマスはパレスチナ解放機構に入っていないためオスロ合意を認めないと言い張り、武装抵抗を放棄しないと宣言した。そして、

解放機構の主流であるファタハがパレスチナ当局の中核を成すと、やはり当局とハマスとの間の敵対関係が次第にでき上がった。

イスラエル人はイスラエル人で、同じように西岸を少しでもパレスチナに「譲り渡した」ことで面白く思わないのがかなりいた。1995年、ユダヤ教原理主義団体の呼びかけに応じた格好である原理主義者の若者がテルアビブにて、オスロ合意を断行したラビン首相を暗殺した。余談だが、ラビン首相が暗殺されたときの欧米メディアを見ると、「イスラエル首相殺さる」という見出しが一面トップに載り、主語のない文章が延々と続くという記事がほとんどだった。記事の終わりに近づいて、暗殺者が実はパレスチナ人でなくイスラエル人だったことが初めて書かれていることが圧倒的に多かった。逆に言えば、さっと一瞥した程度では、暗殺者がパレスチナ人だと簡単に勘違いしてしまう。その時私はイギリスに留学中だったが、主流メディアがいかに偏っており、イスラエルに甘いかということを改めて実感した。

この暗殺者は、1994年にヘブロンのモスクで銃を乱射して150人以上のパレスチナ人死傷者を出した入植者と同じく、今でも多くのユダヤ教原理主義者に英雄視されている。

そのように危なっかしい出発を迎えたオスロ体制だが、パレスチナ人の期待と裏腹に、イスラエルが占領を終結させる気がないというのがすぐに明らかになった。入植地が相変わらず拡大し、緊張が高まっていた2000年に、今度はイスラエル右派の著名な政治家が1,000人ほどのイスラエル兵を連れて、エルサレムのアルアクサモスクに乱入した。一方的に併合された東エルサレムだが、旧市街のアルアクサだけはさすがにイスラム教徒にとって重要な聖地であるため衝突の原因になりかねないということで、ユダヤ教原理主義者が入場しないように規制したり、それなりに神経を遣ってきた。それだけに、イスラエル人の有力者が構内に入るのはパレスチナ人の心を踏みにじる示威行為で、当然のことながら衝突が起き、パレスチナ中に反発が起きた。各地で武装蜂起が再発し、第2次インティファーダ、パレスチナ人がいうアルアクサ・インティファーダが始まった。

第1次インティファーダに対するイスラエルの弾圧は酷かったが、第2次インティファーダのそれは輪をかけて壮絶で、民間人の大量殺害は何度も起きた。イスラエルはナブルスやジェニンなどA地区の都市のいくつかに侵入して、戒厳令を敷いて、数週間にわたって住民の外出を禁止して外を歩く民間人を見

ては容赦なく撃ち殺すなど、人権侵害の限りを尽くして、国際的非難が荒れ狂うようになった。ジェニンの難民キャンプでは地区ごと家を破壊し、1万7,000人もの難民をホームレスにした。また、第1次インティファーダはパレスチナ各地の住民が自治委員会を組織して自主的に抵抗運動に参加し、どちらかと言えば突発的な性格があったが、第2次インティファーダにはハマスなどの政党や団体がより深く関与し、より組織的なものだったので、パレスチナ側もイスラエルに自爆テロを起こし、イスラエル側の被害を比較的大きくすることに成功した。そして残念ながら、その戦術によって、パレスチナ人イコールテロという図式を世界中の人に植えつけるための材料を、イスラエルに与えた面もある。

　イスラエル人と話す時、ホロコーストの次に必ず出て来るのが、この第2次インティファーダだ。自爆テロの恐怖によってイスラエル中の都市が恐怖に陥れられたことを延々と述べ、パレスチナ人がいかに皆テロリストかを強調する。もちろん双方の被害者の数字は比較のしようもなく、2004年までに自爆テロなどで殺されたイスラエル人民間人が429人ほどであるのに対して、パレスチナ人の被害者は3,000人以上（600人以上が子ども）だ。しかし、そのような数字をイスラエル人に見せても効果はまったくなく、「その3,000人は皆テロリストだから」と一蹴されるのが関の山だ。そして、自分たちがいかに被害者であるかという意識に自己陶酔するあまり、なぜそのように自爆テロがたくさん起こったのか、イスラエルにも何かいけない面があるのではないのか、という根本原因に目を向けることは基本的にない。

　第2次インティファーダがいつ終わったかというはっきりした日はなく、実は「第2次インティファーダはまだ終わっていない」という人がいるほどだが、2002年辺りから制圧の方向に向かい、2004年には終結したというのが大方の見方だ。

西岸とガザの分割

　2006年に、パレスチナで選挙が行われた。ファタハとハマスの対立で何度か延期されていた選挙だが、そもそもパレスチナ当局はオスロ合意によって人為的に作られたもので、民主的正統性という点ではあやふやな点が多い。パレスチナ解放機構設立時から議長を務めていたアラファト氏が2004年に死亡（イスラエルに暗殺されたと、ほとんどのパレスチナ人が信じている）した後、

空白状態が続き、アメリカなどにとっても、ここでファタハ、そしてパレスチナ当局が改めてお墨付きをもらおうという魂胆があった。

　ファタハが余裕を持って圧勝し、パレスチナ当局が進める路線、すなわちオスロ合意に基づいてイスラエルと協力をしながらも現状維持路線が続くものと、アメリカやイスラエル、欧米各国が決め込んでいた。念のためかイスラエルは選挙直前にハマスの候補者や選挙関係者など数百人を投獄したが、それでも選挙の行方に懸念を持つ人はあまりいなかった。投票は秩序よく行われ、大勢いた国際機関の監視員などによっても、自由で公正な選挙だったとされた。

　蓋を開けてみると、アメリカやイスラエルにとって恐ろしいことに、ハマスが勝利して第一党という選挙結果だった。そうなる兆候はもちろん大分前からあり、パレスチナ人で驚いた人は少なかった。まず、ファタハと切っても切れない関係であるパレスチナ当局はドナーのカネで潤い、腐敗が目に余るようになっていた。それに対してクリーンなハマスは、やはり好感が持てる政党だった。イスラエルと協力を続ける当局が多くのパレスチナ人の目には「占領者の犬」と映ることも大きな原因だ。それらの要因を見誤っていた、というより自分にとって都合のいいことしか見ようとしないアメリカなどの方が少し情けないのだが、欧米各国及びイスラエルは狼狽し、オロオロした。

　しかし、何と言っても民主主義が鉄則のアメリカだ。公正な選挙によってパレスチナ国民の民意が示されたのだから、それを素直に受け止め、意見を率直に言い合いながら和平に向けて交渉することにした。と書くことができれば理想だが、そうならないのが世の中の悲しいところだ。逆上したイスラエルに次いでアメリカ、そして欧州各国も「イスラエルを承認しないハマスがいるパレスチナ当局は、正統な政府として認めない」と発表した。イスラエルはもとより欧米各国はパレスチナ当局に対するあらゆる協力を打ち切り、経済制裁が導入された。そしてガザ内にいるファタハなどハマスに反対する団体に武器を供給し、蜂起を促した。

　特にアメリカのいう「民主主義」とは、「自由に為政者を選出する」のではなく、「アメリカやイスラエルにとって都合のいい人を選ぶための民主主義」なのだ。それは中近東の他の国や中南米などの例でも明らかになっていることではあったが、ガザの例ほど極端に、露骨にそれが露になったことは少ないのではないか。ファタハとハマスが合意を結んで連立政権を作ると発表したが、それはアメリカなどに受け入れられなかった。イスラエルを認めようとしないハマス

が少しでも当局に参加するのは、イスラエルの代弁者となるアメリカが決して許さなかったのだ。

　そしてアメリカやイスラエルのプッシュもあって、ガザはついに内戦に近い状態になるのだが、2007年にハマスがあっさり勝利し、ファタハは西岸に追放される。ハマスはガザを実効支配し、事実上の政府として機能すると、イスラエルはガザを封鎖し、「敵地」と断定した。そして現在に至るまでガザの統治者のハマスと、2008年末及び2009年の始めの「キャスト・レッド」作戦、2012年の秋の「ピラークラウド」作戦、そして最も最近では2014年の夏に「ディフェンシブ・エッジ」作戦という、3回の大規模軍事侵攻を繰り返している。ハマスは負けじと時々ロケット弾をイスラエルに打ち込むこともあるが、所詮は自家製の原始的なものであることが多く、被害はほとんどない。最新鋭の武器を持っている有数の軍事大国であるイスラエルにかないようがなく、イスラエルが一方的に叩くだけで終わる。

終章
結びに代えて

　本書を通じて、パレスチナ問題がどのような性質のものか、また現在の国際政治においてそれがいかに重要な位置づけを占めているかが、少しでもわかってもらえたら幸いに思う。

　パレスチナ人が置かれている人権状況は過酷を極めるものだ。本書でも述べたように展望がないわけではなく、暗い材料ばかりではないが、そもそも人権というのはどうしても悲観的な話が多くなりがちだ。拷問された人、親族が殺された人等と長時間話をし、証言を書き留めたりするのが仕事なのだから、「人権野郎」というのはそれなりにストレスが溜まる（もちろん、一番苦しんでいるのは被害者のパレスチナ人だというのは言うまでもない）。それでも目に見える成果がすぐにあればまだマシだが、パレスチナで人権の仕事をしても、本書にあったような政治的制約もあるため、なかなか進展がない。自分の事務所の部下や人権団体の活動家の中には、パレスチナに来て2、3年ほどで燃え尽きて、やる気を失くして異動する人は決して少なくなかった。

　人権に関してはどこも似たようなものだと思うが、特にパレスチナにおいて、2、3年程度で根本的な変化がもたらされると期待するのは甘いだろう。しかし同時に、私が駐在した間でも、かなりの動きがあったのは確実だと思う。本書でも紹介したように、2012年11月にパレスチナが国連総会で国家として承認されたのだが、たったの10年、いや5年前でもそれは考えられないことだった。アメリカの市民運動が盛り上がり、全国各地でイスラエルをアパルトヘイト国家として糾弾するイベントが開催されることなど、以前は考えられなかった。ヨーロッパで見られる、政府レベルで入植地産品をボイコットする動きも、同様に以前は考えられなかった。ましてやイスラエルの著名な政治家が、逮捕されるのを恐れてロンドン行きを中止にするなど、数年前は想像だにできなかったことではないか。本書を通じてわかってもらえたと思うが、風向きは確実に変わっている。

私が人権業界で仕事をするようになったのは、20年以上前だ。その頃、国家元首が人道に対する犯罪の咎めで逮捕され、裁判にかけられ、収監されるなどというのは、想像できないことだった。人権業界の中でもそれを信じているのはほんの一握りで、その人たちが信じ続け、あきらめずに活動を続けたからこそ、2002年に国際刑事裁判所が設立された。そして大規模な人権侵害を命令した国家元首が、現に裁判にかけられているのだ。もちろん国際刑事司法は完全からはほど遠いが、パレスチナ問題においても大きな要因として働いているし、国際政治においても決して無視できないファクターとなっている。

　世に悪の栄えた試しはない——序章で言ったその言葉が、パレスチナ人の口から出る日は必ずやって来る。それは決して遠い日でないと信じる。

髙橋宗瑠 たかはし・そうる
1968年生まれ。早稲田大学卒業。
1990年代半ばに、アムネスティ・インターナショナル日本支部に出入りするようになり、人権野郎としての道を歩み始める。同支部の難民コーディネーターを務め、難民チームの立ち上げに携わった後、英国オックスフォード大学大学院（難民問題研究所フェロー）及びエセックス大学大学院（国際人権法学修士）を経て、ロンドンのアムネスティ・インターナショナル国際事務局で初の日本人スタッフとして難民を担当。
1999年に国際移住機関に転職後、国際法務で国連競争試験に合格、2002年より国連犯罪防止機関で麻薬関係の条約課に勤務。2009年3月より2014年5月まで国連人権高等弁務官事務所パレスチナ事務所副所長としてエルサレム駐在。オフィスの人権モニタリング事業を立ち上げ、西岸（エルサレムを含む）及びガザにおける人権状況の調査や人権理事会などへの報告書の作成を指揮。また、パレスチナ当局やNGO向けのキャパシティー・ビルディングも担当。
2014年6月に帰国し、ビジネス・人権資料センター（Business and Human Rights Resource Centre）の初代駐日代表に就任（〜2019年3月）。
2019年4月から大阪女学院大学教授。

パレスチナ人は苦しみ続ける
なぜ国連は解決できないのか

2015年4月10日　第1版第1刷発行
2024年8月20日　第1版第2刷発行

著　者………髙橋宗瑠
発行人………成澤壽信
編集人………北井大輔
発行所………株式会社 現代人文社
　　　　　　東京都新宿区四谷2-10 八ッ橋ビル7階（〒160-0004）
　　　　　　Tel.03-5379-0307（代）Fax.03-5379-5388
　　　　　　henshu@genjin.jp（編集部）hanbai@genjin.jp（販売部）
　　　　　　http://www.genjin.jp/
発売所………株式会社 大学図書
印刷所………株式会社 デジタルパブリッシングサービス
装　幀………Malpu Design（清水良洋）
地　図………現代企画室『占領ノート』編集班／遠山なぎ／パレスチナ情報センター
検印省略　Printed in JAPAN
ISBN978-4-87798-597-4 C0336

本書の一部あるいは全部を無断で複写・転載・転訳載などをすること、または磁気媒体等に入力することは、法律で認められた場合を除き、著作者および出版者の権利の侵害となりますので、これらの行為を行う場合には、あらかじめ小社または著者宛に承諾を求めてください。